JN439929

옥당산고

옥당 **최주수** 박사 수상록

沃堂散稿

옥당산고

겨울이 오면 봄은 멀지 않으리

세종출판사

책을 펴내며

세월은 물같이 바람같이 흐른다고들 한다. 인생의 황혼기도 지나갈 무렵 나이에 비례라도 하듯이 더없이 빠르게 지나감을 느낀다.

여지껏 생활의 방편이라 주로 전공서적을 접하다가 정년퇴임을 하고나서 간혹 인생과 철학에 대한 서적을 접하면서 읽을 거리와 읽어야 할 책들이 너무 많으며 문학이나 교양에 부족함을 느끼면서도 이 시대의 사명감에 의하여 천학비재 함을 무릅쓰고 이런저런 곳에 투고한 글들을 모아 또다시 책을 편집해 보고 싶었다. 대부분이 문학작품이라기보다는 집안내력을 서술한 생활 잡문이거나 서투른 주장을 펼친 것들이고 시대에 따른 변천에 순응하지 않는다고 할지도 모르지만 온고지신이라 친인척이거나 자손들에게는 남겨둘 필요성도 있다고 판단해서이다.

거듭 말하지마는 명절 때 세배하러 갈 곳이 없어지는 것이 통탄스럽고 조상님 산소에 제대로 성묘하지 못함도 한스러우며 전통과 세시풍습이 사라지는 것을 보면서 괜히 슬퍼지기도 한다.

이처럼 지나간 것은 모두 그립고 때로 가슴시린 추억일 수도 있고 때늦은 반성도 발전의 계기가 된다는 사실을 느끼기도 한다.

나라가 발전하여 태평성대하고 이웃이 평안하여 더불어 화목하기를 누구라서 바라지 않겠느냐만 더불어 행복하기는 고사하고 나만 잘되면 그만이라는 이기주의가 팽대하고 지도층이란 고위층 인사들의 이시타비와 자가당착에 빠진 행태들을 접하면서 모든 것을 남 탓하는 현실들이 정말 우리를 슬프게 한다.

잘한 일들은 차치하고라도 잘못된 일들은 힘닿는 데까지 함께 걱정하고 개선해 나가려는 풍토가 진작되길 기대하면서 부족하고 편협된 저의 사고에도 졸저를 읽어주시는 모든 님 특히 필자와 상통 순응하시지 아니 하신 분들께 더없는 감사를 드리며 행운을 기원합니다.

2021년 춘분을 맞이하며

저자 최 주 수

목차

제1부 꽃양귀비 축제와 문학행사

제2부 다시 생각나는 그해 여름

제3부 세상이 하 수상하니

제4부 추석 성묘를 나들이 삼아 다녀와서

제5부 상식과 인정이 흐르는 살기 좋은 사회로

제6부 노블레스 오블리주의 책임 있는 행동

제7부 겨울이 오면 봄은 멀지 않으리

제8부 세월을 흘러가고 세시풍속은 흐려지고

제9부 기억에 간직해야 할 글

제1부

꽃양귀비 축제와 문학행사

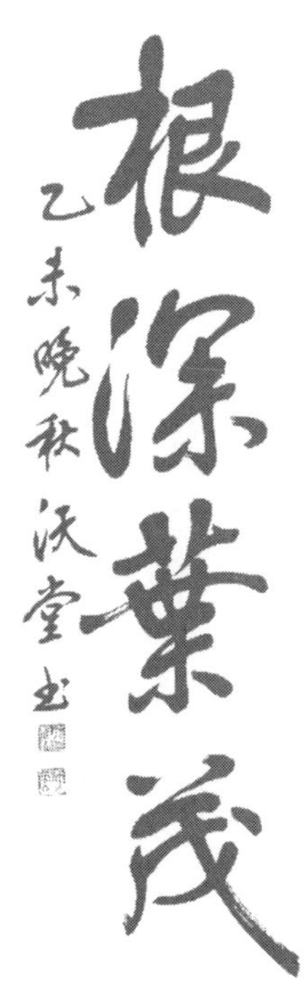

뿌리가 깊으면 잎이 무성하다

50년 만에 고향 북천으로 귀향하며

1959년 고향에서 북천초등학교를 졸업하고 진주중학으로 진학하게 되어 진주에서 유학하게 되었다.1969년 대학을 졸업하자말자 웅동중학교 교사로 출발하여 10여 년간 옥종고등학교 등 고향 북천 인근을 전전하면서 사실상 고향집을 떠나 있게 되었다.

그 당시는 주민등록법이 제대로 시행되지 않아 덕산중에서 맺은 인연으로 결혼 후에도 상당기간 고향집에 거주지 등록이 되어 있었다가 주민등록법상으로 1977년도에 진주시로 전입되었다. 83년에 일본 유학에서 귀국하여 84년부터 부산 동의대학에 안착하게 되었고 86년에는 아내도 진주여중에서 부산 수영중학으로 전출되어 37년을 함께한 아내가 승천하게 되어 부산 출신인 지금의 집사람과 수년 전에 재혼하여 지금까지 30여년을 훌쩍 넘겨 하동 출신 선후배들의 활동상을 느껴보면서 재부 하동향우회의 궁지로 부산에 거주하고 있다.

지금까지 생활사를 집어보니 서글픔과 기쁨을 함께 하면서 먼 길을 헤매다 돌아온 것 같아 아련한 옛 추억이 함께 떠오른다.

서울 동생이 귀향해서 농사일을 시작하게 되어 동생에게 힘도 되어주고 비어있는 고향 생가의 유지관리와 세전유산인 농경지나 임야의 경계파악도 하고 소종가 장손으로서의 집안문제 등 여러 가지 문제에 대비하고자 서둘러 우선 혼자만이라도 지리산을 품에 안고 섬진강과 한려수도 남해안을 품에 끼고 백두대간의 마지막 기혈이 이 명산에서 웅지를 틀고 있는 자랑스럽고 듣기만 하여도 다정다감한 하동 북천 남포동의 생가(성균진사이셨던 증조부께서 건축하시고 본채가 너무 커서 관리가 힘들다며 1962년도 선친께서 사랑채를 증축하시며 본채를 축소 개축)로 주민등록전입을 하게 되었는데 고향 떠난 지 꼭 50년만이다.

마침 면장님이 부재중이시라 전입인사는 드리지 못했지만 전입 몇 시간 지나 하동 군수님의 전입을 진심으로 환영한다는 전언에 정보통신의 발달과 하동군 행정체계의 완비됨에 자부심과 감사함을 느끼며 수구초심으로 노년생활의 안락함과 인생마무리를 고향에서 잘해야겠다는 다짐을 하게 되었다.

승천한 아내가 암투병중 고향생가 황토방에 간혹 머물면서 앞이 답답하다고 사랑채를 헐어버리고 그곳에 작은 연못과 물레방아를 설치했다가 풍수지리학적 충고로 연못을 다시 메워버려 조상님의 손때가 묻은 사랑채만 없어진 꼴로 후회막급이다.

부산 아파트 정원에는 매화는 벌써 지고 백목련이 활짝 피었는데 고향집에는 산수유랑 매화는 피였는데 목련은 꽃봉오리만 맺은 상태였다.

부산산림조합에서 조합원에게 매년 제공하는 일정액의 유실수를 수년간 고향집 주변에 심기만 했지 심은 후의 물주기 등 추후관리가 부족하여 반수도 제대로 활착하지 못했는데 올해는 동생이 머물고 있어 제대로의 활착을 기대해 본다.

앞으론 고향에서 머물며 지내는 시기가 많아지겠지만 이번엔 하루를 고향생가에 머물고 예정을 앞당겨 부산으로 귀가하였다.

오늘은 동래 로타리클럽의 고교장학생 장학금지급 야간주회가 있는 날이다. 일본유학중 본인의 로타리클럽 장학금米山奬學金의 유용함을 생각해 보면서 지금 주는 장학금이 학생들의 장학의 효용성을 올리는 방법에 대한 깊은 생각에 빠져보게 된다.

변화 없는 다람쥐 쳇바퀴 굴리듯 같은 날이 반복되는 부산생활을 일탈하여 애향심으로 고향 정취에 젖어 글(수필, 서예)도 더 열심히 쓰고 남새밭에 채소라도 가꾸면서 특히 고향 북천에서 개최되는 봄꽃 축제인 '꽃양귀비 축제'와 가을에 개최되는 '메밀. 코스모스 축제'엔 만나보고 싶은 친지들을 초청하여 산채에 '어머니표 탁주' 한잔이라도 나누면서 노년을 값있게 보내야하겠다고 다짐해 본다. 그래도 새봄과 같이 다시 돌아왔다고 가슴이 용솟음치는 것 같아 새 희망에 가득 젖어보고 싶다. 모두들 건강들 합시다.

기해년 중춘에, 부산서제에서

(하동군민신문, 2019.3.25)

기해년 새해 단상

새해가 되면 별다른 일이 없다고 하여도 새 희망에 벅차서 괜히 마음이 울렁거리며 좋은 일이 있기를 바라는 마음으로 가득차기 마련이다. 수년 전만 하여도 일 년의 흐름이 늦은 것 같았지만 칠십을 넘기고 보니 운행속도가 나이와 비례한다고 칠십의 속도로 쾌속 질주하는 것 같다. 지금 노령사회에서는 '김형석 교수님의 백년을 살아보니'와 나의 은사이신 '강 회 교수님의 90세의 팡세'를 읽고 65~75세까지를 신중년으로 인생 황혼기라며 일을 해야만 행복할 수 있다고 느끼기도 한다. 봉사적인 사회활동을 권장하지만 나라의 경제정세를 보면 젊은이까지도 실업자가 속출하는 현실정이다. 그런데도 특히 어설픈 정치지도자들은 당리당락과 이기주의와 기회주의 활동뿐이고 있으나 마나한 지자체 의원들까지도 철면피로 한술 더 떠 외유성 해외연수 등으로 제몫 챙기기에 혈안이 되어 말썽을 부리고 있다. 좌파와 우파의 극심한 이념투쟁에 자유민주국가의 존망이 걱정스러울 정도로 혼란되고 남북평화만 유지되면 다른 것은 깽판쳐도 좋다면서 국가발전을 뒷걸음치게 하고 있다.

올해는 새해 첫날이 어머니 기제일(음력)이라 그믐날 밤에 준비를 해두었다가 자시를 맞은 새벽에 제사를 모심으로 해가 바뀌는 TV의 보신각 타종을 들은 후에 우리 삼형제 모두 희망찬 새해를 맞는 각오로 건강을 누리자며 정성껏 어머님 제사를 모셨다.

서울 동생도 퇴직을 당한 셈이며 작년부터 추진하던 고향에서의 축사가 우여곡절 끝에 완성되고 큰 추위가 끝날 새봄 입춘 이후에 가축입식을 기대했는데 북천농원의 출하가 시작되어 1월2일 입식을 하라기에 양력 설날인 파제사날에 고향 북천엘 갔었다. 하루쯤 일정이 늦어져 동생이 미진한 곳 다시 한 번 손을 보며 대비를 하였으나 북천농원에서 하림에 닭을 출하하고 보니 우리에게 넘겨줄 남는 닭이 없어 다음으로 미룰 수밖에 없었는데 오히려 맹추위를 피할 수 있어 다행이란 생각도 든다. 고향에서 며칠 머물다 부산으로 귀가하는 도중에 친구들과의 약속으로 오랜만에 사천 비토섬 바닷가에서 굴구이를 즐기며 여러 의학적 연구에서도 보고된 봐와 같이 장수의 비결은 친한 친구들과 자주 접촉하는 것 이라는데 우리도 새해엔 좀 자주 만나자는 이야길 나누고 밀리는 남해안 고속도로로 집에 도착하니 7시가 가까워 있었다.

이번 연말연시에 친지와 문우들께 칠팔십 통의 신년휘호를 써 보냈더니 감사의 인사나 답례 연하장을 받기도 하고 동인지나 새로 출간된 저서를 받기도 하였다. 며칠 후에는 부산 문인협회의 임원선거가 있으므로 핸드폰 메시지가 불꽃 튀기는 작동을 하고 있다. 그래도 명예랍시고 봉사하시려는 문인들이 있는 것이 다행스럽다. 이번에 새로운 부산수필문인협회장으로 평소 존경하는 박양근 교수께서 추대되어 첫 원고 청탁을 받았기에 영광이다 싶어 졸필로 생활 잡문을 쓰고 있다. 연말이다 보니 골프회모임, 중고등 동기들의 모임 등 회장 이취임이 있고 연령 순위로 하여 내가 맡고 있는 퇴직자 모임인 동심회와 진주고 재부 동기회 모임도 회장의 굴레에서 벗어난다니 마음이 홀가분하다. 지난 해 가을부터 얼떨결에 시작한 시교육청 산하 금정구 진로센터에서 청소년 진로체험을 위한 '좋은 어른 자원봉사자'로서 올해 상반기 까지 예정인 봉사활동은 지난해에는 보람 있게 활동한 것 같고 다시 2월이 되면 재개될 예정이다.

어쩌다 연말을 넘겨 지연 출판되었지만 그래도 재부 하동 출신 문인회의 한다사 동인지가 출간되어 출판기념회를 가진다기에 참석하였다. 출판기념회에는 연말연시로 바쁜 탓인지 회원의 삼분의 일 정도는 참석하지 못하였고 출판된 책표지도 하동군의 옛 지명인 한다사韓多沙에서 한글표현인 한다사로 바뀌었는데 우리는 한자세대인지 고유명사로서 한글은 뭔가 한눈에 확 들어오지 않고 확실하지 않은 생소한 느낌도 든다.

별다른 감회나 계획 없이 송구영신한다는 것이 다소 허전하기만 하다. 올해에도 뭔가 봉사의 일자리를 찾아서라도 일하는 즐거움을 누리고 싶다. 또한 고향생가별장에 자주 머물면서 때 맞춰 옥수수나 군밤, 군고구마로 친구들과 어울려 탁주 일 배라도 나누면서 좋은 글이라도 쓰고 싶다. 지인들의 건승을 기원해 보며 새해를 힘차게 출발해본다.

기해년 정초에

(부산수필문예 34호, 2019 봄)

꽃 양귀비 축제와 문학행사

매년 만춘에 20여 일간 고향 북천 일원에서 꽃 양귀비 축제가 있으며 때 맞춰 이병주문학관 이벤트로 특강과 시낭송 행사 초청도 있고, 보름 전 수년간 묵혀두었던 집안 남새밭에 모처럼 심은 고구마 활착 상태도 보고 싶고 채취기가 지나가려는 대밭의 죽순을 채취하여 친구들과 나누고 싶었다. 우리 아파트 골프회원 중 고향별장방문을 겸하여 이번에 하동골프리조트에서 라운딩도 한 번 가지려 하였는데, 맞추다 보니 각자 사정도 있고 동행이 어려워 다음 기회로 미루어 버렸다.

마침 퇴직한 서울 동생이 꽃 축제 방문 겸 고향생가 정리에 힘써주겠다기에 나 홀로 북천에 도착해보니, 농촌 일에도 익숙한 동생이 보름 전 나와 집사람이 고구마 순이 부족해 절반만 심고 끝내지 못한 남새밭에 옥종장날이라 고구마 순을 구해서 모조리 끝마치고, 마당의 잡초 예취작업도 깨끗이 끝내고 있었다.

다음날은 아침부터 마당정리 정원수 손질을 하고, 오랫동안 청소나 걸레질이 없어 바닥에 때가 덕지덕지 끼여 있는 천송정川松亭 바닥도 손님맞이로 말끔히 청소하였다.

어머니 생전에 시청해오다가 고향별장에 애착을 가진 아내가 승천한 후 북천 생가방문이 뜸해서 수년 전 취소해 버린 유선방송을 재신청하여 설치를 마치면서 주위 환경이 좋은 고향집을 가능하면 자주 방문하여 풍수적인 지기도 얻고 건강도 다져 보리라 생각도 해 본다.

오후부터 시작하는 이병주문학관 문학행사에 참석해 보니 지인들, 최영욱 관장과 인사를 나누면서 행사프로그램을 보니 초청특강에 집안동생이고 고향 생가 바로 아랫집에서 어릴 때 같이 자란 최 만진(이병주 문학관 설립추진 위원회 사무국장)연사의 강연과 그 외에도 낭송시인의 시낭송, 여중학생들의 시낭독이 이어졌다.

초청연사인 동생도 도착하고, 특히 그 옛날 그 시절 북천고등공민학교(최용도 겸임교장은 본인선친)에서 이병주 선생님으로부터 영어를 배운 나이 많으신 오 선배를 비롯한 고향 선배님들, 관광버스로 중학생들도 참여하여 관심을 가지고 자리를 지키고 뭔가를 노트하는 것을 볼 수 있었다.

우리 동네에서 자랐던 어릴 때의 이병주 선생님에 대한 나도 몰랐던 일화 등 '북천과 이병주' 특강도 듣고 지리산을 소재로 한 '정혜숙, 현임옥' 시인, 박순희, 박정희 시낭송과 어릴 때 꿈을 키워줄 수 있는 통영여중 등 몇 명의 중학생들의 낭독을 듣고 감상은 즐거운 시간이었고, 그들의 미래는 기대해도 무리는 아니라고 덧붙이고 싶다.

본인의 초등학교 저학년 시절 글짓기 수업시간에 더듬더듬 쓴 작문을 보고 선생님께서 칭찬해주셔서 작문에 작은 관심이라도 가질 수 있어 지금의 수필가로 될 수 있었다는 생각이 떠올라 오늘 참여한

학생 중에서 계속문학에 관심을 가지고 매진하여 훌륭한 문인이 배출되기를 기대도 해본다.

뭐니 뭐니 해도 관중의 인기를 끌었던 것은 국제적으로도 노래 부르기 좋아한다는 우리 국민들 어느 곳에도 빠지지 않을 정서와 흥취를 가진 참석한 고향면민 모두가 혼연일치가 된 양희은 스타일로 김광석 곡으로 젊음을 살려 고모령 등 나이 많으신 분들을 위하여 정성들여 열창한 밀양 산내에서 '사과꽃 피는 저녁' 라이브 카페를 운영하고 있는 시노래 가수 '남미경'님의 정성들인 열창으로 문학관 행사가 돋보이고 아름다웠다. 이런 초심의 멋진 행사를 시도해 주신 최 관장께도 심심한 박수를 보낸다.

처음 참석할 때는 혹시나 남강문학회원들이나 안면 있는 문인들이 고향에서 개최하는 작은 활동에 참석하기를 기대하면서 고향의 꽃잔치 자랑도 할 겸 참석했으나 별다른 지인들을 만난 것은 아니었다.

행사를 마치고 준비해 두었다고 같이 참석하자는 만찬에 참석하여 연사로 수고해준 동생과 옆자리에 앉게 된 진주에 거주한다는 여자시인과 손 수필가님께 필자의 수필집도 드리고 북천에 대한 이야기와 연사로 수고해준 동생의 학창시절 민주화 투쟁에 대한 대화를 나누다가 일정상 자리를 일찍 일어섰다.

집에서 북천농원의 김회장에게 연락하니 전부터 가져가고 싶다는 어머니께서 김치나 된장 항아리로 옛날부터 애지중지 사용하였으나 지금은 앞마당가나 장독대에 뒹굴며 걸리기만 하지만 쉽게 버리지 못하는 옛날 항아리 단지를 김치단지로 쓰겠다고 가져가면서 내일 부산에서 오는 방문객과 함께 농장에서 또 만나길 약속하였다.

다음 날 마당가에 어질러 있는 잡동사니들을 다 태우고, 김회장의 농장에 방문하는 손님들을 마중하기 위해 한길 가 정자나무 아래에서 기다리고 있는데 약속 시간에 도착하여 정자에서 어머니 생전에 우리 집 제주로 사용하셨다는 어머니표 '동동청주'(과거 어머니를 도우며 술도 같이 담고 심부름도 하셨든 분으로 지금은 청주를 만들어 파시는 그 할머니 술)와 어제 만들어 둔 죽순회를 안주삼아 한 잔씩 목을 축이고는 북천농원으로 향했다.

입구에 설치된 자외선 소독장치를 통과하여 사무실에 잠깐 들러 차 한 잔 들면서cctv에 나타난 10만 마리가 넘는 육계가 사육되고 있는 현장 설명을 듣고는 얼마 전에 완공되어 최신식 장비와 환경적인 설비로 오염을 최소화 한다는 앞으로 우리들의 고향인 농촌 발전과 국가 생산 산업에 크게 기여할 거라 확신되는 양계농장을 둘러보았다. 그래도 환풍기 뒷구멍에서 내뿜는 공기는 닭똥 냄새가 난다는 이야기는 생각보다 심하지 아니하여 필자의 지나친 기우로 끝나고 말았다.

특별한 먹을거리로 준비했다며 섬진강을 넘어 광양 민물매운탕이 유명하다는 음식점에서 빠가사리(동자개) 매운탕을 시켰는데 나중에 먹으면서 보니 메기대가리도 있어 물어보니 원래 그 집에선 빠가사리 매운탕은 메기와 혼합탕이라고, 아무튼 얼큰한 매운탕은 술잔을 챙기는 데는 더없이 좋았다.

여유 있게 북천 꽃양귀비 축제에 들러 하루 전에도 만난 적이 있는 꽃양귀비 축제장 대표(나 보다 나이 작은 외삼촌)와 김 회장을 비롯한 일행과 인사를 나누고, 놀다가 손님들은 부산으로 안녕을 던지고,

나는 고향생가에서 두어 시간 정도 쉬었다가 뒷정리는 서울 동생에게 선물하고, 집에 오는 길은 가로등이 밝게 맞으면서 도착하여 꿈길로 흘러갔으니… 모두들 건강하시고 또 다음에 같이 즐기도록 합시다.

무술년 고향의 축제에 다녀와서
(하동문단 제14호, 2018)

아내의 그림자와 함께
아들의 병원장 취임을 맞으며

예부터 십년이면 강산도 변한다고 하였던가!? 아내가 승천한 후 아내의 그림자와 함께 한지도 꼭 10년 세월이 흘러간다. 그 중에도 이야기하기도 어려울 정도의 많은 애환을 맞기도 했는데… 10년 세월이 순식간이며 이젠 김형석 교수님의 기준으로 나도 황혼기를 정리해야 할 때라고 생각되며 지난 날 아내가 수술 후 투병 중 집에서 앨범을 정리하면서 앨범을 다 정리하면 인생도 정리될지 모른다는 생각이 문득 들어 앨범정리를 미루면서 세월을 두고 하였다는 말이 슬며시 떠오른다.

오늘은 마음이 참참하여 가족문집인 『川松亭 세운 뜻은』(2007), 자전 수필집인 『沃堂餘滴』(2013), 『沃堂餘錄』(2016)을 뛰엄뛰엄 읽어보면서 옛 생각도 나고 지난 일들을 역시 기록으로 남겨두는 것이 중요하다는 생각도 들어 희수 기념문집이라도 출판해보고 싶어진다.

2008년도 아들이 척추질환 세계적 권위자이신 서울대 은사님과 같이 서울 강남에서 시너지 정형외과전문병원을 개원하면서 30대에 진료원장으로 취임할 때 동분서주하면서 본인보다 더 생기발랄하게 너무나 좋아하던 승천한 아내의 모습과 병원장실에 인술제세仁術濟世의 휘호를 걸어주면서 축하 떡으로 당부하던 모습이 그림자처럼 떠오르며 잊어야지 하면서도 지난 세월을 잊지 못하고… 또한 지금의 집사람에게 느끼는 마음이 찹찹해지며 아련해짐을 금할 수 없다.

이번에 아들 최선종은 지난 연말부터 준비하여 코로나 사태로 어려울 때 수원 권선구에 수원에서는 제일로 인정되는 명인의료재단의 400병석의 신설 종합병원 화홍병원장으로 취임하였는데 코로나 사태로 개업축하연을 생략하고(축하연을 개최하면 본인도 축하의 의미로 拔苦與樂 휘호를 준비하면서, 아내가 승천하지 않고 생존해 있었다면 여하?) 개원축하화환 대신 받은 쌀 천삼백여 kg를 초록우산 어린이재단 공동양육시설 12곳에 전달하여 환영을 받았다고 경인신문에서 기사화 되었다.

십 수 년 전 서울대 병원 정형외과에 근무하면서 엄마의 위암치료를 지켜보면서 한이 맺혔는데 화홍병원에 아직은 종양내과는 제대로 진료를 보지 못하지만 장기요양병원과 암 병원을 추가로 확대하여 어떻게든 최신최대의 시설을 갖추고자 노력을 다하겠다고 마음을 굳게 먹는 것을 보고 대견하다고 생각이 들기도 한다. 또한 어느 부문에서는 특수진료를 하여야하기 때문에 경비가 많이 들기도 하지만 그 부분은 국가 의료보험 혜택을 받지 않는 비급여로 인정되어 진료비가 고가가 되어 운영에 어려움이 따를까 헛걱정이 되기도 하고 의료정책도 자화자찬을 일삼는 현 체제에서라도 좋은 결과로 의료발전에 기여하길 기대한다.

지난 10년을 반추해 보면서 이젠 나이 들어가니 그 옛날 할아버지(취미로 한의학에 조예가 깊었음)와 아버지, 어머니 생각도 나면서 나도 늙어가는 것인지 성숙해가는 것인지 헷갈리기도 하는데 '푸시킨의 지나간 것은 모두 그리워지는 것이다'를 읊조려 공감해 보면서 아들도 출연한 적이 있는 KBS의 '생로병사'의 프로그램을 떠올려보며 백세시대라고들 하지만 항상 정리하고 준비해야겠다고 상념에 젖어본다.

후손들에게 찾아들 희망적이고 발전된 시대보다는 자꾸만 떠오르는 부정적인 베네수엘라 전철을 밟고 있다는 생각에만 젖어들 것이 아니라 "하늘이 무너져도 솟아날 구멍은 있다"는 긍정적인 생각으로 미워하지 않고 원망하지 않는 마음으로 편안해지길 다짐해본다. 조상님이시여! 부디 살펴주시옵길 바라며 순국선열께도 감사하는 마음으로 엎드려 기원들입니다.

현충일을 맞으며

(부산수필문예 41, 2020 겨울)

안락 SK 아파트단지 내에서 이사를 하고나서

부산에 직장문제로 거주한지 반생(38년)이 되어간다. 부산에서만 다섯 번째 이사를 하게 되었는데 꼭 20년 만에 이 아파트 안에서 하는 이사다. 승천한 아내가 마음 들어 하며 애착심을 갖고 정성을 쏟고 가꾸며 생활한지(평생반장) 10년 만에 애석하게도 승천하게 되었고 십 년을 더 계속 거주하다가 이런 저런 사정으로 지금 살고 있는 집에서 이사해야만 될 처지가 되었다. 많은 추억이 깃들고 교통편의상 그뿐만 아니라 처음부터 대단지(2천여세대) 조경이 전문적 계획적으로 이루어져 일전에도 숲이 어우러진 우리 아파트 예찬을 필설 한 적이 있듯이 부산 아파트 단지에서 보기 드물 정도로 교관목과 과수나무가 잘 어우러져 제자리에 자리 잡고 있다. 또한 사계절에 맞추어 꽃피고 지고(특히 울타리용 화살나무, 광나무, 남천, 피라칸타, 비파, 모과, 맥문동 등 곳곳에 자라나는 야생 약용식물 등)여름에는 시원스런 매미소리 어울리는 곳이라 이웃도 정이 들고 골프동호회원들과 함께한 세월 등 정말 떠나기 싫은 곳 이였다. 마침 원매자도 나타났지만 이웃 109동에 전셋집도 나왔다기에 좀 더 살아가면서 뒤 결정을 미루며 위선 단지 내 급히 이사를 하게 되었다.

전임 아파트 동대표들(회장)께서 연이어 정성을 쏟아 관리를 잘 해온 것처럼 고향마을 같은 정이 넘치는 아파트로 주민 간 소통도 잘 이루어지고 야유회(4차 문경새재)나 연수회도 가지며 경로잔치, 어린이날 백일장, 아파트주위 자연보호운동, 걷기대회 등 서로 칭찬도 해가면서 아파트 홈페이지도 활성화되어 부산에서도 모범 가는 아파트로 많은 시상도 받은 봐 있다.

그런데 얼마 전부터는 유감스럽게도 동대표회의 회장의 선거나 이.취임식을 하고 나면 다소 부정적인 뒷말을 남기기도 하고 좋지 않은 말들도 회자되고 하였는데 이번 회기부터 이·취임 후에 말썽이나 상호간 비난이 없어진 것을 보니 다시 화합과 소통이 이루어지는 모양이다.

특히 이번 여름에 '미탁호?'인가 강한 태풍으로 109동 앞 홍가시나무가 쓰러지자 말자 머뭇거리지 않고 재빠른 처치로 나무를 살려내는 것을 보면서 한두 해전 107동 앞 멋지게 큰 '금목서'의 말라가는 안타까움을 맛본 우리 주민으로서는 이런 조처에 열렬한 박수를 보낸다.

특히 앞서서도 지적한 봐와 같이 도시생활(특히 대단지 아파트)에서의 숲의 가치는 아무리 강조하여도 지나치다고는 할 수 없다. 지금은 중국의 미세먼지가 우리나라에까지도 비산해 와 건강에 영향을 미치는 형편이지만 어우러진 숲은 광합성 작용으로 주위의 탄산 농도도 줄이며 미세먼지도 줄일 수 있고 온습도조절과 휘튼치드 발산으로 스트레스 감소 등 건강에 미치는 영향은 실로 지대하다. 특히 우리 아파트에서 시범적인 중앙상가 서쪽 휘튼치트 광장은 어우러진 수목터널을 이룬 수목에서 내품는 정유와 운동시설들이 조화를 이루어 주민들의 건강증진에 큰 몫을 하고 있는 점에서 아무리 강조하여도 지나치지 않으리라 판단된다.

이번에 101,102동 아파트 앞 횡단로가 중앙 대중교통 전용도로로 개편되면서 자동차 통행중심으로 설계되어 등하교길 학생들에게는 위험과 불편함도 도사리고 있었는데 동대표 회장을 비롯한 주민들의 청원으로 신호체계가 개선되어 다행이라고 판단된다.

지난 일이지만 동해남부선 원동교역 설립에는 말도 많고 어려움도 뒤따랐지만 그 당시 아파트 주민을 중심으로 원동교역 설립추진위원회(하태견 동대표회장)가 결성되어 주민들이 합심 하여 이웃 수만 여명의 청원을 받아 성취해낸 일들도 감흥이 깊다. 우리아파트 앞 버스 정유소명이 뜨란채 아파트정유소는 그대로 살아 있으며 원동교라는 명칭이 들어가는 강 건너 원동교교차로 정유소가 살아 있는데도 불구하고 안락에스케이아파트 정유소만이 원동교앞 정유소로 변경해 버린 것은 우리아파트 주민의 관심과 노력이 부족한 것이 아니 였었나 생각해본다.

예전에는 307번, 100번, 100-1 번 시내버스도 우리아파트 앞 정유소를 지나가고 있었는데 노선변경이란 이유로 슬그머니 변경되고 특히 200번은 이상하게 뜨란채 아파트를 돌아 나오는 등 이해가지 않는 문제점도 올바르고 합당한 결정이었는지를 동대표회장님을 비롯하여 우리 아파트 주민들이 함께 관심을 갖고 좋은 점이 있으면 지적하여 바로 잡았으면 한다.

이제 기해년도 저물어 갑니다. 급격히 기울어져가는 국가형편을 걱정스럽게 지켜보면서 다가오는 경자년 새해에는 우리아파트 주민과 그 가족님들에게 건승과 영광이 함께하시고 모든 근심스런 일들은 기해년 올해 기적처럼 사라져 버리길 기원하면서 화합과 소통이 함께 이루어지는 안락 에스케이 아파트 발전을 두 손 모아 기원합니다.

기해년말 이브를 맞아

(동래문학 창간호, 2020)

친구들의 건강과 재회(Home coming)를 기대하면서!

염량이 때를 알아 여름이 가면 가을이 온다고 백로가 되니 조석으로 선선함이 꽉 찬다. 이번 여름 폭염은 1907년 기상관측 이래 최고의 기록이라고 견디기 어렵다고 아우성이었다.

우리 진주고35회 친구들이 졸업한지도 반세기가 훌쩍 지나가 버렸다. 전번 5월 서울에 간 김에 몇몇 서울 동기들이 모인다는 자리에 참석할 기회가 있어 근황을 나누다가 고교 Home coming day 이야기가 나와서 30주년 기념대회 때 뒷이야기와 50주년 대회를 못한데 대한 아쉬움과 27기, 28기 선배님들은 50주년, 60주년 기념대회를 성공리에 치렀다는 얘기를 들으면서 우리도 35주년에 서울에서 35주년 모임을 갖겠다던 승천한 이건상 친구의 말을 떠올리면서 60주년은 너무 늦으니 55주년 홈 컴밍 모임을 주선해 보자는 얘기가 저절로 나왔다. 그 이야길 "오랜만에 상경하여 돌아와 회상하니" 제목으로 진주, 서울 동창회 카페에 올려도 반응이 별무였다.

매년 여름철 실시하는 '진주고 재부35회동기회' 금정산 하계야유회에서 지금도 서둘러 승천하는 친구도 있으니 우리의 생을 마감하기 전에 제2회 <홈컴밍 대회> 개최의 공식적인 제의를 부산지구 회장으로서 하게 되었다.

어느 선배기는 4대도시로 로테이션하면서 동기회도 잘 된다는데 열정적인 빨강명찰 막장인 35회는 각 지역별로는 동창회 모임이 잘 되고 있으나 지금은 전체적 교류모임이 별무인 것 하다.

84~85년 본인이 큰집택인 진주동창회장시 김명철(부곡지서장) 친구의 도움으로 부곡에서 진주지구 주관의 부,마산을 비롯한 인근지역의 친구들이 참가한 야외연수회를 성황리에 개최하기도 하였습니다.

그 후 아내도 진주여중에서 부산 수영중학으로 전출되어 부산으로 이사한 이후 중산리에서 개최하는 진주지구 야유회모임에는 부산에서 참석하기도 하고 부산모임에도 진주, 울산에서 간혹 참석하여 서로 교류하기도 하였으나 팽창해가는 지역주의와 들어가는 나이에 지역 간 교류가 이제는 뜸해지게 되었다.

진주지구 동창회 카페(부산지구 미개설)를 살펴보니 8월 31일 경남문화회관 옆 오리하우스에서 모임이 예정되어 있었다.

며칠 전 고향생가별장에 온 친구들과 나눈 얘기처럼 본향인 진주지구 모임에 참석하여 그간의 사정과 60주년 보다는 55주년 기념 홈컴밍대회 개최를 제의하게 되었다.

이제는 다들 현역에서 은퇴하고 별다른 주도권 보다는 신경 안 쓰고 한가롭게 지내길 원하는 주의다. 진주의 친구 한사람이 30주년 기념대회 개최시 예산뿐만이 아니라 참여인원확정과 관리, 숙소지정, 프로그램 확정에 주관의 어려움을 호소하였는데 이해도 가고 사실 나이도 더 들어가고 하니 어려움도 예상되지 않는 것은 아니다.

진주동창회에서는 다음 해 연초에 개최하는 정기총회에서 제안하여 결정하겠다고 하였는데 어려움이 있겠지만 고향을 지키고 있는 자부심으로 친구들의 기대에 부응해 주길 기대한다.

이젠 경제력을 가진 찬조자도 기대하기 어렵고 각 지역별로 참여 인원을 확정하여 지역별 예산을 확보하여 모교투어가 끝난 후 주 만찬장에(진주고 강당이나 생활관 등 뷔페?) 참여자는 같은 회비를 분담해야하고 혹시 숙소가 필요한 사람에게만 공동숙소를 제공하고 부부동반자는 부득이 소정의 동반요금을 징수토록 하여 대회경비는 이로서 충당해야 할 것이다.

그러나 모교를 투어하고 안내와 협조를 받는 이상 다른 선후배들의 관례인 학교발전기금은 무시할 수 없음으로 동기 친구들에게 그 같은 사정을 설명하고 발전기금을 찬조하는 친구들은 그의 뜻을 우리 모두 공유하면서 학교에 발전기금을(축구후원금 등 오백~천만원?)기부하는 것으로 하면 가능하리라 판단된다.

가정에서도 큰형 댁에서 부모님 제사를 모시고 형편이 되면 동생이 제수비용은 많이 내는 수는 있어도 제사를 돌아가면서 동생 집에서 지낼 수 없듯이 우리 동기회 전국 친목모임 같으면 타지역에서의 개최도 무방하지만 55주년 home coming 대회는진주지구 주관으로 본향인 진주에서 개최되어져야 한다. 또한 각 지역동창회를 근간으로 하여 55주년 기념대회 특별추진회가 결성되어 성공적이고 건전한 대회 개최를 위하여 노력해야 한다고 제의하면서 청운의 꿈 많은 고교시절로 한번 되돌아가 주마등같은 인생의 회오리를 마감하길 원하며 친구들의 건강과 재회를 기원합니다.

무술년을 마무리 하면서

(진고인 부산동창회, 2019)

친지의 고희연에 참석하고

옛날에는 '人生 七十 古來 稀'라고 했지만 지금은 의학과 생명과학 또한 생활여건의 향상 등으로 평균수명이 많이 길어지고 있다.

이젠 60대는 노인 축에도 끼어들 형편이 아니므로 회갑연은 가족 여행이나 가고 간혹 칠순은 가족과 친지간에 고희축하연을 가지기도 한다.

하동북천 고향에서 친척 간에 어릴 때 같이 자라 어울리다 보면 때론 명절세배와 조상성묘도 함께 하는 등 많은 추억도 함께 가질 수 있었다. 지금은 제각기 타향의 생활전선에서 살아가고 있지만 항상 집안을 생각하며 시제와 종사 등에 앞장서온 매사에 성실하고 주위로부터 존경받는 나름대로의 성공적 인생을 이룩한 것으로 판단되는 집안 아저씨가 칠십을 맞이하게 되었다. 진주 동방호텔에서 고희연을 가진다기에 요즘 위축성위염으로 술자리를 기피하는 실정인데도 꼭 참석하여 축하해 주기로 마음먹고 수일 전부터 정성껏 축하휘호로 '한중지락閑中至樂'을 선택해 정성껏 준비하였다.

주말인데도 부산 진주 간 고속도로가 밀리지 아니하여 예상보다 일찍 도착하여 수십 년 만에 남강 변을 따라 느티나무 아래로 진주교

각에서 동방호텔까지 걸어보면서 학창시절과 먼저 간 아내와 함께한 중등교사 시절의 진주의 추억도 회상해 보았다.

고희연 시작 무렵 낯익은 고향 분들이 한두 명씩 보이기 시작하더니만 95세 되신다는 사동할머니(주인공 자당)도 정말 오랜만에 정정한 모습을 뵐 수 있었다.

오늘의 주인공인 아재는 초등학교만 나왔지만 수년간 서당에서 한학에 정진한지라 여러 방면의 학식도 가졌고 고향에서 통일주체 국민회의 대의원과 농협 조합장도 지냈고 이웃에 베풀면서 사회활동도 많이 하였지만 사업(고령토 광업)에 실패해서 고향을 떠나 살게 되었는데 모친에게 효성이 지극하여 나중에 2부에서 정정한 목소리로 노래를 2곡이나 할 수 있도록 잘 모셔오고 있었다.

자녀들도 육남매인데 특별히 입신양명하지는 아니 하였더라도 모두들 나름대로 사회에서 제몫을 하고 있었고 일이년 전부터 나름대로 아버지의 고희연을 준비하면서 효성을 다한 것을 느끼게 하였다. 특히 교사인 막내딸이 "아버지께 올리는 편지"에서 어릴 때 고향에서 교육적인 자애로운 아버지를 모두들 실감할 수 있게 하였다.

형제간에도 우애가 좋아 옛날 전통방식대로 형님은 공부를 적게 하고 부모를 모시면서 농사를 물려 받아 동생들을 잘 건사한 것처럼 이 세상에서 제일 존경하는 분이 형님이라고 동생들이 목소리를 함께하는 것이 곁에서 보기에도 부러움을 자아내게 하였다.

노래가 시작되어 한두 명씩 자리를 뜨게 되어 이때다 하고 때를 맞춰 고향 분들을 뒤로하고 부산으로 살그머니 되돌아오면서 나도 수년 내에 출판기념회 및 칠순잔치를 가져볼 계획을 혼자서 상상해보면서 저렇게 기분 좋은 잔치와 남들로부터 존경을 받을 수 있을까 혼자 속으로 헤아려보면서 술을 좋아하는 사람이 건강상 이유로 술 자석에 어울려서 사양하는 것이 얼마나 힘든 일인지는 당해 본 사람만이 이해하리라 믿으면서 두 시간 정도 걸려 고속버스로 귀가 하였는데 돌아오는 차속에서 인생이란 무엇인지, 부모자식간은? 또한 형제간 우애를 다시 한 번 깊게 생각하게 하는 잔치 나들이였다.

계사년말에

국제 펜클럽 문학기행과 서원사 참배

수필가로 등단한지도 십 수 년이 지나갔다. 수필집도 몇 권 상재하였고 이런저런 문학회 활동을 하고 있지만 마음에 쏙 드는 수필 한편 제대로 없다.

주위에 친하게 지내는 문인으로부터 간혹 국제 PEN클럽 가입을 권유받기도 하였는데 원래 무슨 협회에 가입하는 것을 주저하기도 하여 미적거리고 있었는데 조 시인의 활동을 지켜보니 선거후유증이나 파벌의식이 강한 일반 문학단체들 보다는 보람을 느낄 수 있겠다는 생각이 들기도 하였다.

이번 펜클럽 세계한글작가대회 기념 제3회 문학기행을 보니 충남 아산으로 되어 있고, 특히 중학시절 옛 친구인 정담스님이 서울 압구정동의 자비원에서 아산 염치읍 서원사로 이전을 한지 4년이 되어 가는데도 마음에 두고 있으면서도 아직도 서원사 참배를 하지 못한지라 부담을 가지고 있었다.

매년 백중일에는 승천한 아내의 천도재도 해주고 아들이나 손자녀석의 생일기도도 해주는 데 꼭 참배를 해야겠다는 생각과 펜클럽의 아산 문학기행에 참여하고 싶다는 생각으로 펜클럽 가입신청을 하게 되어 조 시인과 같이 부산에서 출발하여 첫 방문지 <공세리성지>에서 만나기로 하였다.

7:30분 KTX로 출발하여 먼저 도착한 덕에 유서 깊은 <공세리성당>과 <순교기념관>을 천천히 둘러보면서 박해시대의 참상과 드비즈 신부(성일론)와 이명래 고약의 역사를 알게 되었다.

이어서 충무공 이순신 묘소와 <현충사>를 방문하였는데 이제야 만국민이 숭배하고 추모하는 백의종군하면서도 나라에 충성하고 백성을 가족처럼 사랑하신 애국충정의 충무공 이순신장군을 참배하면서 무인으로서 뿐만 아니라 그분이 남긴 많은 시와 『난중일기』를 떠올리면서 학창시절에 여러 번 보았던 영화 <성웅 이순신>도 그려 보았다.

오늘날 총체적 난국을 맞고 있다는 현실에서 사욕을 떠나 국민과 국가를 위하여 목숨을 바쳐 나라를 구할 수 있는 이런 애국자를 상상해보며 「한산도가」를 읊조려보면서 충무공의 애절한 인간적인 삶과 문학을 연관지어보면서 다음 행선지인 맹사성 고택의 <맹씨행단(사적 109호)>으로 떠났다.

버스로 이동하면서도 느낀 것인데 지방문학협회의 문학기행에서는 느끼기 어려운 고요함과 고상함이 어우러져 감도는 분위기를 느낄 수 있었던 것은 조금 전의 점심식사 시간에서도 느낄 수 있었던 바와 같았다.

<맹사성고택>에 도착하면서 아산시 염치읍 영인산 자락에 자리잡고 있는 서원사 정담스님께 먼저 16;30분에는 우리들의 문학기행

이 끝날 것임을 연락하였다.

최영장군의 생가이기도 하였던 600년이 넘는 수령의 은행나무 위용과 680년의 역사를 가진 맹사성고택과 맹사성, 황희, 권진 세 정승에 얽힌 아홉 그루의 괴목과 관련된 <구괴정>을 둘러보고 <고불맹사성기념관> 앞으로 오니 정담스님이 와서 기다리고 있었다.

고교시절 국어교과서의 "강호에 봄이 드니 미친 흥이 절로 난다"로 시작하는 사계절을 노래한 「강호사시사」를 흥얼거리며 스님도 처음이라면서 기념관을 같이 둘러보았다.

여기서 "충효를 대대로 가업으로 삼고 청렴결백을 가문의 명성으로 삼아라(忠孝世業 淸白家聲)" 는 영조 26년(1750년) 어필사액은 이번 문학기행의 백미라고 사료되었다.

정각 16;30분에 서울에서 오신 회원님들과 작별의 인사를 나누고 우리는 정담스님과 서원사로 돌아오는 길에 아산의 명물이라는 장수식품인 우렁이별식(찜, 무침, 튀김)을 대접받으면서 그곳의 곡차를 한잔 권했지만 오히려 나의 건강을 염려하여 절주를 권하는 소리 들으면서 조시인과 나만이 곡차건배를 가졌다.

서원사에 당도하여 법당 앞 석간수가 일품이라며 권하길래 한잔을 나누면서 목마름을 씻어내니 정신이 새록새록 더 없이 맑게 되었다.

필자가 보기에도 풍수적으로 자리 잘 잡은 법당에 조시인과 같이 첫 참배를 하였는데 부처님 오신 날 부탁한 연등은 물론이고 스님 마음으로 모셨다는 승천한 아내의 애기불상과 천도재를 보면서 늦게와 미안하고 애절함을 느끼면서 참배를 마쳤다.

요사채로 내려와서 앞으로도 우리들이 살아갈 인생 상담과 건강문제를 조 시인에 중점을 두어 서로 이야기 나누었다. 스님친구가 연결해주는 이절에 다녀간 적이 있는 서울누나와 인연이 되면 서원사에서 한번 뵙자던 내가 존경하는『백일 간의 하루 출가』등 여러 책 저자인 고향출신의 정 선배와 서로 통화도 하였다. 다음에 기회를 내서 아들과 같이 다시 방문해 보겠다는 이야길 하면서 불러주는 택시로 천안 안산역에서 SRT로 부산에 도착하여 <베르린>으로 직행하여 하루 종일의 갈증을 맥주 한잔으로 풀면서 그렇게 망설임과 시도만 하던 PEN클럽 가입과 서원사 참배라는 2가지 숙제를 풀어준 평온한 마음가짐으로 이번 여정을 끝내게 되었다.

기해년 5월말에

(PEN문학 vol.151, 2019년 9.10월호)

제2부

다시 생각나는 그해 여름

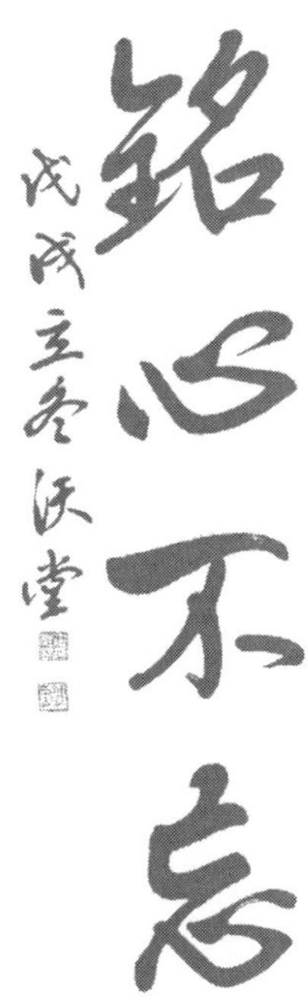

마음에 깊이 새겨 오랫동안 잊지 않는다

49년차 RI 부산지구대회에 참석하고

80년대 초 일본에 유학 가서 유학생들과 어울리다 보니 일본에서 한국유학생에게 인기가 많은 일본 로타리 요네야마(米山) 장학회에 대하여 알게 되었다. 로타리 클럽의 추천이 있으면 장학생 선발에 유리하다고 하여 경남 진주에서 로타리언으로 활동하고 계시는 선배에게 부탁하여 그 당시 남강 로타리클럽의 추천서를 받게 되었고 그것이 도움이 되었는지 일 년 내에 박사학위취득이 가능한 과정의 장학금을 받게 된 것이 로타리와 인연이었다. 귀국하여 동의대학에 자리가 잡히자 로타리 요네야마 장학금의 보람에 생각이 미쳐 전통 깊은 명문 동래 로타리클럽의 로타리언으로 활동한지도 어언 23년차이다.

부산 동래 RC 입회 시에는 제주지역까지 합하여 국제로타리 3660지구이었는데 한국이 로타리 강국이 되다 보니 zone 10 A의 3661과 3662지구로 분구되고 우리들은 3660지구의 역사를 이어받아 이번이 49년차 지구대회가 제1차 본회의는 15일 롯데호텔, 제2차 본회의와 지구대회 빅 콘서트는 벡스코 오디토리움에서 16일 개최되었다.

13시30분까지 입장 완료해 달라는 사무장으로부터 메시지를 받고 시간 전에 벡스코에 도착했으나 건물입구엔 사람이 없어 구건물로 찾아다니다가 신건물인 오디토리움 대회장을 찾는데 10여분이 지나가 버리고 지구대회 우리클럽 접수대에 도착하니 시계바늘은 1:32분을 가리키고 있었고 사무장도 보이지 아니하였다. 나중에 안 일이지만 이번 대회에는 엄격하게 30분 정각에 출석회원의 행운권 작성을 종결지었다고 하였다.

3층 행사장에 가보니 항상 행사에 일찍 참석하시는 여죽, 일묵 선배님이 참석하여 있었고 회장, 총무는 클럽회기 입장식에 참여하고 있었다.

이번 지구대회는 차차기 총재 시부터 열정을 다하여 미친 듯이 열심히 활동하신 명보 김충석 총재님의 회기 중 회원증가 1100명, 재단기부 110만 불, 엔젤피스 예술단 창단 및 지원 12억 원 등 전대미문의 훌륭한 업적들이 쌓여 클럽발전을 여러 면에서 이룩한 자랑스러운 대회였었다.

관용어로 과유불급이라는 말도 있고 또한 오른손이 하는 좋은 일은 왼손이 모르게 봉사하자는 말들도 지금 시대엔 알릴 것은 알리자는 PR시대라지만 RI 회장대리님의 과한 듯 되풀이하는 흥분된 칭찬과 업적 홍보가 웃음을 자아내게도 하였다. 또한 이웃 일본 등과 비교해 보아도 너무 과하다는 기부금 액수에만 사생결단한 듯 하는 어색한 분위기를 만들었다고 생각하는 건 나만의 과민반응일까?

어쨌든 계획대로 잘 진행되어 시상 클럽이 복수로 좀 많다는 생각이 들기도 하지만 우리 동래 로타리클럽이 종합 최우수상을 받게 되었다. 우리클럽의 김균 전총재님은 차기 존 10 A RI이사로 지명 당선되었고 로타리 재단기여 공로상과 박동규 전회장님은 45년 개참상을 수상하는 영광을 가졌다.

또한 총재도 역임하시고 재부하동향우회장으로 고향발전에도 공이 많으신 현재는 복지법인 '한국아동복지회'를 운영하고 계신 박윤식 총재님께서 'RI 초아의 봉사상'을 수상하시는 최대의 영광을 갖게 되었고 차기 총재로는 재부하동향우회에서 고향을 위해 많은 활동을 하신 남상우 향우께서 맡게 되어 기대와 함께 더욱 뜻 깊은 년차 대회가 되었다.

저녁식사를 마친 후 곧이어 시작된 지구대회 빅 콘서트 하이라이트는 행운권 4차 추첨으로 순금 20돈, 10돈, 5돈의 행운의 열쇠 추첨이었고 지구 홍보영상 및 아름다운 사람들 동영상을 관람하고 모든 행사 폐막선언 후 7:30분에 2시간 30분간의 기념공연이 이어졌다.

회원가족과 시민이 다함께 참여할 수 있는 기념공연에는 지구대회 행사에는 비어있던 의자들도 모두 차서 어디에서 그 많은 사람들이 몰려왔나 할 정도로 벡스코 오디토리움을 꽉 채운 열기 속에서 공연자나 참관자 혼연일치가 된 대성공적인 공연을 보면서 역시 로타리 봉사활동은 시민들에 대한 공연제공도 우리의 삶의 질을 높이는데 크게 한 몫 하는 문화활동 이라 판단되었다. 기념공연에는 명보 총재께서 차차기 회장시 부터 총력을 기울러온 초등 3년부터 중학 3년생의 품성과 예술에 소질 있는 학생들을 선발해서 장학금도 수여하면서 능력계발에 혼신을 다한 결과 세계적으로 국위를 선양할 정도로 발전시킨 엔젤피스예술단과 인순이, 홍진영 ,신 유, 리아 킴의 정성과 관중들과의 혼연일체가 된 뜨거운 공연을 관람하였다.

우리 동래클럽의 목화회장을 맡아서 활동하면서 재임학교 동아리 활동으로 지도한 학생들의 가야금 연주를 동래 로타리클럽의 창립기념일에 공연하기도 한 승천한 아내가 슬며시 기억에 떠오르며 지난

일 들이 주마등처럼 지나감을 실감하였다. 마지막 순서로 인순이의 정열적인 새빨간 드레스로 열광적인 마지막 곡과 앵콜 송의 관람을 뒤로하고 서둘러 공연장을 빠져 나와 귀가하였다. 세계평화와 인류의 생활향상에 기여하는 로타리클럽의 무궁한 발전을 다시 한 번 기원해 본다.

2018년 5월 18일, 지구대회를 마치고
(시와 수필 53호, 2018 여름)

SK 아파트의 멋진 정원수 예찬

벌써 무술년 한해도 저물어 가는 가을이다. 만엽홍산 뿐만 아니라 우리아파트 정원과 숲길에도 추색이 깊어 단풍들이 아름다운 색깔로 자태를 뽐내며 주위경관과 어울리고 주민들을 잠깐이라도 사색에 빠져보고 싶게 한다.

본인은 우리아파트 정원수 하나하나가 제자리에 심겨져 주위의 수목과 잘 어울려져 계절마다 조화롭게 멋진 경관을 이루고 있으며 특히 기상을 뽐내는 중앙로의 소나무 기백과 아파트 둘레 길의 광나무로 울타리 진 산책길의 아름다움과 숲속 철봉대 운동장과 휘튼치드 광장의 절묘한 조화로움과 가을의 단풍에 대해서 부산 어느 아파트와 비교 할 수 없을 정도라고 동래문예 16호(2015년)에 예찬 한 적이 있다.

또한 주민 간 각종 동호회 활동으로 소통과 화합으로 이어져 어른을 공경하는 경로잔치, 어린이 꿈을 키워주는 글짓기대회, 명절 후 자기 집 솜씨 자랑 겸 한 가지씩 가져와 이웃 간 정을 나누는 명절음식 나눠먹기 등 주민 간 정을 나누는 행사들이 발전하여 화합을 위한 걷기대회와 명승지를 방문하는 야유회로까지 확대되어 부산에서도 모범 가는 아파트로 자부심을 느끼기도 하였다.

우리 아파트가 지은 지 20년이 되어가지만 잘 관리되어 온 덕분에 아직도 제대로 운영된다고 보고 있다.

오늘 본인이 다시 강조의 글을 쓰는 이유는 전에도 조화를 이루게 잘 심겨졌다고 생각해온 나무가 볼수록 멋진 조화를 이루고 있기에 꼭 한 번 강조하여 예찬하고 싶어서 이다.

현 우리 아파트 관리동과 108동 앞 107동 뒤편 가운데(도로와 간이 샛문과 지하차도 입구) 조그마하게 조성된 화단이 있다. 그 화단에는 푸른 단풍과 붉은 단풍 6 그루의 단풍나무가 식재되어 있는데 연리지는 아니지만 위에서 보면 둥그렇게 자란 한그루 입체형 원형으로 보인다. 무늬도 태극무늬 같지만 단풍나무 수종도 청단풍과 적단풍이 반반씩 어우러져 태극기를 연상하고 있어 세상에 정원수로서 저렇게 조화와 화합을 연상할 수 있을까 그저 감탄할 뿐이다.

이젠 다소 세월이 지나고 어떤 수종은 성년이 되도록 다 자랐고 나무 밑 토심도 깊지 아니한 곳도 있고(지하주차장 설치) 기후도 점점 소나무 생태계와 맞지 아니 하게 변하게 됨으로 문제점이 예상되기도 한다.

그러나 나무는 정성을 기울인 만큼 성장 보답하는 성질인 만큼 아파트 주민간 소통과 화합으로 나무에 더욱 정성을 쏟아 봄에는 꽃피고 여름에는 무성하고 가을에는 단풍지고 겨울에는 가지만이라도 힘차게 뻗어있는 사계절에 따라 어울리는 살아 숨 쉬는 정원을 기대하면서 조금만 더 신경을 써서 정원수가 쇠약해지지 않기를 바라며 과거처럼 이웃을 서로 칭찬하는 그런 화합의 장이 마련되기를 기대해본다.

2018년 소설을 맞이하여

고희 기념문집 출판회

예정대로 1일 비가 상당히 내리겠다고 했지만 이슬비 간헐적으로 오는 날씨로 오히려 실내모임을 더 분위기 있게 만들어 주는 날씨다.

제일 먼저 연회장에 도착했는데 입구에는 벌써 몇몇 화환이 정렬해 있었고 도착하자마자 연이어 아들과 큰사위도 도착하였다.

대충 둘러보니 제대로 준비는 되어 있는 듯 하였고 아무래도 예상인원이 연회장소와 참석에 부담감을 줄까봐 연락을 자제하기도 했지만 아무래도 백여 명은 넘을 것 같아서 처음 예약했던 홀쪽에서 중앙무대(백사십여석)로 변경한 것은 적절한 판단인 것 같았고 나중에 알고 보니 백이십여 명에 달하여 꼭 알맞은 장소선택이었다.

제일먼저 책(옥당여록)을 하나씩 출판봉투에 넣고 쌓으며 오늘 안락하고 성공적인 기념회를 생각해본다.

시간이 되자 한두 분씩 반가운 얼굴들이 보이기 시작하였고 역시 예상대로 친인척은 물론 문단을 비롯해 선후배 등 각계각층의 함께 하고픈 화객들로 손색이 없을 정도였다.

꼭 십분 늦게 시작된 개회로 본인의 감사 인사와 이번 추석 전에 발생한 응급사태의 건강 유지에 대한 긍정적인 고마움과 집안의 역사를 설명하면서 우리 가문의 흥복의 재기와 계승을 바라면서 이제 겨우 재기를 위한 활주로를 깔게 되었는데 후손들이 더욱더 발전시켜 나가서 성공적인 비행을 이루어 주길 바랐다.

학동 조선배의 격려사도 감지덕지였으며 문단을 대표해주신 시와 수필사 강 천형 대표님의 축하패 전달과 집안 내역을 잘 알고 있는 4촌이모(어머니 4촌) 조 영희 시인이 작시하고 낭송시인인 문 인선 시인께서 낭송하신 시는 실내음향문제와 마이크의 문제에도 불구하고 내 가슴을 어우르는 것 같아 황송한 마음을 들게 하였다.

십여 년을 본인을 지도해주신 서예가이신 청남문화 이사장이신 동헌 선생께서는 "천의무봉天衣無縫"의 휘호를 친구 매헌은 "한심정거"의 휘호를 주시어 부족한 서예의 더 한 정진을 위하여 칭찬해 주셨다.

조금 지연되는 것 같아 식사 중에 시작한 건배제의는 마지막으로 가족을 대표한 누나의 요즘 유행하는 "비행기"의 제의로 분위기를 상승시켰고 친구들은 너무 젊게 보이는 누나라 동생 아닌가하고 장난을 걸어오기도 하였다.

식사 중에 축하 연주는 꼭 십년 전 고향생가에서의 화갑기념 출판회에서 친구 혼자서 연주하였는데 이번엔 친구부부가 부인께서도 연주복을 입고 아름다운 선율의 프르트를 연주해주어 출판회 분위기를 엎 그레이드 시키면서 박수갈채를 받았다.

아직도 응급사태 후 완전회복에는 부족하여 의사의 지시대로 폼을 위주로 포도주잔을 부딪치면서 한 모금씩만 어울리기도 하였다.

그간 수고하였고 그런대로 살아온 인생 나머지 인생도 잘 하기를 바라면서 그래도 건강이 회복되어 다행이라며 축하의 인사를 받으면서 서서히 8시가 다가와서 다음에 또 기회 봐서 건강이 완전 회복되면 한잔 나눌 것을 약속하였다. 우리가족의 풍속으로 우리 5남매 가족들을 중심으로 한 고희연은 내 진갑연과 누나의 고희연을 치룬 매제인 조서방의 도움을 받는 곤지암리조트의 가족연회를 10월 29일 토요일 개최에 많이 참석하여 그때 정말 우의를 다져볼 것을 맹세하면서 출판회를 마치게 되었다.

누나는 남동생 집에, 아들과 며느리는 자기 누나 집에, 우리 집에는 새 사위 안 서방 가족이 각자 흩어져 자고 뒷날 아침에 광안리 아이파크 인근의 미역국 집에서 함께 늦은 아침을 들고 아들은 우리 집에는 들릴 틈도 없이 귀로에는 추석 때도 못 들린 대구의 처가댁에 잠시 들렀다 상경한다고 서둘러 떠났다.

누나는 자형이 치료 퇴원 후 누군가가 보살피면서 재활운동 하는 형편으로 두고 온 자형 걱정으로 일어나자마자 나도 볼 시간 없이 일찍 상경하고 말았다.

집에 머물던 안 서방은 집사람과 같이 고성 공룡 축제장을 들렀다가 북천 꽃 축제에 들러 하루 북천에서 쉬고 상경한단다.

행사장에서 안 서방이 찍은 사진도 보통의 솜씨를 뛰어넘어 전문가 급이어서 정리하여 될 수 있는 한 본인들에게 보내주니 감사의 인사도 받았다.

참석 못하신 분들은 물론이지만 초청장을 보내지 못한 책을 읽을 만한 지인들에게도 기념문집을 우송하도록 해야겠다.

기념문집 출판회에서 중점으로 이야기한 나머지 인생도 잘해보는 것이 어떻게 하는 것인지를 실효성 있게 생각해 보면서 할아버지, 아버지의 지켜 오신 전통적인 풍습과 방법들도 세태에 조화롭게 절충하여 가업으로 이어나가면서 전승하고 싶다.

참석해 주신 모든 분들께서도 행운이 함께하시고 만사형통하시길 기원합니다.

모두들 제자리로 떠나고 혼자서

(2016.10.3)

P.S : 4일 북천에 성묘를 겸해 칠순 됨을 조상께 신고하고 5일 종중회의에 참석하고 귀가하여 다시 한 번 “나머지 인생 잘 해봐야지” 생각에 잠기면서…

나를 기쁘게 하는 일이 되길 바라며

- 아내의 10 주기를 맞이하며 -

만우절(4.1)이 내일 모레 다가오는데 학창시절 새빨간 거짓말?로 친구들 골탕을 먹이던 일이 생각나기도 한다. 재밌는 거짓말이 통용되고 꿈같은 가상이나 공상 들이 하루만이라도 이루어지는 그런 날이 온다면 얼마나 재미있을까?

이번 4월1일(음3.9)이 아내가 승천한지 꼭 10년째 되는 날이다. 6년 전부터는 아내의 기제사만은 서울 아들 집에서 모시고 있다. 제삿날 제문으로 우리 가문식의 독축을 제주가 하고 있고 아내 제사만은 다소 현대화하여 자녀들이 그간 특별한 관계된 일은 고하는 형식으로 지내고 있다.

일주기 때는 智多 趙末順 女史 一周忌를 맞이하여---(추도와 아울러 다시 한 번 극락장생을 기원하며)---추도문도 각자 쓰서 읽고 하였는데, 올해는 전국을 휩쓸고 아직도 맹위를 떨치며 위협하고 있는 코로나 바이러스 문제로 서울 아들집 제사에 참석하기도 어렵다고 망설이고 있었는데…또한 신생 종합병원장으로 옮겨가는 관계로 개원준비로 정신없이 뛰고 있는 아들에게 부담을 주는 것이 아닐까 여기면서 지금 사태로 함께 같이 서울에서 모시기도 어려운 상황이라고 판단된다.

이서방과 여식이 이번에는 고향 선산의 어머니 산소에 참배하겠다기에… 나는 며칠 전 고향집과 선산의 가족묘원을 다녀왔는데 또다시 동참할 예정이다.

지나간 십년 세월 애환과 아내가 남긴 7대 종부로서 집안에 남긴 족적들 특히 선친의 수비제막행사 등을 더듬어 보며 그간 많은 지난 날들을 생각해 보며 때론 잘못과 회환으로 또는 애절한 즐거움도 생각해본다.

이젠 늙어감으로 특히 친구들 입에서 회자되든 최뿔따구 급한 성질도 점차 사라져 가고…가부장제도 하에서 자라난 탓으로 여자라는 이유만으로 제일 가까우면서 소홀했던 어머니, 아내, 여식에 대하여 이 시기에 다시 한 번 잘못의 재인식을 깊이 느끼며 아내가 낙서로 남긴 유언의 의미를 재음미해 보기도 한다.

만약 아내가 지금도 살아 있었다면 그 적극적 하고잡이 智多선생께서 제법 꽤나 이루고 같이 하다 보면 나 역시 보람찬 봉사나 성취한 일도 많았으리라 생각하고 우리 가문에도 많은 일들이 이루어지지 아니하였을까 생각되기도 하면서 그것이 타고난 나의 운명 같아서…

그렇게 생전에 바라든 '고야'라는 아명까지 지어놓고 고대하던 손자의 출생을 보지 못하여 저승에 가서라도 이승에서 소망하던 손자의 탄생을 하늘나라에 가서 남은 가족들을 위하여 기어이 이루어낸 것이 아닌가 하고 가끔 만우절 생각할 때가 있다.

아내의 승천 직후 처음 몇 년간은 생각도 다소 정리되지도 않았고 그 후 별로 가사에 도움주지 못한 나로선 감당하기 벅찬 집안의 제사 핑계 때문에 내 자신도 원망스러워 시작된 재혼이 갈팡질팡 제 길로 가기도 하고 합일되지 못하기도 하였으나 승천한 아내의 뜻이나 지금 집사람도 나름대로 열심히 노력하며 애쓰고 있고… 어쨌든 결국은 나의 임종을 거두어 줄 사람은 지금의 집사람이라 판단한 후 전과는 또 다른 화목한 가정을 이루어내는 것이 내가 해야 할 일이라는 것을 잘 알면서도 과거에도 그렇듯이 지금도 그러고 있는 내 자신이 집중이 아니 되어 집안 살림에 도움 되는 것이 별로 없는 것 같은 시행착오를 또 하고 있는 것 같다.

꼭 20년 전 서예를 다시 시작하라고 권하면서 준비해 준 서예도구(우리 집 가전의 역사적인 벼루도 몇 개 있었지만)를 이용한 서예작품이 아내와 약속한 것처럼 당신께서 떠난 후 수상의 영광도 있었고 미술이 전공인 여식이 서예용품도 사주는 등 적극적으로 응원해 주지만 이젠 성장을 멈추고 퇴보해가는 솜씨로(서예대전에서 금상→은상→동상으로 갈수록 추락) 벌써 늙어 가는지 발전은 무리구나 생각되니 정진도 힘에 겨워진다.

현세는 백세인생이라 노래에서 뿐만 아니라 많은 업적들이 노후에 이룩하는 것들도 많다. 특히 존경하는 김형석 교수님이나 강회 은사님의 생을 본받아 노령에도 학문탐구와 자아실현을 위하여 훌륭한 활동을 하시는 그런 흉내라도 내보고 싶은 욕망이지만… 자타가 공인하는 5대조를 비롯한 우리 조상님들의 문집이 경상대 남명연구소 노력으로 출판되어 빛을 보게 된 이후에도 여기에 접근하지도 못하고 타고난 학자집안 인데도 내 노력부족 탓도 있지만 아직도 한학과 한시 입문생도 되지 못함을 안타깝게 여기고 있기만 하다.

우리 조상님들의 잠깐 실수인지 소종부인 당신을 조금 더 이곳에서 가문은 물론이고 나의 노후와 발전을 위하여 도와주도록 하지 못하고 그곳에서 필요하다고 빨리 데리고 간 것이 원망스럽기도 하다.

옛날 무거운 짐 지게지고 다닐 때 쉬거나 지탱할 때 한 몫 하던 바지작대기는 바뀌어도 지게는 넘어지지 않는 것처럼 지금의 집사람과 같이 때론 벅차더라도 어께 짐을 함께 지탱할지오니 살아생전 내 허물도 많았겠지만 천상에 계신 조상님을 비롯한 어머니나 당신께서도 양해해 주길 바라마지 않는다.

살아생전 당신의 자랑스러운 아들의 공동 병원개업에 떡잔치 벌이던 그때 일을 떠올리며 지금 또다시 인생의 승부를 걸려는 대학병원급 이상인 종합병원으로 옮겨 정신없이 몰두하는 아들을 바라보며 당신이 아직 생존에 있었더라면 하늘이 날아 갈듯이 기뻐하며 도와주려고 노력할 당신을 상상하며… 더 이상 욕심을 가질 수 없도록 병원 일이 나를 기쁘게 하는 일이 되길 바라고 이번 기일에 특별히 살펴주시길 부탁드리며 하늘나라에서 극락장생하시길 기원하고 또 기원합니다.

승천한 아내의 10주기를 맞으며, 항상 남(의) 편

(부산수필문예 39, 2020 여름)

PS : 고향에 봄맞이 가듯 올해 대학생이 된 외손자의 운전으로 선산에도 잘 다녀왔으며 오늘제사에도 집에서 경건하게 임하고 있다.

다시 생각나는 그해 여름

4월도 사라져 간다. 오늘은 보슬보슬 마음도 적셔주는 비가 내린다. 내일 임플란트 시술이 있어 서재를 정리하면서 컴퓨터 앞에 앉아 지난 일들을 생각해 보면서 상념에 잠겨 있다.

고향 생가별장에 자주 간다는 것이 생각 보다 쉬운 일만이 아니라는 것과 때론 차분하기 보다는 뒤 쫒기는 압박이라도 받는 기분에 마음이 답답하기도 한다.

고향에 지난해부터 와있는 동생에게 전활 걸어보니 집안 남새밭에 고구마를 심었다는데 올해엔 생가를 방문하는 친지들과 군고구마를 즐길 생각만 해도 난장판 국회에 일그러진 마음이 다소나마 가라앉는 것 같다.

엊그제 부산수필문학회 춘계문학기행에 마침 심해진 감기몸살로 동행하지는 못했지만 보기만 해도 마음이 흐뭇해지는 김수환 추기경 생가 등 또한 멋진 기행문이라도 떠오를 것 같은 참여 문인들이 보내주시는 기념사진들을 보면서 옛 생각에 젖어들어 이 글을 쓰게 된다.

젊은 그때 부부교사 시절과 특히 나보다 먼저 등단한 수필가이었던 승천한 아내와 함께 했던 추억들이 지워지지 않고 슬며시 떠오르는 것은 승천한 아내에게 진 빚이 너무 많았기 때문임을 지금의 집사람께도 미안감과 함께 이해해 주리라고 믿으면서 마음만은 참참하다.

업무로 바쁜 학장 보임 중 위암이 의심된다는 아내의 건강검진으로 당시 서울대 병원에 근무하던 아들이랑 함께 동의의료원에서 정밀검사 후 위암확진으로 허둥거렸던 일들이 떠오른다.

서울대병원에서 상당히 진행되었지만 정성껏 아주 잘 끝냈다는 수술 후 그 힘들어 하는 6 번의 항암치료를 잘 견뎌내면서 요양적인 생활을 위하여 부산 인근의 전원주택을 찾아 헤매다가 부산에서 멀긴 하지만 부모님 승천 후 비어있는 고향 하동의 이백년 고가인 생가에 생각이 미치게 되었다.

아내도 찬성하여 개축비용 등 모든 결정을 아내가 전담하기로 하여 병술 년 봄에 공사가 시작되고 여름이 되기 전에 정자 공사 등 모든 일이 마무리 되었다. 그해 만춘에 준공 기념식을 고향어른들과 가까운 친지들을 모시고 하게 되었다. 그 뒤 연달아 집안 친목회나 고교동기들 모임도 그곳에서 갖기도 하고 북천초등학교 동창회 이사회 등등 친선모임을 가지면서 그해 여름방학 때는 전적으로 그곳에서 지내게 되었다. 다음 해에는 일 년간 연구 년으로 학교에 출근하지 않아도 되었음으로 회갑기념 가족문집 출판회도 기획하고 준비하는 동인이 되었다.

그 때는 앞이 답답하다는 아내의 소망으로 앞 사랑채를 헐어버리고 그곳에다 연못과 물레방아를 설치해서 물레방아가 잘 돌아가면 아내의 생명활동도 잘 돌아가는 것으로 기대하면서 지나기도 하였다. 지금은 풍수지리학적으로 본채 바로 앞에 연못이 있으면 흉하다 하여 메워 버리고 말았는데 결국은 사랑채만 헐어버린 꼴이 되어 지금은 엄청나게 후회하기도 하지만…

그해 여름은 외손자도 와서 연못에서 미역도 감고 자연풍광인 폭포와 잘 어울리는 정자川松亭에서 대밭 너머로 불어오는 바람 맞으며 폭포수 떨어지는 소리 들으며 폭포에서 물놀이 하는 것을 보노라면 "이건희 회장님도 부럽지 않다"던 그 목소리가 자꾸만 귀를 스치는 듯하다.

정자에 모기장 쳐놓고 뜨거운 닭백숙이 복날에는 최고라며 권하기도 하였지만 원래 먹는 양이 적은데다가 잃어버린 입맛에 식욕촉진제도 복용하면서 체력회복을 위하여 무조건 먹어보려고 애써보지만 식욕이 제대로 돌아오지 아니하였다. 동생을 위하여 뭐든지 먹여 보려고 곁에서 안절부절 하던 지금도 생존해 계시지만 노후로 활동이 부자유한 처형이 가끔 생각나기도 한다. 식욕을 돋우기 위하여 모두 합심하여 힘쓰며 조금 먹으면 잘 했다고 박수치고 칭찬하며 조상님께 감사드리면서 정이 넘치는 그런 여름식탁을 또다시 함께 할 수가 있을까?!

발병한지 5년을 넘겼다고 주의가 다소 소홀해질 진 틈을 노렸는지 또다시 찾아온 재발이라는 운명은 인명은 재천이라며 여름을 바로 앞두고 꼭 껴안고 함께 하늘나라로 가 버렸으니…

친지들과 함께 때로는 한잔 나누던 우리 집 제주와 어머니표 동동주(어머니 밑에서 제주 담는 것을 도와 거의 맛을 전수한 분이 동네에서 상업적으로 하는 동동주)가 지금도 친구들 사이에선 회자되고 있다. 그 여름에 초청받은 스님께서도 옥수수보다는 건강을 지키는 데는 삼계탕이 제격이라고 두 그릇 해치운 그해 여름 정자에서의 추억이 떠오른다. 이젠 고향에서 자주 노후를 지낼 생각으로 혼자만이라도 주민등록 전입이 실행되었으니 앞으로 청문회 나설 일도 없겠지만 위장전입이란 소리 안 나오도록 산 좋고 물 좋고 주위풍광 좋은 고향별장에서 주로 기거하면서 여름철 지내기는 에어콘도 필요 없으니 특히 올 여름은 내 생애에 여름인 그해 여름 생각에 젖어 북천 고향에서 자유롭게 서예와 문학에 심취해 보고 싶다.

기해년 만춘에

(부산수필문예 35호, 2019 여름)

동기회 진주 기념총회에 참석하고

그 누가 4월을 잔인한 달이라 했던가?

시적 의미와 어원도 잘 모르면서 T.S. Eliot의 그 유명한 '황무지' 첫줄 "April is the cruelest month"을 무턱대고 인용하며 또한 4월 혁명(1960)의 잔인한 참상에 각인된 4월이 정말로 나에게는 2010년 4월 하순 '아내의 승천'으로 인하여 잔인하게 다가오게 되었다.

이제는 노천명이나 박목월의 4월의 기대를 읊조려보기도 하지만 아직도 내 곁엔 4월의 잔인함과 침통함이 고스란히 그대로…

아내의 기제사를 세태변화와 여러 사정상 서울 아들집에서 모시기로 한 후 이번이 첫 번째로 20대 총선 바로 뒤 상경한 김에 마침 서울 동기들의 청사모(청계산 사랑 모임) 트래킹 일자와 타이밍이 맞아서 하산 후 만나는 '옛골기와집'에서 회원들이 그날따라 많이 빠졌다지만 그런대로 오랜만에 회우를 가져 졸업 후 50년의 감회를 나누고 돌아왔었겠다.

카페에서 진주 동기들 동정을 살피니(부산은 카페 미개설) 마침 4월 23일 진주 모교운동장에서는 개교91주년 기념 제 40회 비봉대축제가 개최되지만 오래전부터 원로 선배기는 참석이 저조하니 기별

텐트도 없고 원로 합동텐트에 와서 인사만 하고 가는 실정으로 우리 35기는 행사장에 인사만 나누고 우리끼리 따로 만나 친선경기를 가지는 것도 오래되었지만 이젠 모두들 현역에서 은퇴한 후인지라 학교나 운동장시설 얻어 쓰기도 어려워 올해는 부부 동반하여 선학산→말티고개→의곡사→모교정문(모교운동장)을 경유하는 간단한 하이킹 후 경찰서 옆 청산우가에서 따로 모여 모임을 갖게 되어 있어서 전부터 보채는 '어곰'의 제의대로 새아내 대면 인사도 시킬 겸 또한 그날 저녁 집안의 결혼식 피로연도 있어서 겸사겸사 진주행을 실행하기로 마음먹었다.

부산에서 출발하면서 아무래도 12시가 넘어서 모여지겠지 생각하면서 어슬렁대면서 진주톨게이트를 빠져나가면서 청산우가에 전화를 걸었더니만 벌써 모두 도착하여 시작되었다기에 그때부터 서둘러 갔지만 거의 10분이 늦어 있었다.

총무를 맡고 있는 김 교장의 안내로 거의 부부 50여명이 참석한 모임에 오랜만의 인사를 올리며 합부인들께 그 옛날 감회를 드렸지만 냉랭한? 반응에 기대효과는 얻지 못 한 것 같다.

30여 년 전(1985) 우리 35회 주관기 비봉대축제 행사를(주관기 직전 회장으로 승천한 아내의 도움과 눈총을 많이 받으면서 준비) 거행한 후 86년에 추억 깊은 진주를 떠나 근무지 따라 부산으로 이사를 하였다(아내도 진주여중에서 부산 수영중으로 전출). 부산으로 이사한지 꼭 30년 만에 후처와 같이 진주동창회에 참석해보니 그 옛날 본인이 회장할 때 친구들과 부인들의 협력으로 그해따라 부곡(지서장 김명철 동기)에서 부산, 마산, 진주 합동 야유회를 가진 일이며 야유회시 그 많은 음식준비를 책임져준 승천한 아내며… 신안동 공설운동장 실내경기장에서 65년도에 졸업한 동년기의 제 11회 4개교 친선체육대회를(진주농고, 병설고, 동명고, 진주고) 84년 11월 11일에 개최하며 참 많은 추억과 에피소더도 많았었음을 떠 올리면서…

그 후 부산으로 이사해 와서도 진주지구에서 주최하는 지리산 자락(신천초등학교 등)의 하계연수회에는 개인적으로라도 가급적 아내와 같이 참가하였고 부산에서 주최하는 행사에도 진주팀을 비롯해 울산 등 서로 참가토록 하여 소통도 잘되고 하였지만 나이가 들어가니 멀리 단체로 움직이는 것만도 마음 약해서 인지 어느 날 소통도 점점 멀어져가다 보니 졸업 50주년도 유야무야 별다른 전체모임 없이 친구들의 서로의 근황 특히 승천도 모르고 지나가는 수도 많았으니… 이거 되겠습니까? 졸업60주년(개교 100주년) 특별한 모임을 희망해 보자고 외쳐보지만 벌써 늙은이 행세한다고 별다른 반향도 없다.

예부터 친하게 지내고 오랜만에 손꼽으며 보고 싶었던 택이를 비롯한 몇몇 친구들은 진주에 가도 보이지 아니하여 만나볼 수도 없었고 그나마 기회 되면 만나기도 한 '어곰'과 평생 총경으로 승진 못하는 '순경'인 친구와는 옛날 같으면 이유 불문곡직하고 2차에 돌입할 것인데 다음을 기약하면서 그대로 헤어짐은 지나간 세월에 나이 들어감에 오기가 빠져나감을 실감하면서 건강을 챙기는 나이 값을 하게 됨은 어쩔 수 없는 바람직한 행태라고 판단되고도 남는다.

만약에 승천한 아내와 동반하였더라면 그 옛날 진주에서의 행사추억과 지리산 기슭에서 흔들거리고 냇물에 떠내려가는 본인의 술에 얽힌 에피소드 등 부인들의 입놀림도 심하였을 건데…

정말 오랜만에 진주에 계시는 친척들이 상당히 참여한 집안 친척의 결혼피로연에 참석하였지만 지금은 그 잘 나가던 아버지 사촌모임도 자손들이 이어 받지 못하여 다 깨진 상태로 변 한 것 같았고 집안의 새로운 종부가 된 후처를 인사시켜도 핵가족화 된 세상과 풍습의 변화에 순응되어지고 집안유대를 중요시 한 옛 풍속에 익숙한 가부장적인 아저씨들은 그 진 다 승천하시고 살아계시는 집안의 고풍에서 탈출하고 싶으신 아지매들과 그 새파랗던 이제는 몰라보게 출가외인 된 칠순이 훌쩍 넘어버린 집안 누나들도 처음 보는 얼굴들이라 서먹서먹 만 한가보다.

다음날 고향 생가별장에서 집안 정리도 제대로 못하고 다시 빠른 재차 방문을 약속하면서 텃밭 주위의 머위, 쑥, 민들레 랑 종고모께서 심어둔 부산에 가서 이웃과 나누어 먹으라고 권하는 상추를 넉넉히 뽑아서 부산으로 돌아오면서 다행히 전번에 우연히 들러 음식 맛이 좋다면서 또 들리게 된 진성의 '진주성'에서 늦은 점심을 후딱 해치우고 오후에 부산으로 돌아와 또 이웃과 정을 나누며 부산생활을 시작하고 있다.

아무튼 친척이나 친구도 자주 만나야 정을 쌓아 갈수 있고 장수할 수 있다고 판단하면서 적조하지 말고 정을 나누면서 마음만이라도 풍요롭게 살아야 하겠다고 다짐해 본다. 친구들이여! 너무 서둘러 이승을 떠나지 말고 항상 여유를 가지고 자주 만나면서 '진고 35회 만세!'를 외치면서 제3모작 인생을 건강하고 풍요롭게 즐기도록 합시다.

병신년 만춘에, 부산동기회장

(진고인, 진고동창회, 2019)

떠나간 사람이 또 다시 그리워진다

한 여름철 무더위에 세태 돌아가는 것이 마음도 집중이 안 되고 갈피를 잡을 수도 없을 것 같아서 조상님 산소도 둘러볼 겸 하동북천 고향의 생가별장을 방문하기로 하여 일주일간 머물다가 왔다.

지난날을 돌이켜보면 그래도 그때그때 잘 적응하거나 극복해 나가면서 실패는 아닌 성공적인 삶을 이끌어 왔다고 생각해 왔었다. 지금 생각하니 많은 일들이 후회막급이고 실수투성이 이었다.

남새밭에 한두 그루의 매실수확을 놓쳐버린 후 체험도 할 겸 그곳 종고모님이 부치다 힘에 부쳐 수년간 팽개쳐진 남새밭에 올봄 처음으로 우리가 직접 심은 고구마 활착상태도 보고 싶어 생가별장에 도착하니 그간 빈집에 문제점들이 노출되어 차량통제를 위하여 일전에 장치하고는 처음으로 방문한 집 앞 골목길 자동차출입 제한장치가 해제되어 있었다. 들어가 보니 장치를 같이 설치한 비밀번호를 아는 서울 동생이 와서 정자에서 쉬고 있었다.

지난 가을에 집 주위 정리로 대밭 예취작업을 하고 우리가 젊은 시절에는 귀하게 대접받던 대나무가 이젠 천덕꾸러기가 되어 베여져 뒤처리를 하지 못하여 보기에도 걸리는 곳의 대를 끌어다 소각 등 정리 작업을 한 상태였다. 잔디밭 잡초정리와 정원수 손질을 대충 끝내니 사람 사는 집 같았다.

매년 벌초 시 너무 짙어서 애를 먹었던 가족묘원은 추석 전에 한 번 더 벌초를 하겠다는 생각으로 서울 동생이 손질을 하였다는데 뒷날에 산소에 가보니 정말로 칭찬할 만 하였다.

동생도 나이 들어가니 작년 말에 퇴직을 한 셈으로 아직은 쉴 처지가 아니 되어 고향에서 뭐라도 벌려볼까 궁리 중이다.

다음날 대박을 터트린 북천농원의 김 회장을 방문하여 횡천의 솔잎쇠고기 전문식당에서 전골이란 점심특선을 소주 곁들어 해치우고는 라운딩 형편은 아니지만 십여 년 전에 승천한 아내와도 가끔 라운딩을 한 하동 골프리조트를 구경삼아 방문해 보았는데 그런대로 관리가 되어 있어 친구들을 초청해도 괜찮겠다는 생각이 들었다.

다음날 옥종장날에는 작업용으로 장화도 한 컬레 구입하고 두양 증조부 산소도 둘러 본 후 오랜만에 진주중학 동기인 정 병곤 조합장과 만나기로 한 장소에 조금 일찍 도착하였다. 옥종고교 근무 시 잘 지냈던 행정실의 김 주사가 노환으로 요양원에 입원했다는 말을 들었지만 미루게 되어 한번 같이 찾아 볼 예정이었는데 바로 얼마 전에 돌아가셨단다. 생전에 문안도 못하고 귀로에 고등학교 앞 그 집에 들러 사모님께 문상을 한 꼴이 되었다. 우연이도 다른 지인들도 만나 합석하게 되었는데 전부터 의장후보 영순위란 말이 있었던 넉넉한 인품의 신재범의원은 이번에 하동군의회 의장으로 선임되어 우리 하동 군민의 소통과 화합을 다지고 고향발전에 크게 기여해주시길 바라면서 늦게나마 다시 한 번 축하를 해주었다.

집에 와서 장마철에 처마 끝에 낙수 떨어지는 모양 감상하면서 내 판단도 생각해 보니 실수 연발이며 아내를 지키지 못한 것은 차치하고라도 서울대병원 중환자실에서 인공호흡기 설치 전 나누지 못한 얘기 등 통탄할 일투성이다. 지금은 아들이 어머니 제사만을 모시고 있지만 8대 장손으로 조상님들 제사를 모두 물려 받을 수 있는 각오가 되어 있다고 하는데 재혼하지 않고도 봉제사 할 수 있었을 것인데 제사를 핑계 삼아 너무 서둘러 재혼한 것이 아닌지 마음에 걸리기도 하고 승천한 아내뿐만 아니라 지금의 집사람에게도 미안감이 앞선다.

아내는 혹시나 퇴직하면 내 희망대로 귀향하게 될지도 모른다고 생가단장이나 조상의 산소 상석 등에 종부랍시고 살아생전 관심을 가지고 투자를 많이 하였는데 지난 일들이 주마등처럼 스쳐가며 가슴을 쓰라리게 하였다. 종가로서 어쩔 수 없는 경우 우리 산에 집안 어른들 산소 허용은 인정하더라도 산소와 집터 등을 같은 집안이라는 이유만으로 고맙다는 말도 듣지 못하면서 바보처럼 값없이 넘겨준 실수들 하며 한동안 보람 없이 너무 쉽게 처리한 것 같다. 그 당시 간혹 생가에 머물며 시야가 답답하다는 암투병중인 아내의 부탁으로 깊은 생각 없이 앞 사랑채를 헐어버린 곳에 연못과 물레방아를 설치했다가 풍수적으로 좋지 않다고 다시 원상태로 하여 황토벽 사랑채만 뜯어 없어진 점 등 바보처럼 가슴 칠 일이 여러 가지다.

지금 전국적으로 폭염에 열대야로 애를 먹고 있지만 아내 생전에 여름철 폭포수 떨어지는 소리 들으며 대나무 끝으로 살랑살랑 넘어

오는 바람 맞으며 아내의 주도로 건립한 천송정川松亭에서 지내면 세상살이 부러울 것 없으며 '이건희' 회장님도 부럽지 않다던 승천한 아내 말을 떠 올리며 이번 정기 모임 들이 끝나면 제헌절 이후 여름철에는 고향별장 천송정에서 글이나 쓰면서 가까운 친구들을 청하여 폭포수 장단삼아 '어머니표 동동주'로 정을 나누면서 사상 유래 없는 폭염이라는 올 여름철을 지내고 싶다.

무술년 기미월에, 서재에서

(하동문화 제37호, 2018)

영원히 할 수 없는 아직도 못 다한 말

세월이 지나가면 '희미한 옛사랑의 그림자'처럼 이란 말은 가슴속에 아련히 떠오르는 가슴에 묻어두고 싶은 일들에 사용한다.

오늘 아침엔 골프연습장에서 박시호의 '행복갤러리 7권'에서 '7살 편지'와 '동생 생일'을 읽었다. 각각 어머니와 부모님이 안 계신 상황의 이야기인데 7살 어린이 편지에서 돌아가신 어머님을 그리는 어린이 마음과 아내의 빈자리 감정을 나타내는 것이었는데 아내의 빈자리는 나도 한 번 맛보고 써 본적이 있는지라 눈물이 맺히는 감정을 어쩔 수 없었다.

나에게도 꼭 하였어야 할 말을 아직도 하지 못한 회한으로 가슴이 아려 옴을 여러 번 느꼈기에 지금도 내 가슴속에는 한으로 응어리져 있는 것만 같다.

2010년 3월 30일로 기억된다. (칠년 만에 재발된 아내의 위암치료를 위하여 서울대병원에서 같이 지내며 간호하기 위하여 한 학기 휴직을 하여 3개월이 되었을 때) 하느님처럼 믿었던 위암의 세계적 권위자로 모두들 인정하는 방영주 교수께서 "어쩔 수 없네요, 용존산소계수가 계속 떨어지니 중환자실로 내려가서 폐렴을 먼저 치료해야

하겠습니다". 그 말에 아들과 상의하여 그날 외과중환자실에 아내를 보내고 혼자병실에서 뒤척이고 있는데 중환자실 간호사로부터 전화가 왔었다. 아내가 절실히 찾고 있으니 오늘 저녁은 곁에 있도록 특별허락할 터이니 중환자실로 내려오란다. 결국 인생에서 아내와 마지막 나눈 이야기가 되고 말았지만, 밤새워 서로 간 죽음을 예견하는 유언 같은 이야기는 서로 삼가느라 꺼내서 하지도 못했고 어떻게든 기적이라도 빌려와 꼭 일 이년이라도 더 살리고 싶다는 생각밖에 없었음으로… 날이 새자 간호사가 당번을 인계한다기에 중환자실을 나올 무렵 아내가 내게 "여보 정말 그간 고마웠어요" 하길래 난 아무 생각 없이 "그런 말 하지 마오! 내가 할 일 당연히 하는데 고맙기는" 그 말만 하고 나왔는데 그날 정오에 인공호흡기를 씌우게 되었다.

그 후 한 달간 듣는 감각은 있다지만 말은 전혀 하지도 못하고… 왜 그 때 "여보 사랑해 첫 항암치료도 극복한 것처럼 우리 서로 진심을 다해 또 극복해내자, 당신은 꼭 해낼 수 있어"라고 말 못했는지! 그 외에도 중요한 말들을 하지 못했고 또한 인공호흡기 설치 전에 허락받아 몇 마디라도 나눌 수 있었다는데… 왜 그렇게 하지 못하였는지 평생에 한이 되어 승천한 아내만 생각하면 왜 " 정말 사랑해" 그 말 한마디 못했는지 지금도 큰 빚을 지고 살아가고 있는 것만 같다.

부처님 오신 날 가족들의 애기부처님도 모셔져 있는 인연 깊은 고향의 북암사北岩寺에 영가등과 연등을 달면서 아내의 49재와 천도재 때가 회상되기도 하였다. 마침 그날 절에 온 고향 북천에서 큰 양계사업을 시작하게 된 김 회장과 그 옛날이야길 나눌 수 있었는데 가슴에는 뭔가 모를 이상야릇한 감정이 아려 옴을 느낄 수 있었다.

처음에는 석가탄신일 연휴에 고향에 잠시 들리려 하였지만 사정상 주말께나 오겠다던 서울 동생이 형님인 내가 비워있는 고향집관리에 너무 마음 쓴다고 탄신일 당일치기로 서울에서 달려와 집안제초작업과 정리에 힘써주었다. 또한 동생에게 도움을 주려고 진주에 살면서 찾아온 동생 처남과 같이 5시에 고향집을 출발하여 진주에서 동생은 서울 행 8시에 예매하여 막걸리 한잔 나눈다면서 내리고 나는 정체되는 고속도로를 넘나들면서 집에 도착하니 8시였다. 집사람이 차려주는 저녁을 먹으면서 별일 아닌 일에 불뚝성을 잘 내는 내 성질을 탓하면서 정말 바빴던 하루를 정리하려니 옛 생각과 아직도 하지 못한 "사랑해!" 그 말이 가슴에 엉키면서 부처님 오신 날을 또 보내드린다. 조상님이시여 부디 굽어 살펴주시옵소서!

불기 2561(2017) 부처님 오신 날에,
고향 북암사에 다녀와서

추석과 함께 가시는 님 보내면서

관습은 시대에 따라 변화기도 한다지만 추석이 다가오니 앞으로 조상 산소벌초가 마음에 걸린다. 얼마 전 왼쪽 갈비뼈에 약간의 통증을 느껴 병원에 검진을 하니 충격으로 왼쪽갈비뼈 9번에 금이 가는 골절로 조심하란다. 이번엔 추석 전부터 긴 연휴가 시작됨으로 서울 동생과 같이 추석 바로 전에 시행하기로 한 벌초를 난 별로 도움도 못 된 채 겨우 예정대로 시행할 수 있었다.

추석절사에 참여한 바로 아래 동생이 일전 서울에 가서 매형을 뵙고 왔는데 두 번째 심장수술을 하여 서울대 중환자실에 입원중이라고 하였다. 추석 뒤 조부의 기제사를 모신 후에 문병 가겠다고 메시지를 보내도 누나로부터 회신도 없었다.

추석뒷날 지인과 술 한 잔 나누고 있는데 서울동생으로부터 매형이 오늘 내일 위급하다는 전갈을 해왔다. 또 몇 시간 뒤에는 운명하셨다고 서울 여동생으로부터 전화가 왔다.

그 다음날 오전 고속버스표를 간신히 구하여 강남 터미널 뒤편 서울 성모병원에 도착하니 15시가 지나고 있었다. 매형이 별세하기 얼마 전 자녀들 불러놓고 기독교에 귀의하여 임종세례를 받아 장례식

절차가 기독교식 위주로 진행되었다.

고인에게 메를 올리는 대신에 기독교 예식에 내가 나설 자리가 없었다. 또한 모레 글피가 조부 기제일이라 입관 하관 등은 참례 않는 것이 우리 가문의 기안忌案 방식이다.

우리네 전통방식으로는 초상 시에는(조. 부모상 3~7일장)가정에 빈소를 차려놓고 상주나 친인척, 지인들이 수직이라 하여 빈소를 지키며 차례로 향, 촛불을 꺼지지 않도록 계속이어 분향하곤 하였다. 탈상 때까지 조석으로 메를 올리며 소상, 대상(3년상)까지 계속하여 예를 다하기도 하였다. 저의 조부상은 7일장으로 참 어렵고 힘들었던 기억이 새롭다. 유교전통 가정은 거상 중에 시묘를 행하기도 하였는데 이런 관습은 시대변천에 따라 개선되어 사라져갔다. 이제는 장례예식장 측에서 자정이 지나면 문상도 삼가 하도록 하고 상주들도 쉬게 하며, 친인척도 가정이나 연고지로 돌아갔다가 다음날 다시 오는 방식으로 전환하고 있다.

새벽녘에 부산에서 사위가 도착한다는 것도 알면서 도곡동 아들집에 잠시 쉬러갔다가 손주녀석도 보고 아침식사도 하고 왔다. 12시에 발인예배로부터 예식을 멀리하고 난 조부 기제사를 핑계 삼아 운구에는 참여치 않고 하부하였다.

고인이 된 매형은 진주고 7년 선배로(1958년도 서울대입시 전체수석과 공대수석을 한 두 사람 전설적인 진주고 28회)마침 장례식장에 조문오신 수석의 주인공 강인호 선배님을 비롯한 많은 분을 뵐 수 있었다. 또한 존경하는 정석희 고향선배를 잠깐이나마 뵐 수 있었고 바쁜 와중에 충남 서원사에서 일부러 와서 빈소에 문상만 드리고 곧바로 떠난 옛 친구 정담스님은 아마 매형의 입교에 다소 의외라 생각하였으리라 사료된다.

자유당정권시절 수년간에 걸친 농지개혁법의 제정과 시행(1949~1953년)으로 자가 경지면적 3정보를 한계로 그 이상은 소작인 등에게 경지를 넘겨주게 되는 특별법이 무리하게 시행되었다. 성균진사이셨던 증조부를 계승한 천석꾼 할아버지께서는 육이오 와중에 약삭빠르게 대처하지 못하여 농지를 거의 모두 빼앗기게 되었다. 그 여파로 혹시나 문제가 생길까봐 선친께서는 교장을 사임하고 고향으로 들어와 면장을 하시면서 조상님 제사도 모시고 할아버지를 봉양하시게 되었다.

가계가 다소 안정되자 자유당정권 때 시행된 그 당시 금권선거로 악용하기 쉬운 법률이론상으론 훌륭한 교육자치법으로 교육위원에 의한 교육감 선거에서 선친은 교육위원을 거처 몇 번 도전하였지만 실패하게 되어 그나마 남은 재산이 파산에 가까워 가정경제가 매우 어려울 때 우리들의 학창시절이 시작 되었다.

누나는 중등학창시절 진주에서 나를 보살피며 자취를 하기도 하였는데 나는 철부지로 속을 많이 상하도록 하였다. 간호학교를 졸업하자마자 보건소(하동군)에 취업이 되었다. 그때 매형(연인)은 경희대를 졸업하고 사회초년생 은행원으로 하동읍에서 도정업을 위주로 여러 사업을 크게 하시던 부친에게 사업상 문제가 생겨 정리해결을 위하여 고향 하동읍에 잠시 와있었다.

그 당시 대학초년생인 본인이 참석하여 누나의 동기인 김 민자 누님(경남도청근무)과 같이 섬진강 건너 돈박골에서 식사를 한 것이 나와의 인연의 첫 대면이고 그 때 강변에서 매형은 “oh danny boy" 불러 인기를 얻었다(?)고 생각된다.

그 후 누나는 서울에 교육출장 갔다가 기회가 되어 서울시 공시에 합격하여 서울로 직장을 옮기게 되었다. 내가 대학생 때 학생대표로(경상대 총학생회 부회장) 대학친선대회나 중앙정보부 반공교육 및 산업체홍보 방문교육 등으로(공화당정권 때 대학생 데모유화책?)서울에 출장가게 되면 누나랑 매형도 교육장에 방문을 해서 내 식욕에 감탄도 하면서 맛있는 것도 사주시기도 하였다.

그 어느 날 마침 고향집에 있을 때 예기치 아니 하였든 손님의 방문을 받았다. 아버지께서는 집안 경조사로 출타중이셨는데 매형의 부친 되시는 분(박 기태 사장어른)께서 청혼 차 직접 우리 집을 방문하셨다. 부스러기과자와 소주 밖에 없는 동네 점방에서 사장되실 어른신과 내가 주고받는 결혼이야기와 과감 없는 어려운 현 실정을 이야기 한다고 모두다 술이 취할 정도 이었으니! 다음번에 다시 방문한 사장어른과 할아버지의 반대로 일본식으로 개명하지 않아 하동국민(초등)학교에서 어렵게 교직의 첫발을 내디디신 선친께서는 오랜 지기나 되신 것처럼 같이 한 잔 나누시고 헤어질 때는 서로 포옹까지 하셨다.

사전 결혼준비도 없이 일이 순조롭게 진행되어 혼인날 받은 규수는 혼자 움직이는 예법이 아니라면서 아버지의 지시로 누나를 모시러 추운 겨울 서울에 갔었다. 지금처럼 통신수단도 좋지 않아 서로 어그러져 누나는 고향으로 출발 했었고 맹추위에 연말이라 특급도 아닌 전라선 열차로 겨우 내려오면서 구례구역求禮口驛에 내려 택시로 구례 고모 집에 들러오던 내 혼자의 생각과 공상들… 이제는 기억도 흐려져 생각도 잘 나지 않는다.

그 당시만 해도 신부 집 마당에서 구식혼례식이 행하여지던 때 하동 농협회의실에서 정 원용 교장님의 주례로 신식결혼식을 마치고 결혼당일 매형 친구들 덕분에 줄지은 많은 자가용 지프들이 북천 남포동에 왕래한 사실하며…우리 집 피로연 잔치에서 낙진, 종근, 한택이랑 내 친구들도 정말 수고 많았었다. 거의 파산한 종가 살림이지만 음식은 유과, 전과, 양갱, 다식, 엿 등 전통한식(어머니 외숙모인 악양 만석꾼 취간정 안주인 솜씨 등)이 궁중음식 같아 놀랍다는 감탄 등도 기억난다.

결혼식 날 손님 접대 심부름에 바빴던 친구들이 밤이 으쓱해져서 닭을 한 마리 잡아서 국물을 먹기로 하여 다되었을 무렵 사랑 옆방에 주무시던 선친께서 깨어나시어 오늘 수고 많았는데 안자고 뭐하느냐고 하셔서 닭을 삶아서 먹으려 한다니깐 자기도 한몫 끼워 주시라는 그 말이 너무나 멋있었다고 지금도 종근이 친구는 가끔 그 때를 떠올리곤 한다.

매형과 나는 그 후에도 많은 인연이 쌓여왔다. 그 당시 카메라가 귀하든 시절 자형이 아끼던 캐논 데미카메라를 빌러 와서는 돌려주지 아니하고 쓰다가 아래 동생이 잡혔던 것을 겨우 찾았지만 그 후 돌려주지 못하고 어쩌다 잃어버리고 말았는데 누나 체면이 다소간 훼손되었으리라 생각된다.

매형은 귀공자 타입으로 원래 다소 약골이며 자상하면서도 실리적이고 세부적인 사실등도 많이 알고 있는 매사에 빈틈없는 형으로 중년기 이후 의지력은 강하지만 병치레가 많은 편이었다.

특히 아내에게 전이된 암이 재발하여 서울대 중환자실에 있을 때 할 일 없이 하루 종일 혼자 대기실에 기다리는 내 모습이 애처로웠든지 시간되면 자주 찾아와 서울대병원 앞에서 막걸리 한잔씩 나눠며 위로해 주신 기억이 새롭다.

처조카인 유경이의 경희대입시 미술실기시험엔 모교라며 이젤을 좋은 자리에 잡는다고 부산을 떨기도 하였고 우리내외의 문인 등단 기념행사 뿐만 아니라 곤지암 등에서의 집안기념행사에는 최선의 노력을 기울어주시기도 하였다.

생전에 선친께서 간혹 볼일이 있어 서울에 가실 때에는 애주가 장인어른 오셨다고 술대접을 철저히 하시면서 한자리에서 청주반병은 거뜬히 하시더라 면서 나를 비롯한 우리가계의 주량과… 정말 지금도 우리 모두 흠모하고 있는 아버지이시지만… 유머를 갖추신 선비 같은 풍류의 주량이 대단하시더라고 감탄을 하시기도 하셨다.

누나가 간호학을 전공하였고 서울시 보건복지 담당관으로 근무할 때 동의대 간호학과에서 '개호간호介護看護특강을 하기도 하였고, 서울시내병원 등의 사정과 인맥을 꿰뚫어 보고 알고 있었다. 또한 사위와 처조카 등이 의사였기에 백세인생이란 현 시점에서는 다소 짧은 것 같기도 하지만 매형은 말년에는 사업도 정리하고 고교동기들과 부부 같이 여행도 하시면서 그런대로 자기의 수(79세)를 누릴 수 있지 아니 하였나 사료된다.

이제 누나도 우리나라 관습상 자녀들에 대한 권위도 점차 위축될 것이고 지금 세상은 며느리가 시어머님 눈치 보는 세상이 아니고 시모가 며느리 눈치 보는 세상으로 바뀌어가니 변호사인 며느리와 소통과 화합하면서 개종한 종교적인 갈등 문제도 없이 가내에 행운이 전승하기를 바라마지 않는다.

어차피 인생은 한번 태어났다가 잠깐 머물다 가는 인생 아니더냐?! 인생오복의 마지막은 고종명이니 고생 없이 한을 남기지 아니하고 깔끔하게(?) 떠난 매형은 다소 서둘러 가신 것이 아닌가 생각도 들지만 삼성의 이회장님보다 오복의 축복을 더 갖춘 것이 아닌가 하는 생각도 지울 수 없다.

후일 저승에 가서 서로 만나면 매형은 기독교세계에, 그래도 필자는 불교사바세계에 기반을 두고, 다시 만나 탁주 한 잔 들면서 이야길 나누도록 합시다. 삼가 명복을 빕니다!

정유년 한글날에

(시와 수필 51호, 2017 겨울)

북천 꽃양귀비 축제와 생가별장 초대

십 수 년 전(2006년) 가을 내 고향 하동북천 직전리 일원에서 개최된 코스모스. 메밀꽃 축제가 해를 거듭할수록 확대되어 경관보전 직접 지불제에 따라 도농교류 확대를 통한 농가소득증대를 목적으로 하계작물을 주로 재배해 40여만 m² 가을철 코스모스. 메밀꽃 축제로 전국 우수축제로 발전하였다. 그 땅을 봄에 그대로 놀려두는 것 보다는 효율성을 제고하여 동계작물재배로 꽃양귀비 봄 축제로 올해 5년차를 맞고 있다.

본인의 화갑기념 출판기념회를 2007년 생가별장 개축 기념으로 그곳에서 개최한 적이 있었는데 그날 돌아가는 길에 공식적인 제1회 코스모스. 메밀꽃 축제장에 들려 농촌의 전원풍경과 인생의 황혼기 초입의 생활필링을 감지하면서 향수로 이어지는 보람 있는 추억으로 하루를 남길 수 있었다는 얘기들을 듣기도 하였다.

마침 올해는 대학졸업 50주년도 되고 고교 졸업 54주년으로 내년에 맞게 될 55주년 이벤트 행사를 뭐 할 것이 없나 생각하면서 고향 떠난 지 50년 만에 나 홀로의 반쪽 귀향이지만 위장전입이 아닌 귀향도 다짐할 겸 우선 나의 고향 생가에서 보고 싶은 친구도 만나 정을 나누고 고교시절로 회귀하여 하루를 즐기며 꽃양귀비 축제에도 같이 참여해 보기로 하였다.

마침 지난 4월에 상경했을 때에 청사모 회원들의 청계산 등반일과 타이밍이 맞아 본인이 서울 친구들과 같이 진달래 만발한 청계산에 같이 오르면서 기회 되면 고향 북천의 꽃 축제에 만당의 독립선언서 초안처이며 김동리의 등신불의 산실인 인근 봉명산 다솔사 참배와 연관하여 백두대간의 마지막 용혈이 맺혀 이룬 고향 북천의 이명산 등반과 내 고향 생가방문을 권하기도 하였다.

동의대학교 평생교육원에서 십여 년간 생활풍수를 청강하면서 친목을 도모하고 현장답사를 위하여 매달 가는 간산을 이번 달은 우리 고향으로 정하여 꽃 축제장과 수년전에도 답사한 적도 있는 본인의 조상 산소를 주로 하여 간산을 실시해 보기로 하였다.

생활풍수반의 명당이라고 치계세우는 본인의 조부모 산소와 전번에 어쩌다가 답사하지 못한 5대조 산소, 7대조 산소를 둘러보고는 생가별장의 천송정川松亭에서 옥종명주 동동주에다가 닭백숙으로 기분 좋은 시간을 보내며 6시 반 완행 기차로 부산으로 귀가하면서 취향에 젖어보았다고들 하였다.

다음날 진주고 동기들의 모임일인데 서울친구들은 사정상 가을 축제 때에 한번 시도해 보겠다고 하였고 진주, 부산을 주로 한 친구들의 여러 사정을 고려하여 20여명이 참여하여 젊은 시절로 돌아가 천송정에서 폭포수소리 장단삼아 동동주 숲타령으로 하루를 즐길 수 있었다.

처음부터 고려한 것처럼 한잔하는 친구들은 운전 때문에 돌아갈 수 없음으로 하룻밤을 머물며 마음 놓고 부일배하면서 다음날 아침 인근 옥종온천에서 재첩국이라도 먹고 해장할 계획이 잘 진행되었는데 밤중에 '어곰'의 난데없는 미련한 곰 같은 진주 귀환 소동으로 잠시의 소란을 피운즉 모두들 취기로 어쩔 수 없이 어곰은 택시로 귀환하게 되었다.

별장에 머문 한잔 족들은 다음날 옥종 불소유황온천에서 목욕으로 원기 회복하여 감자탕으로 막걸리 곁들인 아침식사를 마치고 올 가을이나 다음해 우리 건강하게 또 만나자는 인사를 끝으로 각자의 터전으로 복귀하였다.

친구들을 생각해서 나도 처음 먹어본 속이 시원한 이름도 잘 모르는 조개국 준비를 해온 김 시장과 디저트로 특별히 당도 넘치는 함양 수박을 준비해온 노 주필께도 그 때 못한 감사인사를 드린다. 또한 디저트로 시음 차 예부터 유명한 다솔사 야생녹차를 준비해온 녹차의 명인 이사장께도 감사를 드리며 우리 모두 건강하게 다음에 또 장수를 기원하는 한잔 술 나누어야죠! 모두의 건승을 기원합니다.

기해년 망종을 앞두고

제3부

세상이 하 수상하니

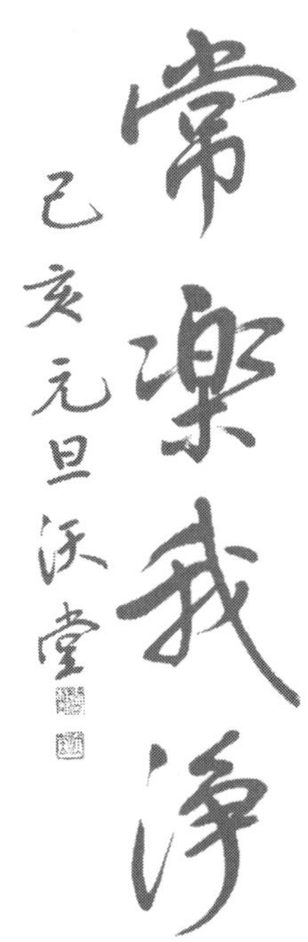

항상 즐거우며 번뇌의 더러움이 없이 청정한 덕을 이룬다.

당고숙의 구순잔치에 참석하고

'백세인생' 시대라고들 하며 유행가도 히트를 치고 있다. 지난날을 돌이켜보면 고향 북천 특히 우리가 살아왔던 마을 남포동은 장수촌이라고 판단된다.

그곳에서 태어나 승천하신 조부님은 물론이고 지금도 가까운 친척들이 고향에서 또는 자녀들 따라 타지로 나가 지내시지만 장수하고 있는 분들이 많이 계신다.

본인은 얼굴도 기억나지 않는 고모님도 계시지만 나보다 나이 어린 고모님도 계셔 친 고모님도 많은 편이지만 선친께선 친형제 이상으로 사촌들과도 각별히 잘 지내셨고 일설에는 6대조 고암동 난사 할아버지의 산소가 자손이 번창 할 명당이여서 그 기를 받아 할아버지 형제분도 많으시고 아버지 사촌이 30여명도 훌쩍 넘는다고들 말해오기도 한다.

이번에 할아버지 형제분 중 막내인 자실할아버지 직계 중에서 제일 손위인 당고숙께서 구순을 맞이하게 되어 대체휴일인 어버이날 뒷날에 남원에서 축하연을 갖게 되었다. 주인공인 당고숙께서는 평소 이웃과 더불어 살아간다는 신념으로 힘닿는 대로 베풀고 살아오셨으며 자녀가 5 남매인데 모두들 자기 몫을 할 정도로 기반을 이루었고 큰 아들은 건축업(남명건설)을 하여 크게 성공한 편이며 우리 한다사 문학회 5, 6집 출판에 스폰서 해주기도 하였다. 특히 이번에 남원에서 아파트 공사가 예상외로 호조를 보여 대박을 이루게 되어 춘향골 남원에서 졸수연을 갖게 된 것이다. 당고숙 내외분의 각각의 형제자매도 많은 편이여서 그들 직계만 하여도 백여 명이 넘는다고 하였다.

춘향파크 두부마을에서 간만에 친인척들께서 모여 점심을 먹고 인근을 둘러보며 시간을 가진 뒤 공연장의 춘향제 행사관계로 조금 지연되어 오후 4시에 남원 함파우 소리체험관에서 축하 공연이 시작되었다.

식전행사로 남원 사물놀이단의 사물놀이가 있었고 1부 감사의 예배시간을 가진 후 2부에서 축복의 시간으로 주인공의 약력소개로 하동군 북천면정을 잘 이끌어 농업소득 증대에 힘써 오신 면장으로서 또한 통일주체 대의원으로서의 지역발전과 북천중학교 설립추진위원회 총무 분과위원장으로서의 고향발전에 많은 기여 등의 업적소개와 축하가 있었다. 특히 북천중학교 설립에 관하여서는 선친께서 추진위원장으로 활동하셨기에 서류정리 등 보조적으로 도왔던 일 년된 햇병아리 교사인 나로서도 대충의 진행을 짐작할 수가 있었다. 특히 학창시절 당고숙의 보살핌도 받았음으로 나로서는 장수를 축하드리며 백세인생을 누리시라는 기원으로 “수여금석壽如金石” 휘호를 근서 하여 증정하게 되었다.

본격적인 축하공연으로 들어갔는데 장남이 경남 예술문화협회장과 오케스트라 지원 단장을 맡고 있어 태평무, 소고춤, 민요, 판소리 등 국악뿐만 아니라 색소폰연주, 성악, 가요 등 많은 전문예술인들이 찬조 출연하였으며 손주 녀석들의 바이올린, 기타 공연까지 합하여 3시간이 넘는 축하공연을 펼치게 되었다.

중간에 잠시 휴식하면서 잘 차려진 뷔페식으로 저녁을 먹고 남원의 특산주로 야관문주와 황진이주라는 약주를 가볍게 들면서 장남하고 40년 친구라는 박 모 가수와 신 모 여가수의 대미를 장식한 가요무대는 관객이신 가족 분들은 말 할 것도 없고 다가오는 3년 후 구순을 맞으신다는 당고모와 고숙 내외분의 어우러진 정정한 춤사위에 모두들 박수와 환호를 보냈다.

이런 잔치는 아무나 누릴 수 있는 것이 아니고 모든 면에서 축복받은 자들만이 누릴 수 있는 향연이 아닌가 싶다.

수연의 주인공인 본인도 건강하게 섭생을 잘 관리 유지해야 되지만 자녀들도 부모님께 효도를 잘하면서 제마다의 몫을 지켜내면서 사회활동도 잘 해야 되고 친인척과의 관계도 잘 유지하고 어느 것 하나 빠지지 않고 어울리는 이런 잔치는 낭비가 아니라 앞으로 모두가 소통을 통한 더 잘 살아갈 활력이 된다는 사실이다. 이참에 친인척들도 모처럼 자리를 함께하여 소통하고 화합하여 서로가 발전하는 계기가 된다고 사료된다. 바쁘지 아니하신 분들은 그날 밤 제공하는 숙소에 머물면서 정을 나누시며 유대를 더욱 강화하시길 바라면서 참석자 모두에게 정성으로 챙겨주시는 선물을 안고 부산으로 돌아 와야 할 형편인 바로 아랫동생과 운전으로 수고를 해준 국제신문에 근무하는 재종동생이 끝까지 집에까지 데려다 주는 수고로 11시가 조금 넘어 부산 집에 도착하였다. 모두들 건승하시길 기원합니다.

기해년 5월 가정의 달에, 부산에서

(한다사 제12집, 2019)

또다시 갖지 못할 고희연을 마치고

고희연은 호적상 만 70세가 아니고 우리나이로 70이 되는 해에 행하여지는 잔치이다.

우리가 어릴 때에는 "인생칠십고래희人生七十古來稀" 라 하여 동네에 칠순 되시는 분은 좀처럼 찾아보기 힘들 정도였었다. 요즈음은 백세인생이라 거의가 70세를 넘기기가 일수이니 수명이 연장되어진 것만은 틀림없는 세상이다.

십년 전에도 회갑연을 치르기도 멋쩍고 해서 그때도 개축한 하동 북천의 생가별장에서 자연과 어울리는 분위기의 회갑기념 출판회를 가져서 많은 사람들이 모여 풍성한 가을 잔치를 하고 귀로에는 바로 그 당시 시작된 북천의 '코스모스. 메밀꽃 축제'에 참석한 기억이 새롭다.

앞으로 나를 위한 기념잔치나 가끔 생각나는 자녀들 엄마도 수년 전 승천한 형편으로 금(회)혼식은 꿈도 꾸지 못할 형편이 되어 버렸다. 또다시 책을 출판한다고 하여도 출판기념회를 갖기도 힘들 것이고 해서 친척. 친지들이 모여 뜻 깊은 고희기념 출판기념회를 본인의 생일보다 며칠 빠른 날(10월 1일) '영화의 전당 4층 더블콘 뷔페식당'

에서 갖기로 하였다. 사위가 주선한 개별 축하연도 가졌지만 실제 칠순생일날은 고향 도남재에서 집안 종회가 있고 하여 고향 별장에서 집사람과 둘이서만 보냈다.

마지막 출판교정을 끝내는 날(9월 2일) 예기치 않은 응급사태로 담석증이 발병하여 양산 부산대병원에 응급입원으로 십여 일간 담낭절제 수술을 마치고 추석 전 퇴원하여 가까스로 추석차례를 지낼 수 있었다.

기념문집 출판비와 치료비를 아들이 부담하였기에 출판기념회는 딸과 사위기 주가 되어 치르기로 하였다는데 부담이 될 것 같아 축하객을 백여 명 초대하기로 하였는데 하다 보니 백이십 여명이 참가하는 즐겁고 보람찬 행사가 되었다.

출판기념회는 기념패증정(수령)과 휘호증정, 축시낭송과 친구부부의 플루트 축하연주 등 예정대로 잘 진행되어 성황리에 뜻 깊은 행사가 되었지만 서울에 있는 여동생이 바로 얼마 전 곤지암 리조트 '화담숲' 입구 야외 커피점을 개점하여 주말이라 애석하게도 참여치 못하였다.

우리 5남매 형제자매와 그 자녀들만의 고희연 축하 단합모임을 형제자매들 주선으로 본인의 진갑연과 누님의 고희연을 치룬 곤지암 리조트에서 갖기로 하였다.

10월 29일(토) 5시에 모여 식사를 하고 8시부터는 자리를 옮겨 벽면에 대형 프랑카드로 새겨진 "70년 가족의 행복을 지켜주신 최 주수 님 존경하고 사랑합니다. 말로는 다 할 수 없는 감사함과 존경심을 담아 전합니다. 저희들의 든든한 버팀목이 되어주신 은혜에 감사와 사랑하는 마음을 전합니다." -사랑하는 가족 일동- 글귀 놓인 곤지암 노래주점에서 노래와 각자의 장기자랑대회를 가졌다.

예부터 우리 5남매는 한 결 같이 노래에는 다소 음치수준이었는데 아들과 딸을 비롯한 그 자녀들은 다행이도 부모들의 다른 유전형질을 받아서인지 최씨가崔氏家 집안인 부모님을 닮지 않고 전혀 딴판이었다.

사위 며느리와 조카들의 노래도 듣고 손자손녀들의 재롱을 듣고 보면서 즐거움에 입가엔 함박웃음이 감돌았지만 시간이 빨리 지나가서 예정된 10시가 되어 고별의 노래를 다함께 부르고 예약된 1004호실로 모두 옮겨 왔다. 잠간의 이야길 더 나눈 후에 아들가족과 리조트 주인인 여동생가족, 우리내외만 머물고 나머지 분들은 모두 돌아가게 되었다.

전날에 시간관계상 다하지 못한 '화담숲' 걷기를 다음날 아침 일찍 모노레일을 타고 올라가서 산책길로 내려오면서 그전 진갑연 행사시와 많이 달라진 주변경관의 만산홍엽의 화담숲을 즐기기도 하였다. 매제인 조 서방이 조경 공사한 암석원과 이끼숲, 생태 숲인 반딧불이 서식지, 계곡물고기의 생태관을 관심 있게 관람하였다.

곤지암 일식집에서 장어초밥과 연어초밥 우동 삼계탕 등 푸짐한 점심을 들면서 또 다음을 기약하고 서울역까지 아들이 태워주는 바람에 예약된 시간을 앞당겨 각자의 생활터전을 준비하는 자세로 돌아가게 되었다.

사실 집사람과 같이 하부하는 줄 아들내외는 알았겠지만 서울까지 간 김에 이번에 인천 송도로 이사 하게 된 새 사위인 안 서방 집에 집사람은 들렀다 오기로 하였다. 나는 또다시 되풀이 할 수 없는 감회 깊은 고희연 행사의 마지막을 마무리하면서 고성 '옥산재'에서 행해질 파조이신 안렴사공의 시제에 참여하기 위하여 나 홀로 하부하였다. 다음날 부산 영광도서 앞에서 8시에 출발한 관광버스로 10시 못 되어 고성에 도착한 후 시제에 참석하였다. 다시 한 번 즐거웠던 고희연과 출판기념회를 떠올려 보는 시간을 아들의 소망대로 친구들과 가지면서 축하해주시고 주선해주신 모든 분들께 감사를 드리며 나머지 인생 잘 해봐야겠다고 굳게 다짐해본다.

병신년 기해월 초하루

(동래문예 18호, 2017)

동래 로타리클럽을 탈회하면서

우리 속담에 "십년이면 강산도 변한다" 는 말이 있다. 십년이라는 세월이 긴 세월이며 세월이 흘러가면 사람뿐만 아니라 자연적인 강과 산도 변한다는 것을 강조하는 뜻의 표현이라 생각된다.

필자가 국제 로타리클럽에 대하여 별다른 지식도 없다가 일본에 유학 가서 로타리클럽의 활동과 장학 사업을 알게 되면서 마음이 통하였는지 1982년도 일본 로타리클럽의 요네야마(米山)장학금을 받게 되면서 유학생활에서 잊을 수 없는 인연과 로타리클럽에 대한 지식과 그 활동사항을 알게 되었다.

귀국 후 동의대학에 자리 잡게 되었고 로타리의 이념과 주위의 권고로 전통 깊은 부산동래 로타리클럽에 입회하게 되어 그간 25년간의 로타리 활동을 하게 되었다. 신입회원으로서 로타리에 대한 지식과 활동도 미천하고 애송이 딱지를 달고 있을 때부터 로타리 활동은 권하면 받아들이지 NO가 없다는 선배님들의 말씀을 들으며 등산 동호회장을 맡기도 하였다. 로타리 활동의 대요를 파악하기도 전 입회 5년에 클럽 총무를 맡아 활동하게 되었으나 클럽총무 임기가 채 끝나기도 전에 일본에 객원교수로 파견되는 바람에 업무에 익숙한 전임 총무께서 잠시 대행하는 수고를 끼치기도 하였다.

짧지 않는 4반세기 왜 애환이 없겠느냐만 총무시절(회장 소담 김종덕) 클럽전체로 지리산 등반가서 밝은 달빛아래 벽소령을 헤매며 추억을 남긴 일이며 등산 동호회장시에는 백암산 등반가서 백암과 덕구온천에서의 에피소드와 대학원 제자가 장장으로 근무하는 울진 배양장에 비어 있는 직원사택에서 신세를 지면서 처음 먹어본다는 이름도 잊어버린 바다고동(다시 이름을 알게 된 고운 띠 물레고동)과 생선회와 아침 죽변 경매시장에서 통째로 한통을 구입해 정말 싫 컷 먹어 봤다는 울진대게하며 지난 추억들과 보람된 활동 등이 주마등처럼 흘러간다.

필리핀, 베트남, 몽골의 해외자매클럽 행사에는 사정상 참석치 못하였으나 국내인 제주도나 일본에서 생긴 보람 있는 일 등, 특히 필자가 名古屋 名城大學에 객원교수로 파견 활동 중 아내가 방문하여 요네야마 장학금 세화클럽인 名古屋南클럽과 동래클럽과 자매클럽인 横浜鶴見西클럽을 방문하여 크게 환영받은 일 등은 잊을 수가 없을 것 같다.

봉사란 끝이 없으며 50여년의 교직생활과 로타리 활동으로 아직도 모범을 보이시는 본 클럽 4대회장을 지내시고 고향 밀양으로 이적하여 지금도 왕성한 활동을 하고 계시는 존경하는 동강 황의중 전회장님의 흉내라도 내보고 싶어 고향 하동의 어느(송림, 진교 등)로타리 클럽으로 이적하고도 싶지만 뜻대로 되는 일이 아닌 것 같기도 하다.

이젠 필자도 늙고 힘에 겨워 북천 남포동 고향마을로 50년 만에 반쪽 귀향하면서 지금은 해제되었지만 한때는 고향마을과 동래 로타리클럽의 자매관계 활동이 모범적으로 왕성하였다는 것을 상기해보면서 좀 더 안정적으로 정착되면 클럽활동을 고향 쪽으로 이적해 가던지 재입회 활동 등은 건강과 관련하여 다시 한 번 생각해 볼 일이다.

일단 로타리클럽 활동을 중단하면서 25년간 인연으로 활동한 부산동래 로타리클럽의 무한한 발전과 필자가 화산 김 균 회장님의 활동을 부회장으로 보좌한 그 당시를 떠올려보며 지구총재를 거쳐 지금 국제적으로 왕성한 활동을 하고 계신 김 균 국제로타리클럽 이사님의 건승을 기원해 보면서 우리나라는 물론이고 세계적으로 국제로타리클럽의 봉사활동이 더욱 왕성하기를 바라 마지않는다.

2019년 유하기에, 동래 로타리클럽을 탈회하면서

(하동문화 38호, 2019)

병신년丙申年을 보내며

세월은 유수라드니 훌쩍 다가온 병신년이 서서히 사라져 가고 있다. 나이에 비례해 빨라지는 세월의 흐름은 실감하기 전에 뒤꽁무니도 남기지 않고 달아나고 있다.

흔히들 아홉수라면서 69세에는 액운이 많고 70을 넘기면 장수문턱을 넘는다고 한다. 연호가 병신이라 올해는 참 병신이 될 법한 일들도 많았다. 연초에는 고혈압에 따른 협심증에 놀라 결국 혈관에 스텐트를 삽입하고서야 겨우 생활에 적응하였다.

고희를 맞이하여 가을에 펼친 기념 출판회는 대체로 성공적이었다. 마지막 교열을 마치고 조 선배와 같이한 '영화의 전당' 현장 사전답사 후에 집에 돌아와 한밤중에 발생한 응급사태로 4 곳의 병원을 전전하다가 양산 부산대병원에서 담낭절제 수술로 처리되어 그나마 추석을 집에서 지낼 수 있었기에 다행이었다.

가족을 중심으로 한 추억 깃든 곤지암 리조트에서의 고희연은 잔치중의 축하연으로 영원한 추억으로 또한 남게 될 것이다.

집사람은 마음씨도 무던히 좋은 편이고 열심히 노력하고 있지만 집사람과의 명리학적 인연에 의문점도 있지만 올해가 다가고 나면 잘 풀어지길 바랄뿐이다.

연말이라 이곳저곳에서 송년회모임에 참석해달라는 안내들이지만 시국도 하수상하고 건강도 뒤따르지 못한 것 같아 가급적이면 좀 줄이려고 노력해야겠다.

어제는 마침 대학입학동기들의 모임이 있어 참여했다가 노인들의 발악인지 오랜만에 2차로 노래방에 들렸는데 집에 돌아와 생각하니 공허하기만 하다.

오늘도 고교동기들의 송년회 모임이 있어 참여해야겠지만 어쩐지 서글퍼지는 것은 나이 탓으로만 돌리기엔 잘 못 늙어가는 것이 아닐까 생각되기도 한다.

또한 동래로타리 클럽의 송년주회가 21일 허심청에서 개최되었는데 두 번째 참석하는 집사람은 아직도 적응과 소통이 잘 되지 않는 모양이다.

로타리 코리아 9월호에 게재된 본인의 '부산동래 RC와 나' 원고를 한 면의 지면에 맞추어 축약하여 게재하다 보니 다소 매끄럽지 못한 감도 있지만 대체로 로타리클럽에 대한 생각과 나에 얽힌 내용이 전달되었으며 앞으로 활발한 봉사활동을 다짐해보는 계기가 되기도 하였다.

같이 퇴직한 동료들은 해외여행도 자주들 하는데 난 해외여행은커녕 국내여행도 잘 실행되지 못하고 있으니 정유년 새해에는 어떻게든 마음을 다스리는 국내여행이라도 실행하여야 하겠다.

고향생가는 자주 들르지 못해서인지 마음이 불편하고 지나간 일은 어쩔 수 없지만 사랑채 뜯은 것 하며 자꾸만 후회가 뒤따르는 것이 발길을 멀리하는 것이 아닌가 하는 생각을 떨쳐버려야 하겠다.

새봄이 오면 또 꽃도 피고 좋아지겠지 하며 기대를 해보지만 드는 나이는 어쩔 수 없는 일인지 활력도 떨어지고 자신감도 사라져 가며 내 인생을 정리해 갈 때라 판단된다. 모든 문제점은 나 자신이 책임지고 미련과 원망을 버리고 남의 탓으로 돌려서는 아니 된다는 생각도 자꾸만 엷어져 가니 이것도 나이 탓인가?

병신년 한해가 다가니 아홉수의 삼재인 병신년의 망령에서 탈출하여 정유년의 희망에 찬 새벽 닭 우는 소리를 젊을 때처럼 듣고 느끼고 싶다. 다함께 무병장수의 건강을 기원하면서……

동짓날에 서재에서

(2016.12.22.)

보길도, 청산도를 다녀와서

고교 동기들 중 마음이 통하는 친구 부부들이 자연히 어울리다 보니 '靑木會'라는 모임으로 발전되어 곧잘 어울리기도 하고 같이 여행을 가기도 하였으며 청목회 이름으로 일성콘도도 분양받아 있지만 요즈음은 잘 이용하고 있지 못하는 형편이다.

항상 우리모임 국내외의 여행은 역사전공인 강 총장님이 잘 조사 선정하여 알맞게 추진해 왔음으로 항상 유익하고 즐거움도 만끽할 수 있는 여행이 되곤 하였다. 바로 전번 동해안 여행모임에는 새 아들 결혼식과 겹쳐 참여를 하지 못하였다. 이번 테마여행은 내가 꼭 한번 가보고 싶은 조선조 송강, 노계와 같이 3대 가사문학의 대가로 칭송받는 '윤선도'의 '어부사시사'가 배경되어 있는 '보길도' 인지라 이번에도 집사람의 장기입원 후 퇴원한지 한 달이 못되었지만 걱정스러워 나 혼자 참여하겠다니 이번에 참여 희망자는 모두 부부 쌍쌍합동이라고 다소 난색을 표하는 입장이었다.

상의 끝에 집사람도 참여를 희망하는지라 우리 친구 네 쌍은 5월 25~6일 양일간 코레일 주관의 기쁨투어와 연결되어 있는 테마 여행에 참여할 수 있었다.

25일 6시 18분 부전역 출발임으로 새벽부터 설치며 일 년 전부터 경전선이 전철로 변하여 특히 고향 북천역은 '꽃양귀비' 축제가 열리는 직전부락 앞으로 이전되었고 선친께서 추진위원장으로 추진 설치되어 1968년 2월에 개통된 북천역은 레일바이크 역으로 남아 있게 되었다. 이번 여행길에 경전선 기차를 수년 만에 탐승하여 고향 역을 지내게 됨으로 북천역에 깃든 본인과의 무수한 추억들을 주마등처럼 떠올릴 수 있었고 마침 이삼일 전에 북천역 주변의 오륙 만평에 이르는 꽃양귀비 축제는 공식적으로 마쳤다고는 하지만 지나면서 보니 아직도 잔존의 꽃무리와 가설무대나 가설식당 등은 철거되지 않은 형편이여서 지나면서 이 꽃잔치의 설정의 역사와 배경 등을 나름대로 친구들에게 설명하기도 하였다.

9시 반쯤 순천역에 도착하니 기쁨투어 안내자와 25인승 관광차가 대기하고 있었는데 우리일행 외에도 창원에서 왔다는 여자분들 만으로 구성된 5명의 다른 멤버와 같이 같은 일정으로 시종 투어를 시행하게 되었다.

벌교에 도착하여 꼬막정식으로 이른 점심예정이었으나 곧바로 본인이 수십 년 전 대흥사에서 연수 후 法雨라는 법명을 받은 적이 있는 땅끝 마을 해남으로 달려 시간을 늦추어 해남의 해안부근 식당에서 소주 한잔 곁들인 점심으로 기분을 돋을 수 있었다.

예정을 바꾸어 먼저 땅끝 마을에서 모노레일을 타고 전망대에 올라 주변 해변의 경치를 조망한 후 관광버스와 함께 큰 도선인 청산호에 근 한 시간 탑승하여 우리나라 양식전복의 팔십 프로를 차지하고 있는 전복산업특구인 노화도의 노화읍으로 가서 신비의 바닷길과 전복체험마을 등을 둘러보고 그리던 보길도로 이동하였다.

조선조 고산 윤선도 선생이 제주로 가다가 반하여 살게 되었다는 뭇 시인이 꿈꾸던 낙원의 섬 보길도의 관광이 시작되었다.

부용동 원림으로 가는 도중 '고산윤선도문학관'에 잠시 들리고 싶었지만 우리 팀 외에도 다른 팀도 있는 단체 테마 여행인지라 내 뜻만을 이룰 수 없었다. 본인은 처음이지만 수년전에 들린 적이 있는 친구왈 세연정 주변은 부용동원림의 가꿈으로 오히려 자연미가 감소되었다는 말을 실감하였다. 자연의 경치와 어울리는 세연정과 연못을 가로 지르는 특이한 역할의 판석보라는(일명 굴뚝다리)돌다리 길을 건너보면서 식물분류학 강의시간에 농담 삼아 우리 조상님 중에서 '대나무'를 세계최초로 "나무도 아닌 것이 풀도 아닌 것이 곳기난 뉘시기며 속은 어이 뷔연난다 사시에 푸르니 그를 됴하 하노라"로 '오우가'의 대나무로 분류하였다는 강의내용을 상기하면서 또한 "앞 바다에 안개 걷고 뒷산에 해 비친다 배 띄워라 빼 띄워라" 고교시절 국어교과서에 나오는 '어부사시사' 한 구절을 읊조려 보면서 감회에 적기도 하였다.

예송리 해변을 거닐면서 유난히 맑은 물과 벋쳐있는 몽돌자갈밭과 어울린 해변의 울창한 숲을 보면서 역시 자연경관의 빼어남을 실감하였다.

완도읍으로 돌아와 다소 자유로운 시간을 보내며 숙소와 맞붙어 있는 식당에서 완도의 수산물 위주로 차려지고 회정식을 중심으로 한 저녁식사에 피로를 푼다고 한잔씩 더하다 보니 한병 이상씩 잔을 비우게 되어 기분 좋은 마음으로 숙소에 쉬게 되었다.

다음날 일어나자 말자 해장도 할 겸 부담 없는 전복죽으로 아침을 때우고는 짐들은 관광버스에 남겨둔 채 완도항을 출발하여 꿈에서 그리는 푸른 섬 청산도에 도착하였다.

노송과 해안절벽이 아름다운 해변과 돌담길 황토길을 산책하면서 '서편제의 진도아리랑' 촬영지와 '봄의 왈츠'에서 봄 풍경 촬영장소를 둘러보고 범바위에서 저 멀리 보이는 거문도와 아스라이 보이는 제주도를 떠올리면서 청산도 슬로길과 자투리땅도 귀하게 여겨 활용하였던 선조들의 지혜를 엿볼 수 있는 '구들장논' 설명을 들으면서 돌담길 등 관람을 마치고 청산도항 주변의 어느 식당에서 전복과 톳나물이 어울리는 전복찐국과 내가 부산에서 들고 간 수년은 숙성시킨 매실주 한잔으로 해조류 나물과 찹쌀궁합인 점심을 마무리하고 청산도를 출발하여 약 한 시간 후에 완도항구에 도착하여 여행의 진미인 특산물을 구입하고자 수산시장으로 이동하였다. 각자의 취향대로 선물용 등 수산물을 구입했는데 우리는 전복만을 구입한데 그쳤다.

순천에 도착하여 17: 10분발 부전행 열차에 탑승하여 울산에 거주하는 친구들은 물금역에서 내리고 우리들은 부전역에 도착하니 8시 반경에 가까워져 있었다.

그냥 헤어지기 섭섭하여 따끈한 국밥이라도 한 그릇 들자는데 의견이 일치해서 강 총장 부부와 같이 부전역전 어느 식당에서 저녁을 먹으면서 FIFA 유니버사이드 영국전에서 한 꼴 먹는 모습을 중계로 보자말자 어깨에 힘이 빠져 슬그머니 일어나 집으로 향하면서 수고 많았다며 잘 가라는 인사도 제대로 못하고 귀가하여 집에서 씻는 둥 마는 둥 잠자리에 들었다.

특히 이번 여행에 시종일관 수고 많았던 강 총장을 비롯한 참여한 모든 친구들께 감사드리고 뭐니뭐니 해도 건강이 최우선이니 우리 건강을 유지하면서 다음도 좋은 기회 갖도록 기대하면서 나머지 인생 잘 해봐야지를 외쳐봅시다.

또 멋진 여행을 기대하며, 2017년 5월 30일

(시와 수필 통권 50호, 2017 가을)

세상이 하 수상하니

오늘이 중학생 때 맞이한 419혁명(1960. 4,19) 57주년이 되는 날이다. 대통령 탄핵으로 정국이 불안정하고 5월의 대통령선거가 시작되어 세상이 어수선하다. 거기다가 북한 김정은의 핵실험과 도발로 사회가 어수선한데도 대통령 후보자들은 민생안정과 국가안위보다는 정권쟁취에 혈안이 되어 각자 날뛰니 세계정세와 맞물려 세상이 더욱 불안하고 시끄럽기만 하다.

어제는 대학동문들의 개척골프회 월례라운딩이 있는 날이다. 아침 일찍부터 서둔다고 설레발이 친 것 같다. 집사람도 와병중이고 여러 사정상 정규 멤버가 많이 빠지는 바람에 구성이 어려울 정도였는데 집사람의 권유로 우리아파트의 안락골프회원을 게스트로 모셔가 3조가 편성되어 이루어지게 되었다.

마침 오후 4시부터 동의대 평생교육원 강의가 있는 날이어서 보통 때 보다 어쩌다 보니 진행이 늦어져서 점심 후 다음 달에 실행할 타지역 원정경기 상의도 남겨두고 서둘러 돌아왔지만 다행이도 좋은 날씨에 참여한 게스트들께서 즐거웠다니 다행이다.

올해 신학기 강의 후 처음으로 십여 명의 수강생들의 인사를 겸한

회식이 실시되었는데 그 자리에서 본인의 고희기념문집을 선물했는데 기대 이상의 반응이다.

전주(4,16) 전전주(4,9) 친가 쪽과 승천한 처가 쪽 혼사에 차례대로 참석할 기회가 있었는데 그 기회에 정말 오랜만에 만나는 친인척들의 근황과 인사를 나눌 수가 있었고 나이든 사람들은 한 결 같이 건강과 지나온 과거 어른들에 대한 이야기로 모두들 느낀 봐도 많았다.

나 역시 집안 친척들과의 대화에서 아직도 생존해 계신 연세가 많으신 아주머니들과 종부이셨던 나의 어머니의 제사에 대한 일화 등으로 뜻있는 기억을 더듬어 본 이야기들이었다.

왜 사람은 생로병사(2017년 4월5일 KBS 생로병사 프로에 다보스 종합병원 척추센터장 아들 최선종 출연)와 관련해서 기대와 노력과는 다른 결과는 사주팔자라는 운명과 관련해 명리학과 연계해보기도 하고 조상을 섬기기 위한 노력과 자손의 임무실행을 위한 선조들의 산소 돌보기도 화제에 올랐는데 풍수학에 공감은 하면서도 돈과 관련된 문제들은 모두들 소극적인 태도다.

엊그제부터 대통령선거운동이 시작된다고 시끄럽다. 빨리 선거가 끝나고 정국이 안정을 찾아가고 지나쳤었다고 판단되는 대통령 탄핵도 현행법상 현실적으로 받아들일 수밖에 없는 처지이고 보니 역사적 평가는 후일로 미룰 수밖에 없을 것 같다.

대통령은 왜 뽑을까? 국민이 국가를 운영할 지도자로서 권한을 위임하는 행위인데 대통령은 국가를 보위하고 국민의 복지와 행복을 지향하고 국가발전을 위하여 헌신해야 하는데 지금 대통령 후보들 하는 꼴 보니 권력쟁취로 개인과 자파의 당리당략을 위해서 전력투

구하는 것 같다. 과거 독립운동가나 이순신장군처럼 자기를 희생해서 나라와 국민을 구하려는 애국지도자는 모두 죽고 남아 있지 않은 모양인가?!

제발 이번에는 국민들이 바짝 정신 차려 제대로 된 올바른 지도자를 뽑아야 할 것인데도 몇 차례 토론회가 진행되었지만 아직은 별 마음이 내키는 지도자를 검정하지 못하고 있다.

동의지리학 회원들(동의대 평생교육원 생활풍수학 수강자 모임)이 오랫동안 유명한 곳의 풍수지리를 간산하면서 천기를 이해하려고 노력하고 있다. 지난번에 반기문 총장님의 생가와 집약적으로 잘 관리되어 있는 음택을 간산하면서 명당이라고 탄복한 적도 있었는데 이번 간산은 밀양 안철수 출생생가와 그 주변의 몇몇 곳이었다. 안철수 출생지는 정기가 넘쳐나는 좋은 터라고 하였는데 지금은 향촌이라는 큰 음식점으로 개업하고 있는 장사 집으로 변해 있었다. 그동안 많은 곳곳의 양택과 음택을 다녀봤는데 뭔가 지운(地運)과 후손의 천운(天運)이 연결되는 것 같은 감을 받고는 있지만 풍수학은 나에게는 아직도 오리무중을 헤매는 손에 잘 잡히는 학문은 아니다.

아내의 이른 승천과 관련해서 아직까지도 후회스러운 것도 많고 '송강 정철'의 '훈민가'인 "어버이 살아신제 섬길일란 다하여라 지나간 후면 애닯다 어이하리 평생에 고쳐 못할 일이 이뿐인가 하노라"라는 부모님을 생각하는 시조를 읊조릴 때마다 "不孝父母 死後悔"란 주자십회훈의 후회도 하지만 인생은 "man is mortal"이라고 위안을 삼지만 남는 것은 허무뿐이다.

어쨌든 지금 집사람과의 관계도 인연에서 맺어진 것일진대 감수해야 할 운명이라면 지금 투병 중에 서운하지 않도록 도리를 다해야 하겠다고 마음에 새겨보기도 한다.

그간 고향에 못 들린 사정을 위로하면서 이번 부처님 탄신일에는 조상님들이 모셔져 있는 고향의 북암사에도 들리고 고향생가에 꼭 다녀와야겠다고 다짐해 본다.

세상 돌아가는 것이 제대로 되는 것 같지 않고 시끄럽기만 한데 이번엔 차선책이라도 제대로 뽑는 대통령 선거도 무사히 끝나고 과거 우리나라에 큰일이 생기면 서로 화합하면서 한데 뭉쳐 잘 극복해 나가던 조상들의 그런 정신들이 또 다시 이루어지고 국가가 태평하기를 빌고 또 빌어본다.

또한 "수신제가 치국평천하"라고 우리아파트 12기 입주자대표회의 회장선거도 코앞에 있으니 주민 간 소통으로 화합을 이루는 그런 멋진 후보자가 당선되어 정이 넘치는 살기 좋은 아파트로 발전하기를 기대도 해본다. 올해도 모두들 건강 합시다.

2017년 4월 19일, 답답한 가슴으로

(chosun.com 토론마당 에세이, 2017.4.21)

올 여름 폭염과 태풍을 무사히 보내고

강한 태풍이라고 연일 방송에서 주의를 당부한 '솔릭' 태풍도 예상보다는 피해를 기치지 않고 다행히 점차 소멸해 가는 모양이다.

십여 년 전 태풍 '매미'로 부산 우리 집 아파트 남쪽 유리창이 왕창 파손되고 베란다 샷시 창틀이 밀러나는 피해를 본 적이 있고, 2012년 태풍 산바가 내 고향 생가별장의 큰 잣나무를 쓰러뜨리기도 하고 북천 코스모스 메밀꽃 축제현장을 개장도 하기 전 할퀴고 가는 바람에 그해는 다소 황망하고 썰렁한 축제장을 본적도 있었다. 또한 중학 일학년 때 추석명절 고향에 왔다가 사라호의 엄청난 피해를 곁에서 겪어 본적이 있어 태풍에 대한 두려움이 컸었다. 이번 태풍경로인 하동 북천 고향 생가에도 별다른 피해도 없이 태풍이 지나 갔다니 다행이다.

올 여름 폭염은 1994년의 폭염을 넘어 기상관측이 시작된 1907년 이후 백십 년 만의 최고 기록이라는 둥 모두들 지쳐서 밥도 못 해 먹겠다 면서 견디기 어렵다고 아우성이다.

나도 개인적으로 마음이 안정되지 않는 스산한 가정사도 있고 부산은 길바닥에서 떠오르는 열탕으로 열섬현상에 의한 더위로 견디기에도 힘이 들고 폭염에 전기누진제에 대한 한시적 손질이 있다고는 하지만 탈원전 정책에 대한 전력문제에 대한 불만감 등으로 몸과 마음에 열이 차올라 견디기가 어려워 수년간 팽개쳐두다시피 한 고향 별장 '川松亭' 정자에서 폭포수 소리 들으면서 붓글이나 쓰며 한심정 거로 마음을 위로할 생각이었다.

마침 서울에서 퇴직한 동생이 귀향해서 뭐라도 해볼까 하는 터라 곁에서 조언도 해주고 힘이 되어줄까 싶어 이번 여름은 살인적인 더위를 피하여 주로 고향 생가별장에서 같이 지내게 되었다. 이 무더위에도 생가별장은 한낮은 폭염에 주의를 요하지만 새벽녘은 방문을 닫아야 할 정도이니 지나기가 한결 수월하였다.

간혹 정다운 친구들이 찾아와 '유붕이 자원방래 하니 불역낙호'라를 외치며 정자에서 옛 맛을 느끼는 고향의 탁주 한 잔이라도 나눌 수가 있어서 그간 바쁘게 살아간다고 놓쳐버린 자아실현도 뒤돌아볼 수 있었다.

옛 성현들이 치사하여 고향으로 귀향하거나 본의 아니게도 낙향해서 후진도 양성하면서 더욱더 학문에 정진하여 후세에 남긴 국문학적인 업적들을 생각해 보며 나 자신을 뒤돌아볼 기회를 가지기도 하였다.

이제까지는 생활의 방편으로 삼은 전공이란 농학 분야의 연구를 떠나 '어부사시사'나 '농가월령가'를 흉내 내어 농업과 문학을 다소 연관 지은 문학 활동이라도 해봤으면 하는 욕심뿐인 욕심이 들기도 하지만 천학비재에 문학에 대한 소양도 부족하고 일상생활 양상이 부족한 것이 마음에 걸리기도 하고 또한 용기도 부족하여 실행하지 못함이 안타까울 뿐이다.

일본유학시절 혼자서 일상 식생활을 반쯤은 해결한 적도 있었지만 그때도 주로 학교 식당을 이용하였는데 요즈음 초고령화 시대와 일인가구 및 홀로서기를 하는 세대에 맞추어 TV홈쇼핑 주문택배가 빠른 시일 내에 시골까지 배달되는 시스템에 노령화사회 홀로서기를 위한 생활방편으로 일일 생활권의 발전을 실감할 수 있었다.

이번 여름 동안 주로 고향에서 지낸 생활은 얼마 남지 않은 여생에 농촌생활과 홀로서기의 혹시나 하는 예비적 체험이라고 치부하더라도 나에게는 온고지신으로 조상의 전통을 이어받아 변화하는 시대에 적응하면서 작은 보람이라도 느끼기를 바라 맞이하지 않는다.

이번 고향의 농촌체험에서 현재는 상당수 이웃이 최근에 각지에서 이사해 와서 오랜 세월 뿌리에서 같이 정을 느끼고 살아온 이웃이 아니다. 그러나 내가 어릴 때 살던 고향은 동성부락으로 조상을 같이해 오거나 오랫동안 같이 생활해온 주로 친인척 간으로 지금까지도 백중날이 되면 동네 중심의 큰 느티나무 아래에서 마을의 안위를 위한 당산제를 같이 지낸다. 올해는 백중날 부산에서의 일정 때문에 애석하게도 고향 당산제에 참석하지 못하였지만 이웃 간 상포계 조직처럼 더불어 같이 살아가고 소통과 협동에 바탕을 둔 생활이 농촌과 국가발전의 초석이 되었다고 판단된다. 개인주의적인 이기심에 집착한 나머지 사소한 일에도 소통하지 못하여 이웃 간 민원을 제기하는 일 등은 삼가야 하고 서로 이해하고 협동하는 정신을 살려야만 살기 좋고 풍요로운 농촌이 이루어진다고 생각된다. 이번 여름 체험 동안 찾아준 친구들의 옛 농촌의 미풍양식을 거양하는 것도 시대가 변하여도 후진들의 교육과 그들이 살아갈 미래생활에 꼭 필요하다는 생각에 한 결 같이 동조를 한다. 그러나 쉽게 실천하지 못하는 현실과 용기 부족한 나 자신을 탓하면서도 나름대로 빨리 생각을 가다듬어 귀향을 추진하여 한가롭게 인정이 넘치고 더불어 살아가는 생활의 기본이 되는 농촌의 미풍양속에 속하는 전통방식만이라도 초심으로 돌이켜보는 활동을 해보고 싶다.

왜 어쩌다가 세상이 거꾸로 돌아가고 인정이 메말라 가는지? 이웃을 짓밟아도 나만 출세만 하면 되고, 부정을 해도 시험에 합격만 하면 되고, 부조리도 돈만 벌면 되고, 여론을 조작하거나 매수를 하더라도 위선 당선만 되면 되고, 기분이 상하면 집안 어른께도 쌍 욕설을 해도 되고, 수가 틀리면 부모형제도 별 볼일 없다며 모른 척 해도 좋고, 돈만 보면 환장하듯 재벌이면서도 서로 더 가지려고 겁재의 다툼을 일삼아도 된다는 세상이 되어가는 것이 아닌가 하고 이 더운 여름에 생각만 해도 열나고 한심스러워 진다.

이 모든 한심한 생각들을 사전에 대비하는 것도 역시 해결에 한 몫하지만 걱정하던 태풍 '솔릭호'처럼 크게 피해를 주지 않고 스스로 소멸되어져 아! 하느님, 조상님 감사합니다가 저절로 튀어나오는 꿈같은 살기 좋은 세상이 이루어지길 기대해 본다. 모두들 건강하소서!

무술년 백중을 맞이하면서

(동래문예 19호, 2018)

정유년 여름휴가를 추억 속에 남기며

같은 S.K 아파트에 살고 있는 스크린이나 필드에서도 잘 어울리는 나이든 골프회원들이 처서도 지난 막바지 여름휴가로 북천 나의 고향집에서 하루, 김진수 회장의 적량 고향집에서 하루씩 보내면서 쇼트홀이지만 기분만은 몽탕 낼 수 있는 친자연적인 하동골프리조트에서 8월 말일을 보내자는데 의견이 일치하여 추진하던 중 막상 떠나는 전일 돌발사로 한분이 빠지게 되어 세 사람만 참가하게 되었지만 추억에 남는 정유년 마지막 하계휴가를 보낼 수 있었다.

9시 정각에 현금지급기 앞에서 출발하여 11시 조금 지나 북천에 도착하여 두루치기 잘한다는 식당에서 그날의 서비스메뉴라는 비빕밥과 탁주 한잔으로 점심을 때우고는 곧바로 시작한 라운딩이 장마철 코스나 그린 관리가 엉망인 상태에서도 그럭저럭 마치고 샤워를 끝내니 5시 가까워져 있었다.

김 회장이 말년에 크게 힘을 쏟아 부어 한창 급피치를 올리고 있는 각 오백 평짜리 3동의 북천 양계장 공사현장에 도착하니 인부들은 그날 공사를 마무리한 상태이고 기다리고 있는 김 회장을 만나 저녁식사는 우여곡절 끝에 유명하다고 알려진 먹어본즉 어탕국수가 일품이라는 새로 개척한 사천 완사의 '푸른숲 어탕집'으로 가게 되었다.

탁주 한잔 걸친 저녁을 끝내고 옛날부터 완사를 지나칠 때면 자주 들리는 시장통에 있는 옛날순대가 유명하다는 한양식당에서 저녁에 한잔 할 안주를 주문하여 싸가지고 내일 만나기로 하고 김 회장은 적량으로 우리는 북천으로 행하였다.

야식으로 순대안주로 죽순주 한잔씩 생각보다는 많이 들었다 싶으면서 추억으로 그림공부를 조금만 하자는데 의기투합 하였는데 그날따라 행운의 주역 괘가 나에게 내려붙어 얼떨결에 폭탄에 운수대통인지 자칭 50년 독학선사라는 김 선배도 조족지혈이었다. 계속해도 장원은 따 놓은 당상이라 과잉소득은 돌려주고 10시 쯤 취침에 들어가게 되었다.

다음날 아침은 서둘러 라면으로 때우고 라운딩이 끝나기도 전 약속한 11시도 못되어 김 회장이 리조트에 도착하였다. 빠른 샤워를 끝내고 맛이 끝내준다는 전라도 구례의 섬진강변의 은어구이와 쏘가리탕이 일품이라는 델 갔었다. 그 집은 집안 일 때문에 휴업이라 그 인근의 같은 업종인 '송정가든'에서 마침 바로 주인 할머니의 옛날 전통의 고추장 담는 솜씨 자랑도 듣고 보면서 그 옛날 어머님의 우리 집 고추장 된장 담는 날의 떠들썩한 분위기를 떠올리면서 역시 매운탕은 쏘가리탕이 최고라며 김 회장이 특별히 대접한다는 특산주인 산수유막걸리 여러 병을 비울 수 있었다.

화개장터에 들려 특산품을 보면서 동행인 두 분은 토복령 등 약재를 호기심에서 구입하였다. 하동에 왔으니 하동송림을 그냥 지나칠 수가 없다면서 만지를 지나오면서 송림 숲에서 먹을 그 옛날부터 유명세를 떨어온 만지 먹배(며칠 전 만지 도로변 구입상점의 여러 문제점과 앞으로의 기획관광지로의 계획화 등 신문 기사화)를 사면서 저녁에도 먹는다고 야단이다. 송림에 들러 강 건너 광양의 돈박골 잉어회와 수박서리 이야기에 더위를 완전히 식히고 저녁은 귀로에 '서호루'에 들러 손자장면으로 해결하고 적량 김 회장 고향집에서 또 하루 여장을 풀어본다.

만지 배를 안주삼아 고창 복분자주를 한잔 나누자고 권하길래 지고는 못가도 먹고는 간다는 본인도 드는 나이는 어쩔 수 없어 술 욕심이 힘을 잃어가고 있는 실정이다.

오늘도 잠깐만 어제 못 다한 그림 공부 또 하잔다. 오는 운세 지울 수 없어 한방 먹였더니 그길로 나갔으면 성공했었겠다면서 순진한 부산사람 불러와 "뭐 똥개도 고향에선 텃세로 50% 따고 들어간다"고 고향텃세로 전문가 행세한다고 야단이다. 이럭저럭 시간도 가고 약속한 9:30분이 되어서 네 사람이 한방에 같이 드러누워 더위도 물러가는 농촌의 9월 초하루 날 오늘 본 벼농사의 풍년과 그 옛날 생각나는 어릴 적 여러 이야기와 다가오는 추석과 감, 밤에 얽힌 추억이야기로 동심으로 돌아가 잠을 재촉하였다.

다음날 아침 5시경 일찍 일어나니 김 회장은 벌써 일어나 우리들을 위하여 맛깔스런 솜씨로 이름 따다 붙인 '진수성찬'으로 속이 확 풀리는 시원한 김치찌개에다 여러 가지 나물(전일 부인 솜씨라 하지만)과 오갈피순 초장무침, 매실장아치 볶음 등으로 집에서도 먹어보지 못한 여러 음식으로 우리를 즐겁게 하였다. 또한 어제 저녁 미리 예고한 밥그릇위로 올라오는 잡곡 고봉밥을 오랜만에 먹으면서 다음에 양계장이 완성되고 나면 양계장 사택에 스크린화면 연습장을 계획한다기에 다음에는 닭요리 실컷 먹으면서 골프연습도 하고 건강도 지키자고 하였다.

계획에도 없었던 세 번째 라운딩을 즐기고 고향집에 잠깐 들러 부산으로 돌아오는 회로에는 의령 전원휴게소의 '전원식당'에서 생선구이와 찌개로 성찬의 점심을 들고 부산 안락 S.K아파트에 도착하니 3시가 가까워져 있었다.

간단히 탁주한잔에 해단식도 하자는 이야기도 있었지만 조금은 피곤하기도 하고 일찍 쉬자는 얘기가 통하여 2박3일간 골프도 3번 즐긴 아주 자연스럽고 초경제적인 막바지 여름휴가를 마무리 할 수 있었다.

아무튼 건강해야 또 즐길 수 있으니 이번에 참가하신 분들 어쩌다 한두 송이씩 피기 시작하는 북천 코스모스 현장을 지나오면서 본 것처럼 이번 가을 '북천 메밀꽃. 코스모스 축제' 때 또 한 번 가을 라운딩을 가도록 합시다.

백중을 바로 앞두고

(하동문화 제36호, 2017)

제4부

추석 성묘를 나들이 삼아 다녀와서

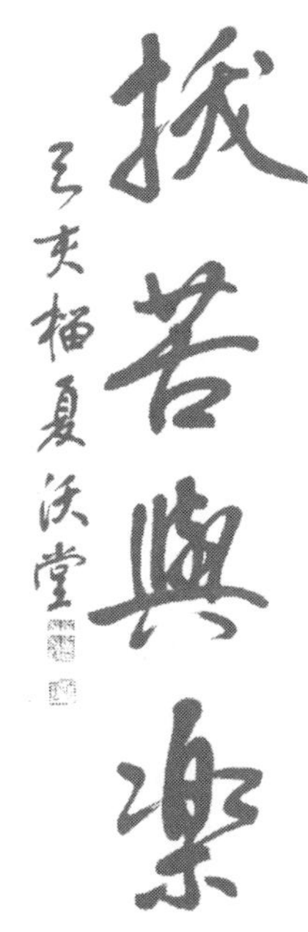

자비로서 중생의 괴로움을 없애주고 즐거움을 주다.

서울에서 지내는 아내의 기제사에 참가하고

4월 13일이 20대 국회의원 선거일이다. 결과는 제일 야당(더불어 민주당)에게 민심이 쏠려 의석이 좀 과하지 아니하였나 싶지만 여야 모두에게 경종을 울리는 국민의 느낌대로 잘 판단된 것 같다.

올해부터 세태의 변화와 여러 가지 사정을 고려하여 승천한 아내의 기제사만은 서울에 있는 아들이 모시기로 하여 선거뒷날 학교에서 조퇴한 여식과 함께 사위가 운전해 가는 차로 서울에 도착하니 제사 모시기 꼭 알맞은 시간이었다.

변해가는 세태에 따라 우리집안 풍속인 별세 당일 첫새벽 자시에(하루 앞날 준비하여 밤 12시가 넘어 다음 날 모두가 성결한 새벽) 모시던 풍습을 그날 저녁 술시(같은 일진일)에 지내기로 한 세태에 순응한 것인데 나에겐 익숙하지 아니하여 아직은 어색한 기분이었다.

서울 며느리가 정성껏 준비한 제수와 부산에서 새 아내가 해준 산적거리 제수, 서울 제수씨가 만들어온 나물류 등을 정성스럽게 차려 여동생(아내의 제자이기도 한)도 참석한 아들집에서 모시는 첫 번째 제사를 승천한 아내의 지난 일들을 떠올려 보면서 내가 축관으로 독축하면서 모실 수 있었다.

다음날은 서울에 거주하는 고교동기들 중 수십 명이 가입하고 있다는 미리부터 연락이 된 보고 싶은 친구들이 많은 청사모(청계산을 사랑하는 모임) 산행일로 매주 토요일 9~12까지 청계산 산행 후 함께 하는 청계산 입구 "옛골 기와집"까지는 도곡동에 있는 아들의 집에서는 반시간도 걸리지 않는 거리라며 날 모시다 주겠다고 하여 손자랑 같이 갔다가 모임이 끝나면 다시 날 모시러 오기로 하고 인사를 남기고 돌아갔다.

재직 중 부산에서 잠시 파견 직장근무를 한 적이 있는 주영조(주택은행장), 김정삼(대한자보), 김승우 등을 포함한 아직도 현역으로 의료기분야에서 세계를 주름잡고 다니는 하휘종, 그날 청사모 모임에 게스트로 스폰서를 해준 고향 하동이 같은 목정태 등 다른 친구들과 참 오랜만에 회유를 하면서 기분 좋게 과할 정도로 자리를 옮기면서 2차 회포를 푼 것이 나중에 귀로에는 어떻게 되었는지 아리송할 정도로 쓰고 간 모자도 잃을 정도 이었으니….

집에 돌아와 쉬었다가 서울대병원에 입원하고 계신 자형 문병차 가면서 아내의 암 투병 시 얽히고설킨 아들이 근무한 적이 있는 서울대병원 입원실과 중환자실과의 짓궂은 인연을 떠올리며 자형을 문병하였는데 이삼일 후쯤 안정이 되어 퇴원하신다는 자형의 얼굴은 너무나 좋아 보였다.

뒷날 원래 계획은 손자와 같이 현대백화점에서 아들이 분양받은 주말농장에 가서 파종도 하고 시간을 보낼 예정이었으나 앞날 몰아친 돌풍의 봄비로 땅도 너무 질 것 같아 포기하고 안양에서 피부산부인과를 개원하고 있는 동병상련의 김 교장의 딸집에 가있는 딸에게 연락하여 같이 하부하기로 하였다. 아들이 길을 알고 있다고 하여 정갈하게 생활하고 있는 김 원장 집을 40여분 만에 도착하여 다과 대접을 받고 11시경 출발하여 3시경에 부산에 도착하니 뭐니뭐니 해도 내 집이 편안하기는 최고라 생각 되었다.

앞으로 살아생전에는 조상님을 비롯한 부모님 제사는 내가 모시고 그 후 8대 장손의 아들 세대의 제사풍속도의 변화를 예측해 보면서 할아버지께서 필사본으로 출판해주신 우리 집 제사예법 등이 기록되어 있는 기안忌案 복사본을 참고용으로 아들에게 가져다주면서 약속한 번역판을 서둘러 완성해야 하겠다고 다짐해 본다.

물같이 흐르는 세태에 순응을 하지 않을 수 없음을 실감하면서 우리 모두들 전통도 지켜가면서 건강하게 생활하도록 노력합시다.

丙申, 仲春에

아들의 백대 명의 선정을 반기며!

나라전체가 아니 세계적 팬데믹 코로나가 가슴을 조여오고 설상가상으로 우리나라 정치권의 세태가 다수당의 횡포를 넘어 무소불위의 독재 지향적 행태로 달려가는 것 같아 걱정이 앞서다 못해 울화도 치밀어 오르기도 한다.

어릴 때부터 영민하고 특히 교육자이셨던 어머니 뿐만 아니라 할아버지의 사랑을 많이 받으면서 자라온 아들이 할아버지 기대를 저버리지 않고 잘 성장하여 쉬운 인문학을 하라는 우리의 기대와는 달리 그 힘든 서울의대를 지원하여 단번에 합격하고 운수 좋게도 조상님들의 보살핌을 받아서인지 지도교수님을 잘 만나는 등 정형외과 전문의로서 제대로 발전해 나가 너의 태몽으로 나의 외할아버지께서 어머니에게 뻔적뻔적 빛나는 금어金魚를 안겨줘 받았다는 어머니의 자랑스러운 아들로 집안의 기쁨으로 성장해 나갔다(외할아버지께서 친인척 중에서는 제일 먼저 외할아버지의 외가가 있는 근무지인 산청 덕산의 덕산중학교로 선보러 오셨다).

서울대 병원 근무 중 어머니의 위암치료를 곁에서 고통으로 지켜보면서 각오도 새롭게 하여 어머니 생전에 선배교수님과 함께한 정형외과 전문병원의 진료원장으로 취임하여 엄마를 한껏 기쁘게 해드렸는데…재발한 어머니를 떠나보내고 한 동한 의기소침한 것 같기도 하였지만 의료인으로 소임을 다하겠다며 10년의 세월에 슬픔을 거의 잊고 맡은 일에 충실한 것 같았다.

이번에 지도교수님과 선배님들의 지도와 성원으로 수원의 400여 병상 신생종합병원 화홍병원의 원장으로 취임하였는데… 몇 달간 개원 준비하여 5월에 개원하자마자 코로나가 확산되어 나가고 여러 가지 시도도 때를 만나지 못하고 운영에 애를 먹고 있는 중에도 할 수 있는 노력을 다하였는데도 별다른 효력을 내지 못하고 어려움에 봉착되어 있었다.

이 어려운 시기에 심기일전하여 자조 근면 협동으로 병원가족 모두도 함께 살아나고 국가의료봉사에도 기여하자는 마음으로 뭉치고 재단이사장님의 노력으로 긴급 운영자금의 투입과 유능한 카운셀라도 채용하고 수년전부터 오르내리던 아들의 백대 명의선정이 이번에 결실을 맺게 되었다. 명실 공히 정형외과 척추부분에서는 자타가 공인하는 국내일인자로서 인정을 받게 되는 셈이다. 코로나사태로 어쩔 수 없다고 하지만 병원가족들도 자부심과 서로 위로하면서 협력해 나가니 다소간 상황이 개선됨을 느낄 수 있다고 하였다.

시의적절한 명의선정과 그기에 자부심으로 똘똘 뭉친 병원 모든 가족들에게 박수를 보내며 무엇보다도 환자를 중시하는 허준의 동의보감 사상이 넘쳐나길 바란다. 하늘에 계신 너의 어머니, 할아버지, 조상님 모두 기뻐하실 거야, 아들 파이팅이다!

지금 국가정책처럼 되지도 않은 공공의료정책이니, 잘되면 내 탓 잘못되면 남 탓 하지 말고 허준의 동의보감 사상처럼 어려운 환자일수록 최우선한 돌봄에 전념하는 봉사적인 의료인이 되고 또한 미력이나마 코로나에도 잘 대처하길 두 손 모아 기도한다.

현재 70~80대의 너희들 부모님들이 성장할 그 때는 중병을 얻어도 병원에 간다는 것이 어려운 세태였다. 이제까지 쌓아온 세계적으로 뛰어난 우리나라 의료보험 체계로 오히려 의료계의 과다진료와 국민의 남용이 문제될 수 있는 현실 속에서 진정으로 봉사하는 의료인으로서 역사에 남는 의료인이 되길 바란다.

또한 네가 태어날 때 일진과 더불어 개축한 고향생가의 정기를 타고났다고 좋아하시며 고향발전을 염원하시던 할아버지의 마음에 보답하는 의미로서도 항상 고향과 조상님들을 생각하며 국가와 국민에게 봉사하는 자세를 확립해 주길 바란다.

다시 한 번 백대 명의 선정됨을 자축하면서 저물어가는 경자년과 함께 고통은 모두 함께 날려 보내버리자!

저물어 가는 경자년 마지막 달에, 가슴 뿌듯함을 느끼며

(chosun.com 토론마당, 2020.12.17)

오랜만에 고향 생가를 방문하고

우리 집 가계풍속은 조상의 산소를 찾아뵙는 관습이 추석전 벌초와 추석성묘, 구정은 구정 새해에 세배 드리려 적어도 일 년 3, 4차례는 조상 산소를 찾아뵙고 또 산소를 손보거나 산소주위에 잔디나 나무를 심고 가꾸는 것은 청명한식 전후로 하는 것이 어릴 때부터 집안 어른들에게 배워온 풍습이다.

할아버지 주도 시에는 집안행사 따라 고유제나 시제도 여러 번 지낸 것으로 알고 있으나 지금은 고향에 가게 되면 집 가까운 가족묘원에 있는 부모님 산소는 자주 찾아뵙지만 얼굴도 뵌 적 없는 조상이라서 그런지 조부모를 제외하곤 잘 실행되지 않고 있다.

내가 직계장손인 6대조 할아버지 아래로의 산소는 중중 재실에서 관리해 주지 않기 때문에 가을철 벌초관리도 본인 주도하에 해야만 해서 추석전후 성묘가 제대로 겨우 실시되기도 하지만 설 무렵에는 사정에 따라 개인적 성묘가 우선이며 특히 날씨와 관련하여 눈이라도 오게 되면 성묘도 어렵게 된다.

지난해에는 구정 바로 전에 조부모 부모님 산소를 성묘했으나 설 쉬고는 대보름 전에 또 조상님 성묘를 해야 하지만 이런 저런 이유로 핑계대고 미루다가 발을 조금 다치는 바람에 발목깁스를 하게 되어 시행하지 못하였다.

깁스를 풀고 적응도 하면서 발목 훈련도 겸하여 아침 연습장이나 스크린 골프연습을 하였음으로 벚꽃이 만개한 좋은 때에 마침 본인에게는 이십여 년 전 해군작전사령관으로 부임한 친구의 권유로 골프를 시작하게 된 추억도 있는 진해 해군 체력단련장에 기회가 되어 라운딩을 끝내고 곧바로 석 달여 만에 집사람과 같이 고향 하동북천행을 감행하기로 하고 그전에 산림조합에서 준비한 과수묘목과 농장하시는 선배께서 주신다는 무화과 세 그루는 체력단련장에서 만나 인수할 준비를 완료하였다.

요즘 군항제 때문에 진해행은 도로정체가 말도 못한다는 기사가 있어 아침 일찍 서두른 관계로 별 문제없이 7 : 20(1부 마지막 티) 알맞게 티업을 할 수 있었다.

20여 년 전부터 이곳에 라운딩 오기도 했지만 이렇게 타이밍 맞게 활짝 핀 벚꽃아래서는 처음이었으며 특히 좋은 분위기에서 즐길 수가 있어서 즐거움도 더 하였다.

라운딩을 마친 후 고향별장에 도착하니 3시를 넘긴 시간이었다. 올해는 날씨가 갑자기 따뜻해지니 이른 봄에 피는 꽃들이 일찍 동시에 피였다가 져버리는 바람에 매화 ,산수유, 개나리, 백목련 등은 져버렸고 겹동백과 황매화도 반쯤은 낙화 상태며 정자 뒤편의 벚꽃도 나무세력이 약해서인지 피다가 지고 말아 새봄이 멀리 도망감을 실감했으나 집 주위 드릅나무 순은 일찍 핀 것 몇몇 겨우 따는 것으로 그쳤고 음나무와 오갈피 잎은 음달 쪽이라 아직도 늦잠이 들었는지 피어나지 않고 움트는 중이였다.

가져간 과수묘목 10여 수를 마당가, 대문밖 울타리, 텃밭축담사이에 심는데도 지치고 힘에 부대끼니 드는 나이는 어쩔 수 없다 라며 위안을 해본다.

우리가 이 과실을 따 먹을 수 있을지는 모르지만 후일 손주녀석들이 고향에 오게 되면 조상들의 자취를 느낄 수 있는 특색이라도 있게 하자고 한 집사람의 성화도 한 몫 하였다.

저녁식사 후는 팔다리 허리도 늘어지고 종아리도 쑤시는 것 같은 기분으로 녹초가 된 것 같아 이사한 친척집에 가보는 것도 내일로 미루고 뜨끈뜨끈한 방구들에 몸을 눕혀 피로를 풀면서 TV도 마다하고 몸을 뒤척이면서 오랜만에 고향집에서 일박이 시작되었다.

다음날은 일찍 새벽부터 조상 산소 성묘한다고 설쳤지만 아직도 염려되는 발목 때문에 조상님께서 양해해 주시리라 믿으면서 이번엔 멀리 등산을 하지 아니 하여도 가능한 고조부, 조부모, 부모, 승천한 아내와 옥종면에 계시는 증조부 산소만 찾아뵙는 것으로 하였다.

특히 옥종면에 있는 증조부 산소에는 아직은 별다른 피해는 없다고 하지만 인근에 산돼지 피해가 극심해 지고 있다니 문제가 될 소지도 있다고 하겠다.

오는 날이 장날이라고 마침 오일장이 서는 날이라 집사람이 호미하나 사러가자고 해서 갔다가 가지, 오이, 토마토, 등 모종을 사가지고 와서 텃밭이 아닌 옛 사랑터 연못(승천한 아내가 생가를 별장으로 개축하여 투병 중 사랑채로 앞이 막혀 답답하다며 뜯어내고 작은 연못을 파서 생기롭게 물레방아를 돌렸으나 앞마당에 못이 있으면 흉하다는 풍수학으로 해서 후일 다시 메워버린 곳) 장소에다가 심어놓고 돌보러 자주 와야 하겠다는 관심을 가지려는 아내가 대견하기도 하였다.

집사람은 빈터에 가져간 씨앗도 뿌리고 마당에 손질도 하고 나는 축담에 연결되어 심어진 누운향나무와 영산홍의 전정 손질과 대문 바깥 울타리 손질 등으로 시간을 보내다가 가지고 온 음식도 충분하니 온 김에 서둘지 말고 하루 더 머물다 가자는데 의견이 일치하여 하루를 더 보내게 되었음으로 시간을 갖고 정리하게 되었지만 아무래도 앞마당 잔디밭의 잡초제거는 다음기회로 미룰 수밖에 없었다.

오래전 북천에는 복지차원에서 건축된 공공목욕탕이 위치문제와 착오로 제대로 운영되지 못하고 예산만 낭비하고 방치하고 있었는데 예전부터 이웃면 옥종에 유황과 불소 함량이 높다는 물 좋은 민간 영업용 온천이 있어 필요하면 가기도 하였지만 옥종면민에게만 조금 할인해주기도 하지만 이웃 북천은 혜택이 없어 서운하기도 하였는데 이번에 새로 지은 복지회관 내에 새롭게 자그마한 경로우대는 2500원 보통은 3000원으로 자율적으로 운영된다는 목욕탕이 신축되어졌는데 물도 좋다고들 하였다.

아침 일찍 집사람과 같이 갔었는데 붐비지도 않았고 좋은 점도 있었지만 조금만 신중을 기했으면 조금 떨어진 곳에 지어져 지금은 폐쇄된 채로 있는 목욕탕을 생각하면 이중건축으로 인한 우리의 세금인 국가예산 낭비를 조금씩 막을 수도 있었겠지 않았겠느냐는 생각을 해 볼 때 비록 이런 일이 어디 이곳 뿐 이겠느냐는 생각이 들기도 한다.

집안정리를 대충하고 진주쯤 가다가 점심을 먹기로 하고 주방과 냉장고 정리를 하면서 아무래도 여러 흔적으로 최근에도 누가 방문한 것 같다(가까운 형제자매는 방문 열쇠와 열쇠번호를 인식)는 아내의 말을 들으면서 전에도 전기가 누전 차단되고 방문이 뜸한 바람에 홀아비 시절 엉망진창이 된 냉장고 청소 두 번에 내가 몹시 힘들었던 기억을 떠올리면서 냉장고 안에 별 쓸모없는 모든 것들을 정리하고 앞으로 고향생가 별장에 올 때는 누구든 그 때 쓸 음식만 가져오고 남아도 냉장고에 보관하지(버리지) 않고 되가져가도록 해야겠다며 냉장고를 깨끗이 청소하고는 전기도 차단하였다.

텃밭 가에 돋아나는 내가 봄나물로 좋아하는 머위를 뜯기도 하고 종고모가 심어둔 상추가 많으니 좀 많이 뜯어가서 이웃과 나눠 먹으라는 것도 넉넉하게 뜯고 텃밭에 조금 심어져 있는 사위도 안 준다는 새로 돋아나는 첫 부추도 베고 마당 잔디밭 사이사이 돋아나는 흰민들레와 정원 언덕과 마당 주위의 쑥 내밀고 돋아나는 쑥을 캐기도 아내는 재미있다고 제법 뜯고 캐다 보니 거의 12시가 되었다.

열두시 반에 집을 출발하여 진성 IC 부근 '진주성'에서 육개장과 비빔냉면을 점심으로 먹고는 기분 좋게도 밀리지 않고 집에 도착하니 3시가 조금 넘어 있었다.

고향에 간다고 해서 부산에 돌아오기 전부터 암시로 약속되어 있었던 5시경에 자전거도 함께 타는 이웃 동호회원들과 뒷골목 돼지불고기집에서 제각기 취향에 맞는 탁주, 소주, 맥주를 한잔씩 나누면서 정을 풀고 쌓으며 생각지도 않은 말다툼도 해보면서 오랜만에 고향별장의 봄의 흥취의 여운을 만끽해 본다. 새봄처럼 활력 있게 모두 조심하여 건강들 합시다.

2016년 식목일을 지나고

(하동문단 제12호, 2016)

인생 어느 날 하루

세월은 또 12월이 지면 한해가 흘러간다. 지금은 수확의 계절 추색이 완연하다. 조금 지나면 만산홍엽의 단풍도 짙어가고 나의 인생도 수확기를 지나 노쇠기에 접어들게 되리라 사료된다.

정년퇴임을 한지도 7년이 흘러가고 김형석 교수님이 말씀하신 황금기인생(65~75세)도 그 종말에 다가온다.

이제껏 최선을 다했다고 자부하고 싶지만 40여년의 교직생활도 후회투성이다. 이 정도로 살아온 것도 정말 운수대통이란 생각이 든다. 퇴직 시 국민훈장을 수여한다고 해도 명예롭기 보단 흘러가는 세월이 아쉽고 그 세월이 그 세월이려니 생각했었다.

이번에 우연히 기회가 되어 서울에 거주하는 친구의 추천으로 부산시 청소년 지도자대상을 수상하게 되어 여생이라도 할 수 있는 한 청소년 진로지도 등 봉사활동에도 더 힘을 기우려야하겠다고 다짐해 본다.

일전에 뜻을 같이 하는 내 처지를 잘 알고 있는 친한 고교동기들과 라운딩을 하면서 이야길 했는데 승천한 아내에게 정성껏 차가버섯을 제공해 주던 친구(러시아 목재수입상)와 아내 이야기를 나누면서 자기도 지금 아내가 병중에 있지만 승천한 내 아내 같은 그런 사람 또 찾을 수 없으니 빨리 잊고 현실에 충실 하라는 충고 아닌 충고(?)가 새삼 떠오른다.

고향에는 아내가 생전에 애착심을 가지고 꽃 축제 때 등 깜짝 이벤트도 열어 친지들에게 즐거움도 선사하기도 했는데 벌써 제13회 하동북천 코스모스. 메밀 꽃 축제가 개최되고 있다. 제1회 꽃 축제 때 흐트러진 고가인 고향 생가를 때맞춰 다소 축소 개축하여 그곳에서 멋진 이벤트로 필자의 회갑기념 출판기념회를 개최해 주던 기억이 떠오른다. 승천하지 않고 생을 누리고 있었다면 올해는 아내의 고희연을 고향 생가별장에서 뜻있게 가질 수도 있었을 터인데…하고 생각해 보기도 한다.

지난 봄 축제에 참석하지 못한 서울 청사모(청계산을 사랑하는 모임) 등산 친구들을 위주로 가을 축제에 초청했는데 사정상 여의하지 않는 모양이여서 부차적으로 초청된 주위 친구들 모임도 함께 무산될 지경이다. 현재 사항은 임플란트 시술 중으로 볼 우겨 쥐고 줄기지도 못하고 마음만 콩밭에 가 있는 꼴이고 주말쯤 잠간이라도 생가별장에 다녀올 예정이다.

수필문협에서는 테마수필로 '12월 어느 하루'라는 주제의 원고를 10중순까지 제출해 달라는 청탁도 있어 앞서서 이렇게 마음을 정리해 보고 있는 중이다.

나라 안 밖은 뒤숭숭하고 국가부도 직전에 와 있는데 어떤 과대망상 환자가(?) 자기가 검찰개혁 적임자라며 나서다가 온갖 치부를 들어내고도 내갈길 간다고 외치며 나라를 더욱 혼란스럽게 분열로 몰고 가다가 사퇴하여 그나마 다행이라고 생각하고 있다.

제18호 태풍 '미탁호'도 온다니 올핸 태풍도 자주 오는 것 같은데 피해에 대비해 태풍이 오기 전에 만개를 자랑하고 있는 고향 꽃 축제 개최기도 단축하려고 하고 있단다. 십여 년 전 '매미' 태풍시에 부산집 앞쪽 사시와 앞 창문이 와장창 나간 것과 중학생 시절 '사라호' 생각하면 태풍에 트라우마라도 있는 모양이다.

오늘 내일 반쯤은 개이고 모래부터는 진종일 비가 내린다는데 감기몸살로 몸 상태가 안 좋아 집사람이 운전도 해준다니 같이 가서 '북천 꽃축제' 중에 잠깐이라도 븍천 고향 생가에 들렀다가 추석 후 아직도 못하고 있는 추석성묘라도 하고 와야겠다.

부산에서 고향집에 가는 길에 명당이라고 알려진 조부님 산소 등 몇몇 곳의 성묘를 마치고 축제현장을 들러오려고 시도해 봤는데 일요일이라 정체로 꽃 축제 현장까지 접근하는 데에도 장시간이 걸릴 것 같아 다음 날 들리기로 하고 돌아 나와 생가별장으로 와버렸다,

생가에 도착하여 먼저 집안청소를 대충 끝마치고는 인근의 조상님 성묘와 가족묘원 주변에 알밤도 줍고 하면서 다른 지역에 멀리 떨어져 있는 산소는 시제 때로 성묘를 미룰 수밖에 없었다.

집에 다시 와서 정리를 끝내고 잠시 쉬고 있는데 주 서장(하동경찰서장역임)께서 축제무대에서 노래 한곡 하고(디스켓음반출반) 있으니 얼굴이라도 보게 꼭 좀 나오란다.

임프란트 시술 중 금주 중인데도 어쩌다가 메밀묵에 막걸리 한 사발 걸치고 집사람도 별 맛도 없다 면서도 축제현장에서 메밀국수로 저녁을 때웠다.

귀가하여 TV를 보는 둥 마는 둥 하면서 시간을 보냈는데 가짜가 판치는 위선적인 수도 있는 국민 분열로 전개되는 검찰개혁이니 뭐다 하며 과장 보도되는 촛불시위며 늦게까지 잠 못 이루고 이 생각 저 생각 나라걱정에 고향집 꿈길에서도 헤매고 다닌 것 같다.

부산으로 귀가해서는 성묫길에 내가 주워 모은 것과 동생이 주어다 모은 정감 나는 고향 싸락밤을 정다운 친지들과 정을 나눌 생각만 해도 마음이 푸근해진다.

다음날부터 가을비가 내리고 또 발생하는 '하기비스호' 태풍이 점차 우리나라를 향해오고 있다고 하는데 이번 휩쓸고 지나간 '미탁호' 태풍 때문에 부산을 비롯한 전국 각지의 피해가 걱정되기도 하였는데 날씨가 추워지기 전에 협심하여 빠른 피해복구가 이루어지길 바랄뿐이다.

지금 정국은 독재권력 남용의 사회주의 편향과 자유민주주의 이념대립 문제로 서초동과 광화문의 격화되는 시위 대결로 국민들을 패거리로 분열시키며 피로감을 불러일으키는 정치적 문제들이 공정하게 빨리 해결되고 정의사회가 이루어지고 경제 질서, 사회 안전문제, 교육제도 개편, 외교문제 등도 올해 안에는 점차 해결되어 국민들이 마음 편하게 살 수 있는 자유민주주의 사회가 이룩되길 현 정권이 더욱 책임감을 갖고 노력해주기를 기대한다. 연말이 되기 전 원고를 제출하면서 12월 어느 날 모든 걱정이 기적같이 사라지는 정말 뜻밖의 좋은 소식 있기를 간절히 기도해 본다.

또 다가오는 연말을 앞두고
(부산수필문예 37호, 2019 겨울)

집에 가자

위암 수술 후 회복하고 난후 2005년도에 나하고는 별다른 상의 없이 부동산 중개업자의 권유로 전혀 모르는 사람과 어울려 사두었다가 골머리 앓으며 좀 손해를 보더라도 살아생전 처분하려고 서둘던 창녕 부곡 사창리의 밭(주로 단감 밭)을 생전에 그 동네에 매매를 부탁해 둔 것을 아내의 입원 중에 온 부동산거래소의 안내장에 아내의 사후에 연락을 해보니 처분해주겠다며 자기에게 맡겨달라기에 현장도 방문해 볼 겸 둘러보고 오는 길에 몇몇 부동산중개소에 매물로 내어 놓고 있으니 간혹 연락이 오곤 하다가 며칠 전에는 일부를 계약하자고 사위에게 연락이 와서 공동소유자와 상의로 우리 쪽이 대표하여 아내의 바람대로 매매계약을 할 수 있었다.

돌아오는 길에 여식이 만약 엄마 생전에 오늘 같은 계약이 되었다면, "봐라! 내가 혜안이 있어 손해안보고 조금이라도 이렇게 돈 벌었다며" 즐거워하면서 "오늘은 자기가 맛있는 것 사겠다고 야단법석일 것이라는" 그 말이 오늘 나를 또 울리게 한다.

아내는 좀 적극적인 데가 있고 빈틈이 없어 승부에 관심이 많았으며 때론 크게 하는 것은 아니지만 소액의 증권 등 작은 투자에도 관심이 많았다.

울주 온천의 별장지도 사두었다가 크게 재미는 보지 못하였지만 생전에 처분한다고 그런대로 처분하였고 잘 모르는 사람과 서울의 누나까지 끌어들여 창녕에 사둔 밭(과수원)이 글로벌 금융위기의 경기 불황과 특히 우리나라 부동산 과열억제 정책과 미국발 금융여파로 부동산 경기가 얼어붙는 바람에 우리에게 상의도 못하고 가슴앓이를 하면서 꽤 골치 깨나 썩였는가 보다.

집사람이 운명하고 난 뒤 서울 누나도 조금 손해를 보더라도 처분하자고 들 했는데…. 부동산 경기가 살아나면서 손해는 보지 아니하여도 될 것 같았다.

그 외에도 고향집 바로 앞에 후일 내가 정년을 해서 장손으로 귀향하게 되면 서울 동생이 형편이 되어 같이 귀향해 살게 되면 준다고 산 농가하며 고향별장(본가)옆 논이랑 아내 명의의 부동산이 좀 있다.

본인도 암이 재발 하였으리라고는 전혀 의심도 하지 않고 아주 오래 전부터 조금씩 느껴온 어깨통증이 정초에 아주 심하다고 진료나 받아본다며 입원하게 된 동의의료원에서 척추염이라고 진단이 나서 척추염도 위험하니깐 서울로 올라오라는 아들의 말에 별 생각 없이 올라가 서울 삼성병원에서 위암의 척추전이로 진단이 나서 7년 전 위암치료를 받았던 세계적인 권위자 방영주 교수님으로부터 서울대 병원에 입원해 치료받고 있으면서 12번은 받으라는 항암치료 중에 치료가 더해갈 수록 상태가 조금이라도 좋으면 한 번이라도 부산집에 가고 싶어 "집에 가자"는 말에 3차 치료 후는 아들 병원에 가서 척추

뼈 땜질을 하고 4차 치료가 되면 집 부근의 박 이사장이 편리를 봐주겠다던 부산 대동병원에 가서 저녁으로는 집에 외출할 수 있다는 기대로 투병도 잘 해왔는데, 모든 것이 만사 후의로 끝나고 말았으니!

며칠 전부터 서류보완 등 구비서류를 완결하여 대부분의 사람들이 상속은 서둘지 말고 천천히 하여야 자식들이 효자가 된다는 충고도 무시하고 집사람의 소망대로 조상으로부터 물러 받은 내 명의의 부동산은 후일 모두 아들에게 상속하기로 하고 아내가 구입한 아내 명의의 부동산은 모두 여식 명의로 유산상속을 시켰는데(나중에 발견된 아내의 심중이 낙서로 적혀있는 의중대로는 같이 처리되지 못했지만) 법무사로부터 처리가 되었다는 연락을 받고 보니 슬픈 사람이 슬픈 쪽만 생각하여 슬픔만을 느끼는 것인지 자식들 믿을만하지 못하고 부모님 재산 조금이라도 많이 빨리 받고 싶어 하는 것 같아 우리를 슬프게 하는데 아내 생전의 한스러움에서 헤어나기도 어려운데 시시때때로 귓가에 울러 퍼지는 병실에서의 "집에 가자"는 소리 특히 중환자실에 내러 가면서의 "부산 집에 가자"는 애틋한 목소리가 시공을 초월하여 가슴에 한 맺혀 되돌아온다. 여보! 부디 편안세상에서 편안 마음으로 우리들을 내려다보며 가족 간에 모든 욕심 버리고 잘 지내도록 선도해 주고 믿을 놈 하나 없다는 시쳇말이 진실이 아니길 당신께서도 힘써 주시구려!

집에서 당신을 추모하며, 당신의 남(의)편이

(2010.6.16)

추석성묘를 나들이 삼아 다녀와서

핑계 삼아 미루던 성묘를 다소 늦었지만 억지로라도 다녀오게 되었다. 추석성묘는 설 명절성묘와는 달리 추석 전 벌초하면서 그 후 추석을 지나고 새로운 수확을 해서 가뵙는 이중적 풍습의 성묘를 하고 있다.

추석이 지난지도 보름이 다되어 가는데도 별 하는 일도 없이 어영부영하다가 북천 코스모스. 메밀꽃 비공식 축제에 늦게나마 시행해 보기로 하여 전부터 방문을 원하시는 시인들과 같이 북천행을 계획하다가 일정이 취소되었다가 다시 되살아나는 듯 우여곡절 끝에 조시인은 빠지게 되고 급히 시행되게 되었다.

점심 예정이 왕왕 들리는 완사 시장통 한양식당의 옛날 순대국 집이어서 도착 무렵 동행하시는 시인께서 그 부근에 살고계시는 지인에게 전화를 걸었더니 더 좋다고 안내해주시는 곳이 원전 보리밭 집이였는데 그 옛날 어머님의 밑반찬 손맛을 느낄 수 있는 새로운 곳을 하나 더 개척한 셈이다.

동행한 시인께서 코로나세태로 한적한 북천 메밀꽃 축제장을 둘러

보는 동안 나는 신촌 동산 주변의 조부님과 5대조 성묘를 마치고 북천역사 주변에서 임 시인을 만나 언제나 와도 나에겐 포근하기만 한 생가별장으로 와서 짐을 풀게 되었다.

청소하는 사이 임 시인은 보이지 아니하여 대충 청소를 마치고 옥종양조장에 옥종명주 동동주를 사러나가니 북천에 거주하시는 시조모임 지인에게 전화하여 그사이 달려와 집 앞 한길 가에서 이야기하는 것을 보면서 옥종에 갔다 오니 벌써 선친의 고향이 북천이었다는 퇴직 후 귀향하였다는 그 지인과 같이 가서 사온 옛날순대와 쇠고기 횟간을 차려놓고 대기하고 있었다. 그 때부터 시작된 '한잔 드세 그려 또 한잔 드세 그려!'로 시작된 술잔이 동생이 귀가하고 거의 옥종명주 3병이 비어져 갈 무렵 쯤 소고기 듬뿍 넣은 라면으로 위장을 보호한 후 막장술판을 끝낼 수가 있었다.

다음 날은 기상하자 말자 옥종유황온천으로 가는 길에 가족묘원에 들려 부모님 묘소에 참배하고 곧바로 온천에 목간을 한 후 온천식당에서 재첩국으로 해장 겸 아침을 때웠는데 임 시인은 식사 보다는 재첩국 한 그릇을 더 주문하여 속을 확실히 풀고 다스리고 있었다.

돌아오는 길에 정몽주충신과 얽힌 옥산서원에 들려 내려오다가 어제 동생 편으로 채소도 솎아 보내준 북천농원의 김 회장께 들러 차 한 잔을 대접 받고 축사를 둘러보고는 집으로 돌아왔다.

집에 와서 보니 소고기 국을 끓여 놓고 불을 완전히 꺼지 않는 실수로 소고기국이 소고기 숯으로 변했지만 화재로 번지지 아니 한 것만 해도 정말 다행이라고 생각되었다.

10시 출발하여 12시 반경에 부산 연산동 단골 '초심정'에 도착하여 가지고 온 동동주 딱 한잔에 점심을 때우고는 동행한 시인은 한잔 더 하고 일어나겠다는데 식당 앞 좁은 길에 비스듬히 주차한 차주에게 내 전화는 밧데리가 방전되어 근근이 이웃의 도움으로 연락하여 집에 도착하니 집사람은 외출 중이었다. 뜻 있는 기억이 새겨지는 여행이었고 멋진 시인의 곳곳의 많은 문우들과의 돈독한 교류의 정을 부러워하면서 이번 나들이를 끝내게 되었다.

나보다도 계산 등에 재빠르게 앞장서는 민첩한 행동에 감탄하면서 이번에 진 신세를 다음번에는 갚아야 하겠다고 뇌까려 보면서 언제나 가도 포근하기만 한 고향 나들이를 끝내려 한다.

점점 깊어가는 수확의 계절 가을에 여기저기 얽힌 정도 나누고 단풍 짙은 가을 여행에 코로나 걱정 없이 뜻 맞은 사람들과 격의 없이 자연스럽게 나라위한 걱정 같이 하면서 흠뻑 빠져보고 싶다.

명절에는 고향 방문 옛 친구가 제격인데
살다 보니 인생살이 새 벗도 늘어가네
이번엔 인품 넘치는 그 사람이 딱 이네

또다시 시간 내서 내친 김에 시도하여
서투른 시조라도 한잔 술에 읊조리며
구수한 옛정보다도 새로운 정 얼씨구!

경자 중추 한로를 지나, 고향을 다녀와서
(문학도시, 2021.1)

머리 아픈 경자년도 지나가고 신축의 새해를 맞이하며

코로나19로 머리 아픈 경자년도 사라져갔다. 따지고 보면 지난해 사적으로는 아들은 어려움 속에서도 수원의 400여병석의 신생 종합 화홍병원장 취임 후 백대명의(척추 관절)로 선정되었다. 여식은 천연 염색 교육연구회 활동으로 부산광역시교육청 발간의 '부산교육'에 '자연과 함께 하는 부산 물드림 메이커 교육연구회' 활동이 소개되고, 필자도 기해년말 제7회 부산광역시 청소년지도자대상(교육부문 학술대상)을 수상하였다. 또한 서울누나는 서울특별시시우회(서울시공무원퇴직인 단체)소속 여성동우회(회장 최행지)활동으로 그 중 의료인출신인 회원들이 코로나 확진자 발견을 위한 서울시가 시행하는 드라이브스루 선별진료소 4곳에서 회원들의 참여로 봉사활동을 하였으며 동시에 인천국제공황에서 출입국자의 감염여부 확인검사에도 참여하는 등 이번 코로나 사태 봉사활동으로 기사화되는 등 우리가족에게는 어려움 속에서도 보람 있는 일들도 있기도 한 해였었다. 누나는 이제야 선친의 뜻을 물러 받아 자손들이 제몫의 빛을 발한다고 감흥에 젖어드는 가 보다.

새롭게 쌓을 희망도 크게 없는 안개 낀 정국의 흰소를 상징하는 신축년도 벌써 며칠이 흘러갔다. 코로나정국은 개일 희망은 아직 보이지 않는다.

할 일도 딱이 없어 이런 저런 수필 나부랭이들을 함께 모아 상재해볼까 정리 중에 시인 강선배로부터 전화를 받았다. 선배께서는 자기 고향에 문학관도 개설하고 뒷산에 수목원도 개원해보고 싶어 귀촌하여 보람을 느끼고 있는 모양이며 나에게도 권하고 싶어서 일거다.

처음 본인도 선친의 권유대로 그 당시 농학 특히 대학원에서 원예학을 전공할 때는 '농자천하지대본'이라 무너진 집안도 세우고 조상님들의 세전유산인 팽개쳐 있는 산림도 개발하고 장손으로서 성균진사이셨던 증조할아버지의 세업도 승계해볼 희망을 갖기도 했는데….

이제는 정년퇴직도 하였겠다 소망하던 귀향으로 어릴 때 할아버지의 취미이셨던 약초재배를 가끔 곁눈질한 덕택으로 다소 흥미를 가져 대학에서도 한동안 부전공처럼 강의하던 약용식물학도 실제로 돌보며 경험도 하고 고향생가 사랑채를 헐어버린 실책을 후회하면서 승천한 아내와 같이 꿈꾸던 고향에서의 노후 설계를 포기하고 지내니 도전정신이나 배짱 없는 나의 무기력함에 스스로도 자책이 앞선다.

박정희정권의 새마을운동과 지향적 중공업정책은 크게 성과를 거두어 단시일에 세계적 경제성장의 업적을 이루면서 너무 일찍 삼페인을 터트렸는지 이젠 아무도 경험해 보지 못한 잘못되는 정치로 나라가 베네스엘라 행 곤두박질치고 있다.

과욕은 금물이며 학자는 청빈해야 한다고 하시면서도 농지개혁법으로 입은 타격으로 꿈을 상실하신 할아버지와 교육자로서 제대로 꿈을 실어 펴지 못하시고 연이은 교육감 선거실패로 도중에 접은 선친에게 보답하듯 도전이라도 하라고 격려해준 아내 덕분에 고향에는 별다른 보답을 하지 못하였지만 여기까지 이룬 내 목표는 달성되었다고 자위하며 과욕을 삼가기로 하였다.

아직도 고향 생가에 가면 내가 지금도 보관중인 동의보감에 입각해 취미로 연구하시던 야생약초법제와 약초봉지 챙기시던 할아버지 모습과 이번 아들의 백대명의 선정과 관련하여 재직 중에 내가 강의하였던 유전자관련설을 상기해 본다.

어린 시절 사람들이 기후조건으로 남단에서 의문시하던 고향 방화리 모동부락에서의 작은 터이지만 선지자적인 개척정신으로 까다로운 조건의 인삼재배에 성공하여 계속하여 확산시키지는 못하였지만 사랑방에 백삼 말리시던 할아버지 모습이 떠오르곤 한다.

항상 선비는 오얏나무 아래에서 갓끈을 고쳐 쓰지 마라 하시던 마지막 유학자이신 할아버지 말씀과 역지사지로 상대방의 입장을 생각해 보라 하시던 교육자이셨던 선친의 가르침을 제대로 행하지 못하였더라도 간직이라도 하면서 제자나 자식에게도 먹혀들어가지는 아니하더라도 전달이라도 하려던 노력도 생각난다.

지금 거짓과 위선 그 뻔뻔함이 판을 치는 현 정치풍토에서 어릴 때 서예로 아침새벽마다 할아버지 앞에서 동갑내기 삼촌과 함께 '수신제가치국평천하'와 '유둔전권학문' 등을 배우면서 고향사랑과 숭조상문의 정신이 이어져 옴을 느낀다.

지금 생각해보면 80~90년대 대학 내에서 열풍처럼 번지던 좌파사상인 주체사상(PD계와 NL계)과 시위주동학생들과 토의에서 자기들 행동이 어떤 경우라도 궤변적으로 정당하다고 믿는 것과 찰떡같이 약속하고도 지키지 않는 일들이 생각난다. 또한 지금 정치판에서 민주화 학생운동을 내세우며 활동하는 정치가들을 보면 그 당시 그들이 민주화운동을 표방하면서 지하교육에서 자가당착 식 이기주의에 젖어하던 행동들이 더욱 단단하게 형성되어 지금 현 사회에서 부지불식간에 이시타비(내로남불)로 나타나는 것이 아닌가 생각된다.

'오른 빰을 맞으면 왼 빰도 내 놓으라' 거나 '원수를 사랑하라'는 말씀과 '자비를 베풀어라' 도 선정적인 종교적 가르침이라 판단된다.

요즈음 고향 하동출신의 청소년들의 가요에 대한 예술성의 발로를 청취하면서 지리산의 기상과 남해안의 포부와 섬진강의 풍요로움과 함께 성장한 우리 청소년들이 선배들의 문학정신을 이어받아 문학수도 하동의 위상을 더 높이고, 소리예술의 극치를 이루던 국악정신을 계승하여 예술성을 더 높여 내 고향 문화정신을 고향뿐만 아니라 전국적으로 확산시켜 가길 바란다. 뿐만 아니라 더욱더 정치로까지 포근함과 즐거움을 다함께 승화시키는 정의사회의 꿈을 펼치는 계기가 되는 소처럼 우직하게 뚜벅뚜벅 앞으로 나아가는 새해원년이 되도록 기원합니다.

신축년의 새해를 맞이하여, 고향의 발전을 기원하며

(하동군민신문, 2021.1.15)

제5부

상식과 인정이 흐르는 살기 좋은 사회로

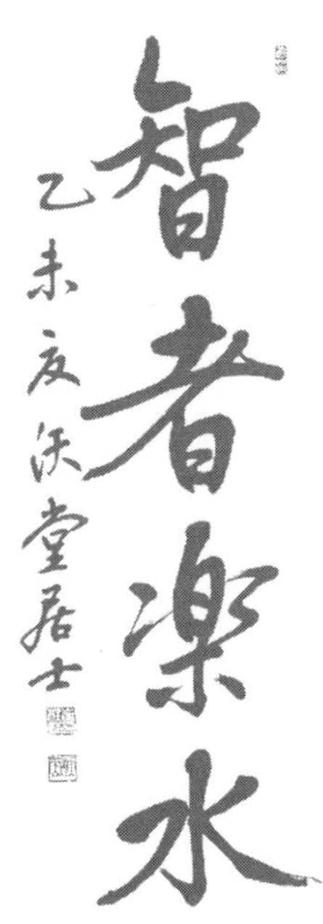

지혜로운 사람은 물을 좋아 한다.

(많이 아는 자는 사리에 밝아 물이 흐르듯 막힘이 없다.)

경자 년 새해단상

내 생애에서 두 번째 맞이하는 경자년 새해 아침이 밝았다.

2020 경자! 숫자조합은 주역으로 해석해보면 그렇듯 한데 경자는 어릴 때 흔하던 초등학교 여자동무들 이름 같아서 친밀하기도 하지만 뭔가 뉘앙스가 다소 호기심이 부족해서 정국 돌아가는 것과 어울려 희망보다는 좀 기대에 어긋나는 것 같다. 연말에 강행된 말썽 많은 국회법안 처리에 다소 회의적이라 새해연초 부터 기대감보다는 어깨 힘이 쑥 빠지는 듯하다.

그래도 예전처럼 태양은 솟고 국가와 자손들도 이어나가니 중단하거나 포기할 수도 없는 삶과 나라사랑하는 마음이다.

나라가 뒤죽박죽으로 온통 분열로 치닫고 있어도 대통령을 비롯한 집권자들은 화합을 위한 노력은커녕 네 편 내편 가르기로 오히려 부추기고 있는 것 같아 마음이 찹찹하다.

연말에 또 한다사 동인지가 제대로 발간되지 못하여 함께 발송하려던 연하장에 차질이 생겨 주로 스마트 카톡으로 임시 대처하다 보니 뒷맛도 씁쓸한데 그나마 급히 챙긴 몇몇 연하장 발송에 존경하는 은사님으로부터 황송하게도 칭찬과 감사의 전화를 받으니 마음이 놓인다.

고향 북천의 생가별장에도 새해의 햇볕이 비춰들었을 터인데… 예전에는 연말을 고향집이나 울진의 동해바다 해변(죽변)가에서 자녀들과 같이 보내던 추억을 떠올려보며 지난해에 운수 좋아 부산 청소년지도자 대상 수상(교육부문 학술대상) 외 별 성취한 일도 없이 한 해를 보낸 것 같아 반성도 하면서 10년이 지난 일들의 회상에 잠겨본다.

엊그제 부산서화회원전 창립 37주년 제 36회 회원전시대회에 초청받아 대단함을 느끼면서 노력한다고 하여도 발전은 고사하고 자꾸만 뒤로 발전하는 본인의 필력을 실감해 본다. 새해에는 세상 돌아가는데 남 탓만 할 일이 아니라 그 예전 할아버지, 아버지의 서예에 전념하시던 모습을 떠올려보며 특단의 조치라도 취하면서 조용히 서예에라도 매달려 더욱 정진해봐야 하겠다는 다짐을 해본다.

20년 거주하던 정들었던 아파트 단지 내에서 이사지만 그래도 서툰 것도 있고 대충의 정리는 끝났지만 또 다른 이웃과 정을 나누고 마음을 잡는 데는 또 다른 노력이 필요한 것 같다.

세계경제도 잘 돌아가는 것이 아니지만 OECD 국가에서 우리나라의 발전 속도가 최 하위권으로 추락하고 우리들이 60년대 선망의 대상으로 삼던 베네수엘라의 전철을 그대로 닮아가고 있는 것 같아 걱정도 되고 뒷걸음치는 국가사태에 화풀이도 할 수 없고 속만 태울 뿐이다.

걱정거리인 동생이 퇴직 후 골머리를 앓다가 그나마 다행으로 김

회장의 북천농장에 출근하여 뭔가 희망으로 풀어질 것 같아 도움의 손길을 벋쳐준 김 회장에게 감사할 뿐이다.

백세시대라곤 하지만 벌써 주위의 지인들이 한두 명씩 다투어 떠나고 그런 차가움을 맛본 나로서는 이제 겨우 안정되어 가려는 가정에도 힘에 겨워 정신을 집중하기에 신경이 쓰인다.

슈바이처같이 잘 키웠다고 공칭찬 받는 아들이 그래도 전통적 우리 가문의 효도를 이어갈려는 노력으로 애쓰는 것 같아 대견하며 연말에 맛있는 것 같이 드시라고 보낸 특별용돈을 나누어 집사람에게 주니 시장 봐와서 보답한다고 집에서 나부대는 것을 보니 새어머니 노력하는 것도 쉬운 것이 아니라는 생각도 든다.

"백년을 살아 보니"의 김형석 교수님의 황금기 노년의 65~75세를 넘기는 회고처럼 마음이 차분해지며 어떻게 이룩한 나라인데 쉽게 망하기나 하겠느냐?!고 다짐하면서 언제라도 떠날 준비와 건강에 유념해야하겠다는 새해연초의 각오에 차분하게 마음을 가라 앉혀본다.

조상님들이시여 올해도 부디 보살펴 주시옵소서!

경자 원단, 서재에서

(부산수필문예 38호, 2010 봄)

경자년 추석을 맞으며

어릴 때 명절을 손꼽아 기다리며 명절빔으로 마련한 새로운 옷이나 신발을 미리 신어보고 즐거워하는 것도 큰 기쁨이었다. 이젠 어른이 되니 즐거움 보다는 부담만 따르지만 올해 추석은 시론에 맞추어 가족들도 모이지 않고 조용히 쓸쓸하고 외롭게 지낼 예정이다.

일전에 벌초 성묘하러 고향에 들렀는데 고향 북천 코스모스. 메밀꽃 축제장 꽃들은 하나둘씩 피기 시작하는데 봄 꽃양귀비 축제처럼 가을축제도 코로나 확산으로 공식적으로 불가할 것 같다.

코로나 사태로 친구들과 적조하고 스트레스도 바쳐 몇몇 모험심 있는 친구들은 내질러 보자고 코로나에 대항이라도 하듯 한번 모여 보자는 시도로 하동군 진교 술상 바닷가 전어회 파티도 별다른 문제 없이 끝맺음을 잘 하게 되었다.

국가 홍보에 따르듯이 이번 추석명절은 가족 간 비대면 명절로 아들도 이번 봄 종합병원 화홍병원장 취임에다가 코로나 사태가 겹쳐 몸 빼기도 어려워 추석제사 직접 참여 없이 어려운 추석명절을 지냈다. 코로나 아니더라도 세월은 흘러가고 세월이 가면 우리들 세대는 노약함에 이르게 되고 지금은 백세시대라곤 하지만 우리 젊었을 때만 해도 칠십 세에 승천해도 호상이라 하였는데 지금시대에는 아닌 것 같다.

코로나 확산으로 세상은 요지경이고 경제정책 실패에 설상가상으로 코로나 한파까지 겹치니 모두 다 못살겠다는 아우성인데 독불장군인지 정신 나간 지도자들은 결국 나라를 망쳐먹을 작정인지 우선 먹고 보자고 코로나 핑계로 흥청망청 꼬락서니가 영 말이 아니다.

이런 와중에 친히 지내던 친구들도 그사이 연로해지고 화병도 나는지 하나씩 둘씩 떠나가고 오늘 아침에도 친구의 심근경색으로 승천 소식이 들리니 심근협심증이 있는 나로서도 마음이 찹찹하다.

세간에는 고위공직자인 모 법무부장관 아들 군복무 문제로 군대에 안가도 될 아들 군대 보내서 공짜 치료하고 카츄사 입대시켜 영어훈련 시키면서 집권당 대표 백으로 반쯤은 집에서 휴가 지내면서 황제군인 복무할 욕심으로 군복무 시켰다가 뜻대로만 안 되고 탄로가 나 문제가 되니 거짓말이나 유언비어가 난무한 것 같다고들 한다. 엎친데 덮친 격으로 또 다른 국방문제로 어자원 감독관의 연평도 근해에서 월경문제의 북한만행으로 세상이 떠들썩하고 시끄럽다.

코로나확산, 부동산문제, 공직자부정, 선거부정의혹, 검찰개혁, 공수처 설치, 북한 퍼주기 안달, 경제파탄, 시국에 대한 카퍼레이드 시위 등 문제투성이로 국가가 베네스엘라행 파국열차에 탑승하고 속도를 내는 것이 아닌가하고 정가뿐만 아니라 세상이 온통 시끄럽다.

국민도 좀 부자유스럽지만 코로나에 대처해 접촉을 삼가하고 개인위생에도 철저해야 하겠지만 국가도 코로나 방제에 대하여 일관성 있게 대처하면서 코로나방역은 전적으로 국가책임이지 교회집회나 광화문집회나 국민 탓으로 돌릴 문제가 아니란 것을 명심하여야겠다. 국가가 무엇보다 우선으로 국민의 생명과 재산을 어떤 일에 있어서도 자유민주주의 신념으로 최우선하여 지켜주어야 한다.

국가의 발전과 평화는 국민과 정부당국간에 서로 소통을 통하여 신뢰가 형성되어 함께 협력해 나가야만 이루어진다고 판단된다.

국가당국이 자기편만 챙기고 비판세력은 적대시하면서 남 탓 만 하며 자유민주주의에 반하는 정책은 부분적으로 잠간은 이루어질지 몰라도 대한민국에서 영원하게 발전되리라고는 결코 판단되지 않는다.

우리 모두 개인과 나라의 발전과 평화를 위하여 자유민주주의 바탕위에 서로 소통하여 협조하고 새마을 정신인 자조, 근면, 협동으로 쓰러져 가는 모국 대한민국을 다시 일으켜 세워 보시지 않으시겠습니까? 이렇게 하는 것이 먼저 간 친구들에게 남아 있는 우리가 할 일들이라고 사료됩니다. 모두들 건강에 유의하셔서 전통의 풍요로운 한가위 되길 바랍니다.

추석을 바로 눈앞에 두고

(chosun.com 토론마당, 2020.8.28)

고향 하동의 기를 살리는 정동원 열풍이 펴져나길

전 국민의 관심을 사로잡아 크게 위안을 주었던 청취율 1위 미스트트롯 경연대회도 끝나고 별 관심이 가는 프로도 없어 코로나 사태로 집구석에 폭 쳐 박혀 있다. 즐겨야할 프로도 없으니 연신 재방을 보기도 하지만 출연자들 재주뿐만 아니라 그들의 태도에서 감동을 자아내는 것이 있다. 단체전에서 팀원에게 부담이 될세라 각자 자세를 낮추며 화합을 이끌어 내기도 하고 또 개별 전에서도 상대방을 배려하며 상대를 인정하면서도 그보다 더 잘 하려고 노력하는 태도 등도 확연하게 보였다. 특히 '장민호' 출연자와 '정동원'의 맛 대결에서 보여주는 끝나고 안고 나오는 풍경은 전 시청자의 박수를 받으며 저런 풍토가 진창이 되고 있는 우리 정치권에서도 보여 줄 수는 없을까? 하는 바람은 나만의 지나친 욕심만은 아니겠지요!

이 광경을 보면서 정동원군이 태어나 자란 곳이 지리산이 병풍처럼 둘러싸 정신을 평안하게 하고 앞에는 망망대해 남해가 넘실대며 희망을 솟구치게 하며 섬진강 휘돌아 심신을 살찌게 하는 내 고향 하동, 아직도 오염되지 아니한 이병주님을 위시하여 정말로 많은 문인과 예술인을 배출하여 특히 문학수도란 위상에까지 오르게 된 하동이 떠오르며 자랑스럽기도 하다.

'고향이 따로 있나 정들면 고향이지!' 말들을 많이 하지만 어릴 때부터 자라면서 부지불식간에 쌓여가게 된 정서와 환경의 영향은 떠나지 않고 어른이 되고서도 인격형성과 자아실현의 밑바탕이 되고 있음은 주지의 사실이다.

예술의 경지는 후천적 습득보다 선천적 소질이 더 중요한 것은 사실이겠지만 대성하는 데는 본인의 노력도 필요하겠지만 주위에서 격려해 주고 협력해주는 것이 많다고 해서 지나치다고 할 수 없는 것이다.

전번에 하동장학회(이사장 이양호)에선 정동원군의 대학 졸업 시까지 학자금을 장학금으로 지급한다는데 멀리서나마 박수를 보낸 적이 있다.

정동원군이 아직 어리니깐 남에게서 보기 드문 착하고 순수함이 그대로 욕심으로 때 묻지 아니하고 잘 유지되면서 개인적으로도 잘 성장되어지길 바란다.

앞선 미스트롯에서 송가인 가수께서 본인의 영광은 물론이고 자기가 자란 진도의 순수함도 아울러 자랑하듯이 우리 하동의 자랑 타고난 신동이란 정동원군도 끈임 없는 노력은 물론이지만 그가 잘 성장하여 대성할 수 있도록 주위에서 특히 산자수명하고 오염되지 아니한 고향 하동의 정기를 이어 본인의 영광은 물론이지만 하동의 명예도 더 높여주길 바란다. 또한 우리군민이나 고향을 떠난 사람 모두가 성원해 마지않기를 바라며 이번에 그들이 보여준 상대에 대한 배려와 협조정신도 물결처럼 여러 분야로 퍼져나가 우리 고장 하동도 더 살기 좋은 고장으로 발전해 나가길 바라마지 않는다.

부산에서 한식날 고향을 그리워하며

(하동군민신문, 2020.4.17)

상식과 인정이 흐르는 살기 좋은 사회로

무술戊戌년 새해가 밝았다. 올해 전국교수회의 사자성어는 그릇된 생각을 버리고 올바른 도리를 행하자는 정의사회를 염원하는 파사현정破邪顯正으로 정했단다. 무戊와 술戌은 오행으로 토土에 해당하여 생각思과 믿음信을 표하여 변치 않고 모두를 포용 중화할 수 있다는데 지난해의 극심한 갈등과 반복을 중화하여 나라가 바로 세워져 나가길 온 국민은 바라고 있다.

국민 누구라도 일시적이 아니고 자유롭고 부를 누리며 국가가 발전하고 사회가 안정되고 인정 넘치며 서로 믿으면서 건강하고 행복하게 오래 살기를 바라지 않는 이가 뉘 있으리오?!

세월은 잡아도 멈추지 않고 유수처럼 흐른다는데 이왕 흘러가려면 지난해의 갈등과 기만, 자칭 정치지도자들의 사악한 이기심과 포퓰리즘으로 국민을 현혹하는 정치적 적폐부터 흘러 보내버리고 청산되어지기를 바라는 마음들이다.

관행으로 인정되어 온 것도 시대의 변천에 따라 잘못되었다고 판단되는 것은 앞으로 국가발전과 더 좋은 정의사회로의 진척을 위하여 개선되어져야만 한다. 어느 정권에서나 필요악이었던 폐단은 시대의 변천과 함께 똑 같은 맥락에서 적폐청산의 단계를 거치는 것은 정말 바람직하다.

적폐청산이란 미명아래 '내로남불'이나 정치보복성 행태가 가미된다면 이것은 다음에도 똑같이 반복될 수 있으며 국가는 말할 것도 없이 사회전체가 망신창이로 되며 결국에는 정권 당국자들도 역사적으로 국가를 망친 배신자로 길이 남게 될 것이다.

속담에 "우선 먹기는 곶감이 좋다"라는 말이 있다. 뒷일을 생각해 보지도 않고 먼저 먹고 보자는 행태에서 나온 말이다. 자원이라도 풍부하여 돈이 돌아간다면 임금도 크게 올려주고 수당도 많이 주고 복지도 한껏 올려주면 좋겠지만 마치 이집 저집 가서 무리하게 거짓으로 빚을 많이 내어 와서 자식들에게 생색낸다고 많이 퍼주고 위선 잘 먹이고 잘 입히면 결국은 그 부메랑이 자기 자식들에게 돌아온다는 사실은 명약관화하다.

1960년대 어려운 시절 미국에서 월남파병군인에게 지급하는 수당의 상당액을 정권 당국자나 지도자들이 착복하지 아니하고(약간의 부조리는 있을 수도 있었겠지만) 투명하게 그 돈으로 산업자금화해서 국가경제개발에 이용해 왔다. 국내의 저임금과 취업의 어려움에 독일에 광부나 간호사로 취업해 받는 임금을 담보로 해서 독일에서 차관으로 우리 경제개발의 시금석으로 많은 발전을 이룩하였다.

과거 역사적으로 구박받고 침략 받으면서도 우리 선배님들이 그렇게 못살던 나라가 발전하도록 끈질기게 애국하는 마음으로 허리띠를 졸라매고 그 어려움을 극복하여 모두 합심하여 근면 자조로 이룩한 세계 10대의 부자나라를 이렇게 갈등과 오판으로 선진국으로의 진입을 멈추거나 지연시켜서는 아니 될 것이다. 위선 경제가 안정되어야 삶의 질을 높일 수 있는 문화예술이 발전될 수 있으며 그 중에서도 특히 문학은 일반적으로 누구에게나 다가가기 쉬우면서도 생활의 질을 높이며 정서 안정에 기여함은 아무리 강조하여도 지나치다고는 할 수 없다.

이제 앞으로 우리나라에는 역학적으로도 대운이 열리려고 합니다. 이 갈등의 시대를 서로 화합하여 상식이 통하는 자유민주국가로 발전시켜 나가야 한다.

젊어 혈기 왕성할 때는 사회주의에 때로는 탐닉하기도 하지만 어른이 되어서도 변화지 아니하면 바보라는 일본사회 경구도 유학시절 많이 들었던 이야기로 우리도 한번 깊이 생각해 봐야 할 가치 깊은 이념이 아닌가 생각됩니다.

탈원전도 어떤 의미에서는 생각해볼 수도 있고 성장주도 경제도 한번 고려해 볼 문제도 있지만 우리국민은 국제평화와 공존하면서 자유로운 민주질서 하에서 상식이 통하는 정의사회에서 서로 믿고 의리도 지켜가며 국가와 개인이 같이 발전하면서 함께 행복해지길 바라는 마음 간절합니다. 또한 국민은 잠시 포플리즘이나 이념숭배의 현혹에 빠지기도 하지만 정상적으로 안정된 사회의 여권이 만들어지면 세계에서도 유태인에게도 지지 아니할 정도의 우수한 우리 한민족이 모두들 현실을 직시하고 미래를 생각하여 선거를 앞두고 올바른 판단과 선택을 하리라고 믿고 있습니다. 우리의 미래는 우리 스스로가 책임져야만 행복할 수 있다고 확실히 말할 수 있습니다. 모두들 건강하시고 행복하시길 기원합니다.

무술년 설날을 지난 후

(시와 수필 통권 52호, 2018 봄)

서울 방문과 청계산 등반기

아내가 승천한지 내년이면 꼭 십년이 되는 해이다. 3년 전부터 아내의 기제사만은 아들의 직장형편과 요즈음 세상 풍토에 적응하여 아들집에서 모셔오고 있다. 이번에도 여식과 사위 함께 갔었지만 나는 진주고 동기들과의 청계산 등산참가(4월 14일)로 하부는 늦게 하게 되었다.

올해 초등학교 입학을 하게 된 손자 녀석의 넘쳐나는 씩씩한 태도와 요즈음 초등입학생들의 대중 추세라는 영어스피취의 탁월함에 중등학교 영어교사를 십년 한 경험이 있는 본인도 감탄을 하면서 할아버지 닮았다는 최 뿔따구 개구쟁이 녀석의 고집에도 마냥 싫지만은 않은 개성도 엿보이는 것은 손은 안으로만 굽어서일까?

중학생시절 아내의 제자이기도 한 여동생과 집안부흥에 기여했다고 칭찬하는 누님도 함께 제사에 참여하였고 서울계수는 음식솜씨 좋은 재질을 유감없이 발휘하여 모두들 함께하는 좋은 자리였으며 울산숙모님의 기억과 격려도 한 몫 하여 제상에 아이스크림까지 진설되었으니…

제사를 마치고 여식과 사위는 다음 날 일정 때문에 자정께 고속버스로 하부하였다.

십 수 년 전 왼쪽 발목 골절 사고 후 그렇게 좋아하던 등산도 삼가하고 지금도 두 시간 이상은 걷지 마라는 정형외고 전문의인 아들의 충고를 실행한다고 하고 있지만 마침 다음날이 재경 진주고 동기들의 청사모(청계산 사랑하는 모임)등반이 있는 날이라 함께 할 예정으로 8:30분에 도곡동 숙명여고 앞으로 픽업하는 김 사장의 도움으로 전에도 하산 후 동석한 적이 있는(그때 과음으로 아들의 염려를 사게 했던) '옛골기와집'에 도착하니 9시가 조금 넘어 있었다.

기상예보는 비가 온다고 하였지만 오는 둥 마는 둥 하는 날씨라 아들이 마련해준 등산화를 신고 10여 명씩 두 팀으로 나누어 등반을 개시 하였다. 날센돌이 팀은 천천히 출발하여 상봉 못 미쳐 항상 잠시 쉬는 자리에서 합류하게 되었다.

출발 당시 보다는 조금 세어진 듯한 가랑비를 맞으면서 한창 자태를 뽐내는 진달래가 만개하고 대부분 등산로가 산등성이의 용맥과 일치하고 토양도 밟기 좋은 마사토로 되어 있었다. 중간 중간 손질이 잘 되어 있고 등산로 주위도 우리나라 소나무들로 건강에 좋다는 침엽수 특유의 피톤치드 풍기는 오솔길을 따라 그렇게 벅 차는 오름길도 아니고 조금 오르면 편편한 길이 교차된 정말 서울 시민들의 복 받은 청계산 등산로에서 정다운 옛 친구들과 오랜만에 함께하는 등산길은 몸과 마음 모두 편안하였다.

가랑비가 다소 세어지는데 정상 조금 못 미쳐 텐트가 쳐있고 의자도 있는 멋진 쉼터가 있어 등산개시 두 시간도 채 못 되었지만 여기서 모두들 쉬어가기로 하였다. 원래 이곳은 어떤 남자분이 조금 밑에 쉼터는 여자 분이 항상 장사하는 곳 이라는데 오늘은 비어 있어 비가 온다고 하여 쉬는 것이 아닌가 생각된다고 하였다.

짐을 풀고 먹다보니 중국 수정방이랑, 꼬낙 등이 나오고 내가 가장 좋아하는 막걸리와 이 회장 댁에서 부쳐왔다는 혀를 감치는 지짐이도 있어 20분은 더 계속해야 한다는 상봉등정을 그날따라 포기하고 좋은 등산로라곤 하지만 하산 길을 생각해 삼가 하면서 술자리를 이어갔다.

내려오는 길에 진달래(어린 시절 따 먹기도 바쁘던)만개한 등산로에서 모처럼 기념사진도 촬영하고 한때 우리나라 정체된 전화소통문제를 깨끗이 한방에 해결한 세계적 광섬유통신 권위자였던 강 박사와 이런저런 이야길 하면서 별 탈 없이 '옛골기와집'까지 하산하였다. 먼저 내려온 팀은 벌써 잘 구은 삼겹살에 탁주 한잔 곁들이기에 여념이 없었다.

비음주. 금주 자는 돌아가고 청계산 가까운 역 근처에서 자리를 한 번 더 가져 부일배 하고선 특별히 부산에서 온 돌아갈 기차시간이 5:30 시로 많이 남아 있어서 나를 위한답시고 오랜 만에 노래방 향연까지 제공한 정삼 친구의 수서역까지 데려다주는 배려로 수서역에서 조금 더 기다리다가 부산에 늦게 도착하여 집사람이 차려주는 늦은 저녁을 먹고서야 후딱 해치운 촌놈 서울 나들이를 마치고 또다시 부산 생활이 시작된다.

서울 친구들과 약속한 것처럼 봄. 가을 고향의 북천 꽃 축제에는 다시 만나 그간의 이야길 꽃 피울 것을 그려보면서 이번 상경기를 추억

속에 간직하렵니다. 그날의 호스트인 정삼 친구와 청사모 회장인 이 박사, 항상 서울에 가면 수고를 아끼지 않는 김 사장, 이번에 추억에 남을 사진을 촬영해 보내준 호수님! 역시 하동 고향이 같다고 언제나 마음이 편한 정태님, 그 외 모두들 건강하시길 바라며 감사드립니다.

기해년 4월 중반에, 부산에서

(문학도시, 2019.7)

오랜만에 상경하여 돌아와 회상하니

아내제사를 서울아들이 모신지 벌써 세 번째이다. 명절 때는 조상님제사를 모시러 아들도 부산으로 오지만 수술일정 등에 억매이다 보니 어머니 기제사를 모신다고 매번 부산으로 온다는 것이 사정상 너무 어렵기도 하였다. 요즈음은 제사를 나누어 모시기도 한다기에 3년 전부터 서울에서 모시도록 하여 제사 때는 여식과 함께 본인이 상경하고 있다.

여식이 마침 중간고사 중이라 조퇴 없이 오후 3:50분 SRT로 사위와 같이 갔었는데 그동안 훌쩍 더 커버린 손자 녀석의 영어스피치 솜씨에 십년간 영어교사를 한 적이 있는 본인도 감탄을 하였다. 다른 친구들은 “손자가 보고 싶어 서울까지 혼자 왔다가 가기도 한다.” 고 들었던 얘기가 생각나서 내가 너무 인정머리가 없는 것이 아닌가 하고 반성도 해본다.

조상님 제사는 우리 집 고유방식대로 당일 새벽(0~1시)에 지내지만 세월의 변화에 순응하여 아내의 기제는 저녁 무렵에(20~23시)모시고 있다.

또한 지방紙榜과 제문은 종가집인 전통방식대로 아직은 한문식으로 본인이 독축하고 있지만 "維歲次…… 중략…… 尙饗" 이란 제문을 읽고 나서는 어머니께 아뢰고 싶은 내용을 제주가 스스로 고하는 형식으로 이번에는 다음과 같은 내용으로 하였다.

음력 무술년 3월9일 아들 최선종은 어머님께 삼가 아룁니다.

하늘나라에 계신 어머니 해가 바뀌어서 돌아가신 날을 다시 맞이해 지난날을 생각하니 어머니 은혜가 하늘같이 크고 넓어서 헤아릴 수 없습니다. 이에 삼가 맑은 술과 몇 가지 음식을 차려놓고 공손히 받들어 드리오니 그 마음을 살펴 주시옵소서.

꽃이 만발하는 찬란한 봄날에 태어나서 누구보다 치열하고 아름다운 삶을 살다가 따스한 봄날에 저 세상으로 떠나신 어머님, 아직 살아계셨다면 이제 일흔이 되어 손주들이 무럭무럭 자라는 모습을 보며 무척이나 좋아하셨을 거라고 생각되어집니다.

저를 비롯해 아버지, 누나, 매형, 집사람, 재민이, 윤찬이 모두 건강하게 잘 지내고 있습니다.

인생을 살다보면 늘 힘든 일이 있기 마련이지만 그럴 때 마다 강한 정신력으로 어려움을 극복하시고 암 투병 중에서도 가족에 대한 무한한 사랑과 마지막 순간까지도 열심히 공부하시던 어머니를 생각하며 어떠한 어려움이 닥치더라도 어머니한테 배운 정신력과 치열함으로 위기를 잘 극복하고 있습니다. 이제 고등학생인 재민이와 내년이면 초등학생이 되는 윤찬이가 사회에 크게 기여할 수 있는 훌륭한 인재가 될 수 있도록 잘 보살펴 주시기 바랍니다.

아들 최 선 종 올림

아직은 며늘아기가 덜 익숙하여 고맙게도 음식솜씨 좋은 서울 막내 제수가 동생과 합작으로 형수님을 생각하여(남동생이 같이 굽었다는) 준비하여 왔다는 생선류와 나물류를 제사 후에 멧밥으로 먹으면서 지난 이야기도 하였다.

이번에도 여식과 사위는 제사모신 직후 밤 12:30분 고속버스로 하부하여 뒷날 직장근무에 별다른 어려움도 없이 보냈단다.

난 일 년 만에 상경한지라 부산에서 민영 친구에게 사전에 연락해 본대로 제사 파제날 마침 몇몇 친구들이(이제는 백수가 다된 과거에는 사회 중추적이었던)모여 한담을 나눈다는 경복궁역 옆 어느 유명한 식당에서 보통은 돌솥밥이나 갈비탕으로 생탁 한두 잔으로 끝내지만 그날은 술통인 내가 왔다고(지금은 나도 반통으로 줄었지만)제법 주거니 받거니 한 것 같다.

자리를 옮겨 커피숍에서 진주고 졸업 50주년의 행사를 유야무야로 보낸 것을 아쉬워하며 부산지구 회장을 또 맡은 본인의 제의로 2년 후 55주년을 Home coming day로 전국의 친구들이 모교 진주고를 중심으로 "유붕이 자원방래하니 불역락호아!(有朋自遠方萊 不亦樂乎)"를 외치며 노년의 즐거움을 한번 시도해 보자는 이야길 나누었다.

마침 또 다른 서울동기모임인 삼사년 전에 본인이 참석하여 미취하여 모자도 잃어버린 적이 있는 청사모(청계산을 사랑하는 목요산악회)가 다음날 청계산 아래에서 모인다는데 참석해서 오랜만에 친구들도 보고 싶었다. 형수제사라고 참석한 남동생은 보았지만 재건축으로 삼호가든 멋진 집으로 이사를 앞두고 있다는 누나와 곤지암 화담숲 입구에 커피숍을 시작하여 바빠서 틈내기도 어렵다는 여동생이랑 형제자매 한자리에 같이 보고 싶었지만 부산의 다른 일정도 있고 하여 다음 기회로 미루고 하부할 수밖에 없었다.

본인이 귀국하여(35년전) 속칭 보따리장사(시간강사) 2년 만에 동의대에 조교수로 임용되고 나서 친구들의 권유로 맡겨 된 진주고 35기 회장 임기 중 하계 야유회를 부곡지서장인 동기(김명철)의 도움으로 온천지 부곡에서 개최할 때 부산 마산 울산 친구들 모두 초청하여 백여 명도 훨씬 넘는 친구들의 먹을 음식과 술안주를 주관 회장 부인으로 몽탕 준비해주었다. 또한 1985년 11월 11일 진주공설운동장 실내체육관에서 65년 졸업한 진주시 3 개교(진주고, 진주농고, 동명고) 제11회 친선대회 주관기 회장 부인으로서 자동커피포트 등 손색없는 준비에 전력을 기울어서 내조해준 아내에 대한 고마움과 재발한 암투병중에도 가족에게 근심걱정을 기치지 아니하려고 부단한 노력을 기울인 당신을 회상해 본다. 집안의 대소사뿐만 아니라 모든 행사 때마다 이벤트의 여왕이라는 별칭에 알맞게 마련해준 당신을 아직도 기억에서 지우지 못하고 천국에서도 무슨 이벤트를 꾸미고 있나 궁금해 하면서 의붓자식 눈치 보듯 지금의 집사람 눈치 보는 나를 이해해 주시구려! 또한 2년 후에 진주고 동기들의 재회의 기쁨을 나눌수 있는 Home coming day가 성사되기를 꿈에 부풀어 기대하면서 세월을 유수처럼 흘러 보낼까 하오. 귀가하여 아들이 서울나들이 경비에 충당하라고 통장에 넣어준 성의에도 감사하면서 기쁜 마음으로 다함께 장락만세長樂萬歲를 힘차게 불러본다.

무술년 만춘에

(시와 수필 통권 53호, 2018 여름)

코로나 유행에도 벌초로 고향 방문은 하였지만

염량이 때를 알아 백로가 지나니 아침저녁으론 제법 선선하다. 올해는 윤달이 있어 계절과 벌초에도 여유가 있는 것 같다. 우리 집 풍습은 추석은 명절 전 벌초를 하면서 조상 산소에 성묘를 드리고 추석 후에 정식 성묘를 드리는 2중 성묘를 행하고 있다.

올해부터 친목계도 하나 만들며 가능하면 날짜를 맞추어 할아버지 형제분들의 벌초를 같은 날에 시행하여 자손 되는 친척들 얼굴도 한 번 보면서 행하고자 시도 하였는데 코로나19 사태로 국가에서는 모이지 말고 벌초 대행 업자에게 위임하기를 권장하고 있고 소통도 부족하여 우리 형제도 함께 잘 시행되지 못하고 말았다.

시간 나는 대로 고향에 있는 퇴직한 동생이 멀리 떨어져 있는 작은 증조할머니 한분만을 제외하곤 벌초를 완료하였기에 난 추석 전 성묘를 거의 끝내고 스트레스를 풀 겸 친구들과 하루 지내기로 하였고, 다음 날 한두 곳 남은 조금 먼 곳의 성묘는 아침에 비가 조금내리는 바람에 핑계 삼아 추석 때로 미루고 귀부하여 버렸다.

'공수래공수거' 라곤 하지만 얼마 전까지 건장하던 친한 약사 친구의 급격한 승천소식을 고향애서 접하며 놀란 가슴 쓸어 앉고 고향 생가에 들린 김에 여러 사정으로 친구들도 제대로 만나지 못하고 쌓인 스트레스라도 좀 풀어보자고 다소 걱정도 되지만 그래도 얼굴이나 한번 보자고 술상 바닷가 갯마을 횟집에서 마음 통하는 몇몇 친구들과 잠시 읊조리며 시국을 탓하며 함께한 전어회와 소주 한잔이 마음을 다소라도 어루만져 주기도 한다.

쇠주 한잔 드세 그려 또 한잔 먹세 그려
가을 전어 시리즈로 폭탄주로 마음 푸세
어차피 승천한 친구 따라 갈순 없잖아!

국가경제도 엉망이고 벌써 4차 추경예산을 편성 한다 어쩐다고 법석을 떨지만 국가경제는 나아질 것 같지가 않고 부동산 경제 잡는다고 20여 차례 거래법을 변경시켜도 효과는 없고 그 와중에도 소위 지도층이라 자처하는 국회의원이나 정부당국자 특히 청와대 직원들의 다주택 보유로 국민의 비난을 사면서 재산신고도 개판이고 일은 꼬이기만 한다.

국민의 분노로 광화문에 모여 시위를 하니 코로나 확산방지라는 미명으로 제재를 가하거나 미운 오리새끼인 사랑제일교회 집회를 탓하면서 추00, 윤00, 송00 사태는 수사를 하는 둥 마는 둥 잘도 빠져나가고 있다.

집권자들이 국민을 위하여 사리사욕을 버리고 공정하고 정의로울 때 국민의 존경을 받게 되며 국민과 같이 함께 뭉쳐야만 국난도 극복하고 발전을 이룩할 수가 있는 법이다. 고위직에 있는 지도층은 당리당략이나 이기주의에 몰두한 부정부패도 서슴지 않는 분위기이고 대통령은 편향된 이념에 국민 편 가르기에 전념하고 있으니 국가의 장래는 왕창 망하는 베네스엘라의 전철을 밟고 있는 것 같다.

전염병을 방제할 질병본부를 조직이나 직급을 올려주면 방제효과가 커지는 것으로 인심만 쓰고 있다. 이 판국에 제일 고생하는 의료인도 갈라치기하여 싸움 붙이면서 의료 질 떨어트리는 공공의료 정책과 공공의대 설립이며 환약 첩약 등 인심 쓰는 문제 많은 의료정책과 공정하지 못한 공직자의 연일 회자되는 문제며… 왜 정의의 기본이 되어야 할 법무부는 전임이나 후임이나 그렇게 내로남불의 말이 많은지? 공직자나 대통령께서 국민의 신임을 잃게 되면 국가운영에 부담과 문제가 생기게 되며 퇴임 후에 되풀이 되는 비극적 관행이 지금도 뻔히 눈에 보이는 것 같다.

아무리 위선 먹기 곶감이 달고 좋다고 하지만 막 빚내서 갖다가 먹이면 그 빚을 자식들이 책임져야 한다는 사실초차 모르지 아니할 진데 어쩐다고 국가공적채무가 1000조에 달할 지경이며 모든 정책 잘못도 코로나 탓 만하며 불경기를 논하는지 알다 가도 모를 일이다.

현대 의술이 고도로 발달된 지금 이 시대에 코로나 확산을 교회집회나 광화문 집회 탓이나 국민의 협조 부족 탓 하면서 개천절 광화문 집회도 코로나 탓으로 엄중 통제나 하며… 그 옛날 왕조시대 보다 못한 역병에 대한 대처가 국가를 좀 먹이며 아무도 경험하지 못한 나라 경영이 3년 만에 30년 기적처럼 쌓아온 우리나라 경제를 파탄 내는 것을 생각하면 도저히 편한 잠을 이룰 수 없다.

누가 대통령이나 법무장관에게 법률에도 없는 그런 막대한 권한을 주었는지 민주국가에선 상상도 할 수 없는 일이 궤변 통하듯 통하고 있으니 미치고 팔 딱 뛰겠다.

늦게나마 승천한 친구의 명복을 빌고 또 빌며 세상이 마음에 안 든다고 친구 따라 강남 갈 수도 없고 인생의 허무함을 애써 메운다. 자우지간 모두들 건강 하자구요!

경자 추분을 바로 앞두고, 부산에서

(하동문단 통권 16호, 2020)

도남재道南齋 시제에 참석하고

시절이 가을 추수가 끝난 음력 시월이라 조상을 숭배하는 우리 고유풍습에 따라 각 문중이나 가정에서는 시제를 지내기가 한창이다.

과거 우리풍습으로는 제주를 기준으로 4대봉제사가 관행이었고 시대의 변천과 의례준칙에 따라 2대 봉제사를 권장하고 있는 현실이다. 기제사에서 벗어나는 조상님들은 묘소에서 매년 한번 이상의 시제를 지내는 것을 오랜 전통으로 해왔다.

본인의 가정은 할아버지께서 생존해계실 때는 오랫동안 집안에 4대 봉제사의 가묘를 모셔왔기에 제사는 물론이지만 조상님들의 시제를 묘제로 지냈기에 산길에 제수를 지게에 지고 각 산소를 찾아 성묘하고 산신제와 시제를 지냈기에 어릴 그때는 몰랐지만 지금 행해보니 정말 행하기가 어려울 정도다. 그래서 우리집안도 물론이지만 지금은 대부분 재실이나 직계 가정에 모여서 청사로 행하는 것이 일반화 되고 있다.

우리 집안도 시조묘는 아직도 산소에서 춘3월에 배향하고 있지만 파조를 비롯해 내려오면서 분파가 되기도 하니 그기에 맞추고 윗대부터 재실별로 합사하여 시제를 행하고 조상님 중에 역사적 인물은 공공기관(자치단체)에서 따로 시제를 행하기도 하니 적어도 조·부모님들처럼 대여섯 곳은 참배를 해야 하는 형편이지만 두서너 곳으로 한정하고 있는 실정이다.

고향마을 북천 남포동에는 조부님의 주선으로 재실로 도남재가 건립되어 임진란의 진주성 전투에서 순직하신 바로 우리들의 소파조이신 모산공 할아버지(창렬사 배향)를 비롯하여 그 이후 조상님들의 64기를 배향하고 있기 때문에 반드시 참석해야만 하는 실정이다. 또한 옥종 내현재에서 그 위의 조상님을 모시는 시제랑 종 5대조이시고 대학자로서 지금 경상대 남명학 연구소에서 지방학자로서 '귤하 최식민과 계남 최숙민의 학문과 사상'으로 다시 조명되고 있는 귤하정에서 형제분 두 분을 모시는 향사와 북천 중촌 경현당(하동군 주관)에서 연관되는 다른 성씨의 제현 한분과 같이 네 분을 모시는 특히 조부께서 정성을 드린 경현당 시제에도 참배해야만 하겠다는 생각이지만 이런 저런 핑계로 참석치 못하는 경우가 다반사이다.

이번에는 평생교육원에 강의가 있는 날이어서 옥종 내현재 시제에 참석하지 못하였다는데 그곳에 참석한 제관이 20여명이 차지 아니할 정도라고 들었다.

우리 마을 도남재에는 필적도 좋으시고 해박한 지식으로 오랫동안 시제를 주관해주시던 정열 대부님께서 올봄에 별세하신 후이지만 이가 없으면 잇몸으로 하자는 각오로 어려움 속에서도 그럭저럭 치러냈다고 생각은 하지만 문제점이 많이 노출되었다.

특히 올해부터는 재실 옆 관리사에서 정말 오랫동안 자기 부군이 별세하신 후에도 홀로서 고지로 도남재 논밭을 경작하시면서 도남재 관리와 시제준비를 병행해주신 집안 할머니께서 연로하시어 자녀들이 모시겠다고 하고 본인도 섭섭하지만 딸네 집에 가 계시겠다고 하여 봄에 이사 가서 관리사가 비어있게 되었다. 세월이 갈수록 도남재 운영에 비용은 늘어가지만 재실 수입은 뻔하고 앞으로 일도 걱정이다. 이번에 관리사를 유지하기 위하여 대폭 수리하여 재실에서 시제를 모신 후 관리사로 옮겨서 종원들이 식사를 같이하면서 시제에 많은 종원, 특히 젊은이들이 많이 참석토록 음력으로 정해진 날짜 전후의 토요일을 택하여 시제를 모시면 젊은이 들이 많이 참석할 기대도 큰 효과가 없다는데 생각이 일치하였다.

그러나 문제가 있더라도 개인위주 보다는 젊은 후손들이 숭조상문의 정신을 이어받아 집안의 화합과 발전을 이어가도록 하여야하겠지만 이와 같은 시제법 등이 앞으로도 계속 행하여질까 걱정도 하면서 시대의 변천과 어울리는 조상 배향을 하는 방법들을 기대도 해본다.

그간의 지난 이야기를 나누면서 우애를 돈독히 하는 방안과 많은 종원이 참석토록 하자는데 찬성은 하지만 말만 앞서지 재정도 부족하고 뚜렷한 방법이 없다보니 답답할 뿐이지만 그래도 이번에 참석한 종원이 20명은 넘었다니 다행이라고 자위도 해본다.

난사 할아버지(본인의 6대조)께서는 큰 학자이셨고 같은 항렬의 형제분들 중에서도 산소가 기마용혈의 명당이어서 그 밑으로 자손이 번성할 것이라는 여러 지관들의 견해가 여러 사실과 잘 일치하고 있어서 본인도 풍수설을 거의 인정하고 있습니다. 난사 할아버지의 산소가 그 당시 그런대로 석물이랑 작은 비석을 세웠지만 유지관리에 부족했는지 오랜 세월동안 풍랑에 씻기고 축대도 허물어지고 볼품없이 되어가는 산소를 성묘하러 갈 때마다 죄송한 생각뿐이다.

선친의 유언대로 5대조를 비롯한 고조부 이후의 모든 산소는 본인의 주관으로 제대로 석물도 하였고 지관들도 돌아보고는 풍수적으로는 모두들 빠지지 않고 그렇듯 하다고 하는데 마음에 걸리는 6대조 할아버지산소의 새로운 단장은 어떻게든 본인이 살아생전에 해야 하겠다는 다짐을 해본다.

지금 사회 전반에 경제가 어려운데 산사람 뒤 치닷거리도 어려운 형편에 돌아가신 어른 산소단장 타령이 무엇이냐? 고 하겠지만 그 할아버지 밑으로 조사를 해보니 나의 친할아버지를 비롯해 종조부는 모두 일곱 분인데 조금씩만 협력하면 될 것 같다는 생각도 해보게 된다. 그러나 길에서 너무 멀고 비용 등 걱정이 앞서기도 한다.

마침 참석한 직계후손들에게 사정을 얘기해도 관심을 기울이지 않는 척 하시기도 하였지만 한분의 재종형님께서 적극적으로 협조해주시겠다며 추진해 보라기에 힘을 얻었다.

제사를 마치고 제주인 막걸리가 옛 맛이 난다며 몇 잔 나눈 술잔에 취기도 오르는 것 같아서 고향생가에 가서 두서너 시간 쉬었다가 부산으로 왔었다. 오는 길 금관가야 쪽 금정산 터널 내에서 교통사고 발생으로 많은 시간이 지체되어 사정상 집 가까운 식당에서 저녁을 해결하고 귀가하였다. 그래도 오랫동안 마음속에 두고 생각하고 있는 것들을 많은 자손들이 참석하지는 못했지만 털어놓고 애기라도 나누면서 방안을 모색했다는 점에서 속이 후련하다는 생각도 느꼈다. 매번 향사 등 집안일에 앞장서 힘써 주시는 일가친척과 도남재 관리위원회를 맡아 수고하시는 분들께 다시 한 번 박수를 보낸다. 모두들 건강하시고 다음해 시제 때에도 많이 참석해 주시길 바랍니다.

무술년 마지막 도남재 시제를 마치고

(한다사 제11집, 2018)

제6부

노블레스 오블리주의 책임 있는 행동

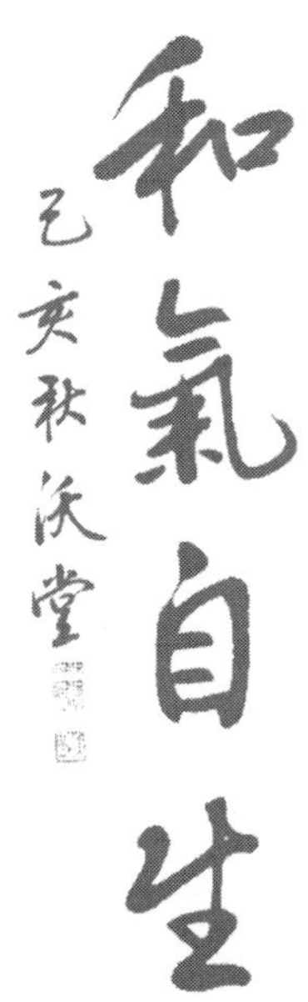

온화한 기운이 저절로 생겨나다

광복절 72주년을 맞이하여

오늘이 72번째 맞이하는 광복절 경축일이다.

그래도 다행히 경축식은 독립유공자 후손들도 초청되고, 위안부 할머니, 서독파견 간호사 등 예전과는 달리 형식보다는 제대로 모양을 갖추려고 노력하는 것 같고 특히 식 후반에는 김용환 애국지사의 독립자금제공의 실화극 '그날이 오면' 상연되는 등 진일보한 모양새를 갖추는데 노력한 것 같기도 하다.

남북한 모두 일제시대 압제에서 해방된 기쁨은 공동의 기쁨일 터인데 이런 광복절행사라도 서로 소통하면 좋으련만….

새 정부 그렇게도 적임자라고 하던 각료들 그 밥에 그 나물이고 나라 돌아가는 모양이 일촉즉발인데도 노동계 특히 현대자동차 노조는 국민보기가 부끄럽지도 아니한지?

현대노동자들은 자기들이 열심히 해서 현대를 성장시킨 것처럼 생색내고 사용자에게 기업 망할 요구만을 하고 있지만 사실 재벌들을 키워온 사람은 어려울 때도 국가산업발전을 위하여 성능 떨어지는 국산차를 국내기업발전을 위하여 국산품애용해온 국민의 힘으로 기업들이 성장해온 것이지 종사노동자들은 취업하기 어려울 때도 직장

보장받고 기업이 성장해서 튼튼해지니깐 타 기업보다 그래도 훨씬 좋은 대접받고 있지 않느냐?

생각들 해봐라! 어려울 때는 국가의 특혜도 있었겠지만 미국 당국의 기술적 자본적 협조와 우리국민들의 국산품 애용 협력이 얼마나 큰 발전의 힘이 되었는지 너희들은 한번이라도 생각해 보면 국민들에게 진심으로 감사드린 일이 아니겠는가? 이 경축해야 할 광복절에 파업투쟁이나 하면서 또다시 일본 토요타의 눈치 보는 기업이라도 되고나서야 개인도 망하고 회사도 망하고 난 뒤에나 후회해도 소용없고 돌이킬 수 없을 때 늦게 정신이 들게 될런지!?

정치가들도 한번 생각해 보시라! 악화가 양화를 구축한다고 여야당 없이 엉터리 정치가들이 더 날뛰며 판을 치고 국민은 안중에도 없고 재난이 나도 팽개치고 자기들 이익이나 외유에만 열 올리며 포퓰리즘에 젖어 자기변명에 만 몰두하는 또한 그 부끄러운 자리다툼의 추태들이 국민들 보기가 부끄럽지 아니한가?

국가광복을 위하여 독립자금을 조금이라도 문제없이 제공하려고 위장하여 자기는 파락호로 건달로 취급받으면서도 일본제국의 의심을 피하려는 김용환 애국지사의 그 애국심을…

국회의원이란 작자가 내연의 사람이나 두고 찾아가 부도덕한 짓이나 하면서 국민을 위하는체한 그 위선이 부끄럽지도 아니한가? 또한 지금의 너희들은 그 부끄러운 청문회에 지적받을 때 고개 숙이고 그때는 다 그렇게 했다며 탈세, 위장전입, 논문표절, 병역기피, 범법도 자기변명으로 일관해 온 부끄러운 사실들을 벌써 다 잊어버리고 목에 힘을 주려는 태도가 국민을 화나고 슬프게 하고 있지 않느냐!

사회시민단체란 이름하에 민주발전이란 위장으로 국가발전과 국민화합을 방해하며 앞뒤가 맞지 않는 억지로 사드전자파 운운하며 국가안위를 위한 공격이 아닌 보호용인 사드배치를 반대하며 자본을 탐하면서 공유하자는 공산화 이념으로 사리사욕에 탐닉하여 자유대한을 망치려고 하는 그 속셈이 잘못된 과거의 한풀이 망나니 짓거리가 아닌지?

지도자란 작자들이 자기는 아들, 딸을 특수고 보냈었으면서 특수고는 귀족학교니 앞으론 없애자 거나 자기는 부동산 투기로 일관하다가 투기단속 운운하는 '내로남불'의 위선자들이 정말 우리를 스트레스 받게 한심하게 하는 짓거리는 아닌지?

모든 법은 불소급의 원칙이 적용되어야지 별다른 증거가 새롭게 난 것도 아니면서 과거 간첩사건, 시국사건, 국보법 등을 지금의 잣대로 민주화세력으로 인정하여 거대한 보상으로 애국지사나 육이오 참전 유가족들보다 수십 배의 대접을 받으려는 것은 잘못된 것이며 인정된다 하더라도 평형의 원칙에도 어긋나는 것입니다.

자유와 민주를 위한 동맹의 주체는 물론 우리나라를 위하여서는 우리국민이 주체가 되어야 합니다. 국민의 대다수가 아닌 어느 특정계파의 이념을 주체로 해서도 아니 된다. 우리의 통일은 민주통일을 위한 상대를 흡수통일, 인위적인 통일도 삼가야하지만 우리를 적에게 갖다 바치는 자유민주가 아닌 굴복통일은 더더욱 생각할 수도 없는 방안입니다.

우리가 발전하고 더 행복한 생활을 영위하기 위하여서는 공산화보다는 민주화가 바람직하며 국가발전을 위하여 특히 지도자의 덕목이 필요하며 국민 모두가 소통으로 화합을 이루어야만 되리라고 판단합니다. 꺼져가는 국가의 위기를 구하고 국가를 되살리기 위하여 지도자는 사심을 버리고 진정성으로 국민과 함께 자유민주주의의 실현을 위하여 화합해나가길 바랍니다.

2017년 광복절에

(chosun.com 토론마당 사회, 2017.8.21)

노블레스 오블리주의 책임 있는 행동

정치뿐만 아니라 어떤 일을 시작할 때 잘 완수하기 위하여 초심으로 행하자는 다짐들을 한다. 초지일관은 나태해지거나 자만심에 빠지거나 생각을 바꾸지 않게 때문이다.

지금 우리사회나 국가 돌아가는 일들이 정상이 아니고 거꾸로 가고 있는 것이 아닌가 하고 야단들이다.

정의사회 구현을 위하여 노블리스 오블리주라는 사회지도자급 인사의 솔선수범이 무엇보다 필요하다고 본다.

먼저 생각나는 것은 6.25 한국전쟁 때 밴프리트 사령관, 아이젠하워 대통령, 크라크 UN사령관, 워커 장군, 미군 장성 등 고위층 아들들이 142명이나 참전하여 35명이나 전사했다는 사실을 접하고 자기 조국도 아닌 자유민주주의를 지키기 위하여 이역만리에서 목숨을 바친 UN군과 그들 지도자들이 존경을 받을 수밖에 없었던 책임활동을 생각해 보게 됩니다. 그들의 희생 덕분에 그렇게 어렵고 궁핍했던 우리나라가 자유민주국가로서 잘사는 선진국으로 도약할 정도로 발전을 이룩하였습니다. 지금 사회활동을 한다고 잘못된 위장평화를 외치면서 남북평화만 유지되면 다른 것은 깽판쳐도 좋다면서 잘못된 이념으로 위헌적 행동도 서슴없이 미군철수나 반미활동을 외치는 자칭 우리나라 지도자급 인사들을 보면 특히 그 중에도 자녀들을 미국에 보내고 있는 그들이 과연 지도자의 자격이 있는지 의심스럽기도 하다.

지금 우리나라 고위급 인사들 중 정부의 병역의무 해당자 가운데 70% 정도는 무슨 이유를 대서라도 군대에 가지 아니하였고 지금도 그들의 자녀들이 군복무를 하지 않고 이중국적으로 외국에 머물거나 또는 그 당시 신체가 부적격하여 면제되었다면서 항변하기도 한다. 그러면 사실증명으로 재검이나 정밀검사를 해보자고 하면 인권침해 운운하면서 얼토당토 않는 변명이나 생떼를 부리면서 보기도 안타까운 내로남불의 정수를 들어내고 있기도 하다.

병역의무 이행보다도 국가발전에 더욱 기여할 수 있다고 판단되는 특별한 재능 보유자, 산업체 발전기여자, 예체능 특기자 등 때론 종교적 이유의 집총 반대자까지의 특별한 경우에도 병역특례법으로 병역의무를 완수할 수 있는 법률이 있는데도 최근 대법원에서 양심적 병역거부에 종교적인 문제 외까지 부작용이 예상되는 정당성을 인정하였다. 세계에서 유일한 분단국가에서 법률 평등주의에 입각해서 국가가 존재해야만 평화도 필요하다는 자유민주주의적인 국토방위의 정당성이 앞으로 유지될까 걱정이 되기도 한다.

돗내기 시장이라는 것이 있다. 한국인의 효율성의 죽고살기식의 과잉효과를 말할 때 쓰기도 하지만 지도자급에서 너무 개인적이고 이기적이란 비판도 있어 바람직하지 않다는 생각이 들지만 내로남불과 함께 우리 지도층에 만연해 있는 것 같아 유감이다.

공직자나 공인으로서 국가나 지방자치단체의 시행사업에서 그 입안자나 시행자가 자기가 부담하는 제 것이라면 과연 그와 같은 정책을 시행할까? 하는 일도 많으며, 탈원전 상태에서 절전해야하는 당연한 경우에도 과연 자기가 경비를 부담한다면 저런 오판의 행동들이 가능할까 싶은 일들이 흔히 행해지고 있는 것 같다. 사후 그 정책에 대한 실적평가에서 잘못된 일이나 정책입안에서 결점이 인정된다면 어떤 점에서나 아니 도덕적이라도 관계자에게 책임을 묻는 방법들도 강구되어야 할 필요성도 제기된다.

과거 경부고속도로 건설 당시 자타가 공인하는 국가지도자란 사람이 건설을 저지하기 위하여 현장에 드러누워 생떼를 쓰기도 하였고, 경부고속전철 금정산 터널 공사시 도롱뇽이 사라진다고 단식투쟁한다고 설치던 어느 스님하며, 제주도 강정마을 해군기지 건설 반대 운동자들하며 그 외에도 사사건건 반대를 위한 반대를 일삼는 환경단체 회원들의 시비로 아까운 시간 낭비와 심각한 국민혈세를 낭비하도록 하고도 반성도 없이 지금 다 어디로 그들은 숨어 사라지고 말았는지?!

지금도 광화문이나 서울시청 앞 운동장 등에서 자기들의 집단이익만을 우선하여 억지 떼법으로 선량한 시민들 생활에 불편을 주고 국가발전과 질서유지에 엄청난 피해를 주고 있는 행동들이 정당한 의사표시와 행동인지를 다함께 생각해 보기로 합시다.

음주운전은 계도되어져야 하고 처벌되어져야 하며 윤창호법 통과도 중요하지만 그것보다 더 중요하고 시급하게 다방면에 심각한 악영향을 미치는 경제사범들의 방지책과 솜방망이식 처벌이 확고하게 되어져야만 경제적인 정의사회가 확립될 수 있을 것이다.

세상을 시끄럽게 하였던 조희팔 사건, 교수공제회 사건 , 저축은행사건, 해피소닉 문제, 어음사기사건 등은 사기당한 국민이 수만 명이고 그기에 따른 가족들의 생존에 관한 많은 문제점이 노출되었는데도 경제사범들은 수년간 형을 받아서 불과 몇 년 만 살다가 뒷거래로 감형 받아 나와서는 범죄수익 은닉재산으로 떵떵거리며 살고 있는 현실을 보노라 치면 악의 뿌리인 유사수신행위가 근절되지 못하고 한탕주의 사회가 팽배하여 정의사회 구현이 물거품이 될 수 있음을 명심해야 하겠습니다.

미래지향적으로 사회복지도 중요하고 더불어 잘 살아가야 하겠지만 포퓰리즘에 입각한 퍼주기 식 방식이나 우선 먹기는 곶감이 달다는 먹고 보자는 복지정책은 결국 우리 후세들이 감당해내기도 어려워 자멸하게 된다는 사실입니다. 세계에서 잘 나가는 나라 대다수가 우파국가이며 폭망하는 나라 대다수가 좌파성국가라는 실례들을 북한을 비롯한 베트남, 쿠바는 물론이고 남미의 좌파국가 베네수엘라, 아르헨티나, 그리스, 브라질, 페루, 컬럼비아 등에서 그 실례들을 보고 있지 않습니까?

우리 후손들의 안정된 국가미래를 위하여 국가 지도자 급 인사는 사회적 책임으로 솔선수범해야 하겠지만 우리국민 스스로도 지켜야 할 책임 있는 태도와 생활을 음미해 보며 실천을 다짐하도록 합시다. 그래야만 자유민주주의 대한민국은 영원히 발전을 거듭해 나갈 것입니다. 무술년도 저물어 갑니다. 다가오는 기해년에는 돼지꿈 많이 꾸시고 꿈이 이루어져 가정에 행운이 깃드시길 기원합니다.

무술년 떠나보내며

(시와 수필 통권 55호, 2018.12.15)

경칩을 지나고 춘분을 맞으면서

겨울잠에서 깨어난 개구리가 펄쩍 뛰어나온다는 경칩도 맞이했다. 아파트 정원에는 매화꽃이 피고지기를 재촉하는 것 같다. 새싹 다투기는 물론이고 빠른 곳은 백목련도 꽃을 피우기 시작하였다. 고향생가에도 산수유 만발하는 등 봄소식이 가득 찼을 터이다.

대통령께서도 어떤 소식에 의하면 휴가내거나 틈을 내어서 양산까지 내려와서 후일을 위하여 11년 계속하여 농사일을 손 본다고? 하신다는데 나는 농학(원예학)이 전공이고 정년퇴직하였는데도 나위 몇 살 더한다고 자신감도 잃고 고향 가서 남새밭도 손보고 두서너 곳의 감나무 접도 부쳐야하는데 게을러지고 활기도 빠져 부끄러울 뿐이다.

들려오는 소린 LH 임직원을 비롯한 '땅투기' 소식이고 책임을 느껴야할 국토부장관의 변명 아닌 망언을 들으면서 정말 이게 나라인가 싶다.

부산에서도 시장보궐선거에 한몫 잡으려고 앞뒤 가리지 않고 예산투입의 효과도 의문시되는 가덕도신공항이다 한일해저터널이다 해서 분란만 일으키고 있다.

어떤 국민이 지금 이 형편에 파주 문산~ 도라산 북한까지 고속도로(문재인 고속도로) 개설의 필요성을 제기하는지 골머리 아프다 못해 미칠 지경이다.

공짜에 길들여지면 안일만 추구하고 희망을 잃게 되어 모두가 패망의 길로 가게 된다고 베네수엘라는 일찍이 시범을 보여주기도 하였다.

어쩌자고 선진국 문턱에 들어서자 말자 하는 일이 잘못은 남 탓이고 코로나19 탓으로만 돌리는지 모르겠다. 반세기 전만하여도 고향에서 아침에 일어나면 근면, 자조, 협동의 정신 아래 새마을노래 울러 퍼지며 어깨 들썩이며 희망에 넘쳐 마당이라도 쓸며 좁은 골목길 손 보던 그 때 생각도 난다.

본인이 정년퇴직하면 먼저 명예퇴직한 조강지처는 고향으로 함께 귀향하여 생가 돌보며 아름답게 꾸며 도시의 공해에 지친 사람들에게 맑은 공기 마시면서 천송정 정자에서 폭포수 소리를 듣고 몸과 마음을 정화시킬 수 있는 아늑한 공간을 제공해주겠다면서 생전에 생가를 리모델링하기도 하였다. 또한 여생을 옥정리 남포부락에서 전주최씨 소종부의 자리도 지키고 부녀회장도 맡아 농민들이 피땀 흘러 지은 농산물을 제값을 받을 수 있도록 오랜 세월 근무한 적이 있는 부산시내의 중학교와 연계하여 판로를 개척해 주기도하고 고향을 위해 일 할 수 있는 마지막 기회로 하동군을 전국적으로 알리는데 앞장서보겠다는 각오를 다짐하기도 하였다. 그렇게 불태우던 의기도 재발하는 암을 이기지 못하고 새봄이 완연하자 고통 없는 하늘나라로 먼저 떠나가신 님 아내를 생각해서 다시금 귀향을 생각해봐야 하겠지만 재혼 후 실행할 계획도 수립 못하는 안타까운 마음을 달래며 간혹 띄엄띄엄 고향 행을 실행하는 것으로 위안을 삼으며 고향마을의 발전을 기원해 보는 것으로 만족해본다.

경칩을 지나고 춘분을 맞으며
(하동군민신문, 2021.3.18)

좋은 어른 자원봉사자 심화보수교육 참가기

교육부와 한국자원봉사문화법인에서 주관하는 청소년 진로체험 자원봉사활동참여 2년차에 접어든다. 사학연금재단에서 재능기부로 홍보하면서 권장도 하는 것 같아 3일간 교육을 받고 동래구에 거주하는 본인이 동래구 진로센터는 지원자가 넘쳐나 이웃 부산광역시 금정구진로센터를 희망하여 '좋은 어른 자원봉사자'로 6명이 배치 받았다.

마침 진로센터가 부산대역 부근의 대동대학교 평생교육원 건물 3층에 위치하고 있어 대동학원의 박이사장의 협력으로 7층 회의실에서 동래로타리클럽의 주회를 가끔 개최하는 바람에 본인으로서는 참석에 편리할 때도 있었다.

대전에서 개최되는 심화보수교육에 전번 6월에 신청했다가 개인일정으로 취소한 후 이번 7월 15일 서울에서 교육이 있어 초등학생이 된 손자도 한번 볼 수도 있겠고 하여 봉사교육에 참여하기로 하여 신청하였는데 많은 경쟁을 뚫고 90명의 교육인원에 선발되었다.

14일 서울에 도착하여 모처럼 손자와 저녁식사를 함께할 예정이었으나 손자녀석이 유행하는 수족구병에 함께하여 학교에도 결석하는 형편이라 아들과 둘만으로 진주식 음식점 '하모'에서 그 옛날 할아버지께서 좋아하셔서 소나무 순(솔잎) 따다가 담그시기도 하신 '송순주'(지금은 함양 양조장에서 상업용 시판) 한잔하면서 손자 윤찬이에 대한 기대와 교육이야길 나누면서 먹히지도 않을 우리 가문의 옛 전통교육방식도 화제에 올리기도 하였다.

다음날은 서울역전의 연세대학 빌딩 대회의실에서 종일 교육이었는데 첫째 번의 '시민사회 속 자원봉사자로 살아가기'의 이선미 교수(서울여대, 사회학)의 독일 유학의 지그문트 바우만의 레트로피아를 중심으로 한 자원봉사 역할 변화의 3단계에 대하여 흥미롭게 들었다. 우리 같은 보수적이고 특히 어릴 때 가부장적인 환경에서 자라난 온고지신으로 전통사상을 중요시 하는 나에게는 1단계: 선행으로서의 자원봉사, 2단계: 국가의 일을 돕는 소극적 봉사, 3단계: 시민이 하는 봉사로 시민들의 자발적인 단체와 모임에 대한 생각에 깊이 젖어보게 되었다.

특히 과거 1단계의 주는 자→받는 자에 대한 일종의 동정에서 받는 자의 의존성 증가가 3단계의 시민의 돌봄 네트워크에선 주는 자 - 받는 자 사이의 만족감의 균형을 이루어 서로 동등한 관계가 지향되어 상호지지와 상호의존의 관계로 법적 권리와 책임규정에 대한 이해와 작은 배려에 대한 감사로 인간적 성장을 위한 기회로 발전하는 측면을 이해할 수 있었다. 요즈음은 수혜자나 학생들의 권리요구가 당당해서 앞서가고 있는 예들을 실감 있게 이끌어 내어 열리는 민관협력 시대의 시민으로 살아가기의 공공성 추구와 2단계 권리와 책임, 3단계 다양성 존중과 의사소통에 대하여 지금 변화하고 있는 사회의식에 대하여 공감하였다.

다음시간에는 임상심리전문가의 성격선호도 검사법을 실제로 교육 참가자를 대상으로 하여 시행하였는데 성격검사를 활동성에 주의 초점으로 외향과 내향, 정서적 판단 결정으로 사고와 감정 형으로 판별하여 전체를 4가지로 (주도형, 표출형, 우호형, 분석형) 분류하여 판단하였는데 각 문형을 2단계로 하지 말고 중간단계를 고려하여 3단계(9 유형)나 4단계(16 유형)로 하면 통계적으로도 가능하고 성격유형도 더욱 세분화되겠는데 한의학에서도 4상 체질을 더 세분화하여 판정하듯이 성격유형도 세분화된 집단을 도출하는 것이 급진하는 현 사회세태에 더욱 적용할 수 있을 것이라고 판단되었는데 왜 그렇게 하지 않는지는 질문해보지는 못하였다. 그 후에도 좋은 어른 자원봉사 활동 안내교육을 받고 전국을 나누어 남부 지방권으로 부산에서도 권역별 교육을 예정하고 있다는 말과 이번에 통영지방에서는 30여명이 단체로 신청하여 전세버스로 참석하여 박수도 받았다. 마무리로 서로 소감 나눔은 끝내고 예정보다 조금 일찍 교육을 끝낼 수 있었다.

아들집으로 귀가하기 전에 민영 친구의 주선으로 진주고 동기 서울친구들 몇 명과 전에도 만난 적이 있는 교대역 부근의 진주식 음식점에서 6시10분에 만나 파전, 황태찜, 불고기버섯볶음과 가지약지와 씨레기무침을 안주삼아 '탁주일배 부일배' 하건만 건배횟수도 이젠 점점 줄어져서 들어가는 나이 탓으로 핑계하였다. 필자가 부산동기회장으로 작년부터 제안한 졸업 55주년 기념 전국동기회 개최가 진주지구의 30주년 기념모임 시에 경험한 개최부담감으로 공감을 사지 못하였는지 내년에 성사되지 못할 것 같아 55주년 고교 홈 커밍 대회 불발을 짓씹으며 내년에 고향 하동 북천 꽃잔치 때 뜻 있는 사람끼리 또 다시 한번 회포를 풀어 보자고 다짐 하였다. 어떻게든 선배님들의 관례로 공인된 60주년 홈 컴밍 모임의 성사를 기대하면서 인생정리를 해보자고 한다.

지난봄에 서울 친구들은 하동북천의 내 고향의 양귀비 꽃축제 잔치에 참여하지 못함을 되씹으며 오는 가을의 '코스모스. 메밀꽃' 축제에는 다시 뜻을 모아 모임을 가져보자는 다짐을 하였다.

퇴근길에 아버지 모시러 오겠다는 아들의 제의대로 이젠 다들 기량도 약해져 8시경에 헤어져 교대역 5번 출구에서 방금 도착했다는 아들과 같이 귀가하였다.

열이 내렸다가 오르기도 하면서 맥이 다소 빠진 손주녀석과 장난감 자동차놀이와 팽이 돌리기도 하면서 그 자랑하던 영어스피치도 제멋을 잃고 할아버지와 애써 놀아보려는 손주 녀석이 기특하기도 하지만 아무래도 김빠진 맥주 같은 손주녀석의 활기 빠진 몸가짐이 애처로워 어린이는 먼저 건강이 최고다를 중얼거리며 과거 우리 어린 시절 누가 키워주기 보다는 우리 스스로 형제들과 주위 친구들과 어울러 제대로 커져간 과거 세태를 되돌아보면서 어른들께서 하시던 "튼튼히만 자라다오"를 뇌까려 보며 억지로 복숭 한 조각을 권하며 먹이고는 오늘부터 손주녀석이 자기 방에 자겠다고 하는 소릴 들으면서 잠자리에 들었다.

다음날 일찍 아들과 함께 아침을 먹고 이번 서울방문은 한국자원봉사문화원에서 입금해줄 왕복여비에다가 아들이 주는 여비까지 합하여 손주 녀석의 전송에 넉넉한 마음으로 10시발 기차로 부산에 도착하여 집 부근 식당에서 냉콩국수 한 그릇으로 점심을 때우고 이번 유익한 심화보수교육 참가와 수족구로 맥 빠진 손자 녀석을 떠올리면서 부산 집에 귀가하였다. 며칠 쉬었다가 무더위가 본격 시작되면 하동북천 생가별장에서 무더운 여름철을 지낼까 한다.

기해년 초복을 지나고

(동래문예 20호, 2019)

음악회와 함께 하는 골프대회

나이가 들어도 꾸준히 할 수 있는 운동은 골프가 최고라고들 한다. 아름다운 페어웨이를 걸으면서 맑은 공기를 마시고 수려한 자연을 만끽하며 세련된 파트너들과 어울러 건강을 다질 수 있는 운동이다.

이십 수년 전 친구인 문 해군작전사령관(후일 참모총장 승진)의 진해부임으로 시작하게 된 골프운동이 흥미도 있긴 하지만 돈, 시간, 건강이 따라야만 할 수 있는 운동이기에 재직 중에는 서툴면서도 간혹 '진해체력단련장'으로 라운딩을 가기도 했었다.

이번 우리 '안락 S.K 골프동호회(회장 김진수)'의 박총무의 "가격도 비교적 저렴하며 저녁만찬에는 술도 제공하며"또한 권부회장님의 "명가수도 출연한다"는 등 두 분의 권유로 이웃의 애호가를 포함해서 20여명이 '해발 500m에서 펼쳐지는 필드음악회와 함께하는 17~18일 동전주 써미트 C.C(회장 김장수)에서 KGA한국골프연합회와 (주)JD투어개발여행사 협찬의 골프대회'에 본인보다 실력이 양호한 집사람과 같이 참여하게 되었다.

첫날 가는 도중에 먹게 된 점심은 '마이산고속도로휴게소'에서 우동 몇 그릇 시켜놓고 집사람이 마련해온 운반과정에서 모양이 찌그

러졌지만 정말 맛있는 비빕주먹밥과 또 다른 여성회원들이 준비해온 김밥과 강활주먹밥으로 맛있는 식사를 마치고 알맞은 시간에 도착하여 라운딩 중간에 즐긴 탁주 한잔에 조금 짭짤한 김치찌짐이의 공짜 안주 제공도 받으면서 첫날 게임을 즐길 수가 있었다.

저녁식사는 클럽하우스의 대식당에서 그런대로 잘 갖추어진 뷔페 음식을 들면서 기본적으로 덤으로 제공되는 생맥주와 소주잔을 기울일 수 있었다.

예정보다 늦게 8:30분에 시작된 섬진강코스 9번 홀에서 개최된 '제1회 한 여름 밤 써미트 음악회'는 '김병찬' 아나운서의 사회와 '손에 손 잡고'의 코리아나 '이애숙'과 낭랑 18세의 '한서경', 초대가수 '김혜정 '정연국'의 대금연주, '조창배 테너와 고은경 소프라노'의 합창, 그 외 색소폰과 통기타 연주와 분위기를 띄우는 치어리더와 막춤수준의 댄싱 팀으로 출연진도 저명가수와 다양한 분야로 이루어져 전국에서 모여든 50조의 골프대회 참여진과 지역주민들의 참여로 숲과 어우러진 잔디밭에서의 한여름 밤의 음악축제는 고원지대의 시원한 분위기와 어울리는 예술의 향취를 맛볼 수 있었다.

음악회 시작 전 김장수회장이 총동창회장으로 있는 전주생명고의 배트민턴부에 대한 격려금 지원과 10여명에 대한 장학금전달, 대학생 2명에 대한 장학금전달, 지역주민의 건강을 위한 장수희망상과 골프대회의 시상 등의 수여식으로 시간이 지체되었다.

부산에서 같이 간 팀원 중의 한분이 골프대회수상을 하게 되어 수상자가 짜고 미리 결정된 것이 아니란 것이 확실하였다. 시상식이 지체되자 지역주민 중 한분이 음악회를 빨리 시작하라는 항의가 있었는데 사회자가 지체되어 죄송하다며 빨리 진행하겠다고 사과했으면 좋았을 터인데 장학금 전달 등 좋은 일하는데 항의한다며 오히려 서로 큰 소리로 그만 두고 가시라는 말투의 공인으로서 옥에 티 같은 진행이 우리를 서글프게 하였다.

음악회에 참여하여 소개 인사를 마친 진안군수며 군의회 멤버들은 생색내기 인사가 끝나자 조금 지나니 슬그머니 사라져 버렸다. 끝까지 캔맥주 하나들고 자리를 같이하며 어울리는 회장님에게 다가가 우린 부산 '안락SK아파트 골프동호회'에서 5조가 참석하였다며 인사를 나누었다. 골프와 어우러진 음악회 발상이 멋지다면서 이번이 제1회 음악회이지만 앞으로 매년 이어가겠다기에 사정이 허락되면 다음에도 참석하고 싶고 이것을 소재로 글을 쓰고 싶다고 하여 허락을 받았다.

나로선 지역민과 골프애호가를 초청하여 한 여름 밤의 더위를 식히며 문화적 소양을 길러주고 지역 후배들에게 장학사업도 시행하며 주민과 같이 어울리는 화합행사가 선거를 염두에 둔 정치적 목적이 없이 성공한 지역민으로 자기 고장을 위해 '노블레스 오블리주'의 실천을 위한 순수하게 능동적인 골프와 감성적인 음학회가 서로 잘 어울러 지역문화축제로 발전하고 또한 전국 골프장으로 확대 발전하기를 기대도 해본다.

잔디밭에 참가한 분들을 위한 깔판을 준비하였는데 나이 좀 많으신 지역주민들은 2시간을 쪼그려 깔고 앉아있는 다는 것이 힘들었는지 처음엔 500여명의 인사가 막판으로 가면서는 특히 나이 드신 지역민들은 반 이상이 줄어드는 것을 보았다. 내빈 소개를 하는 VIP 손님에게 제공된 행사용 걸상을 모두에게 제공하여 2시간 동안 의자에 앉아 즐겁게 참여할 수 있도록 해야 좋을 것 같다. 저녁식사 시 클럽하우스 대식당에서 제공되던 음료수와 생맥주를 축하공연장 무대 곁에도 설치 제공함으로서 오랜 시간 연주회 참석에 목마름을 해소하면서 축배도 들고 모두가 서로 즐겁고 소통과 화합의 한마당 잔치가 이루어졌다면 더욱 기억에 남는 축제였으리라 사료된다.

고원지대 골프장에서 펼쳐지는 한여름 밤의 음악회가 성공적으로 확산되어 한껏 짜증나는 국내외 여러 정세에서 얻어지는 숨 막히는 스트레스들을 한방에 날려 보내버리고 마음들을 다소라도 위안 받도록 호남의 좋은 먹거리와 예술적 소양이 어우러지는 분위기에 따라서는 시낭송도 함께하는 이런 축제가 전국골프장으로 확산되어 메말라가는 우리사회의 정서함양과 건강향상이 이루어지고 골프장과 지역주민간의 소통이 이루어지길 기대도 해본다.

다음 날은 일찍부터 서둘러 예정대로 2차 라운딩을 마치고 점심은 다소 늦어지더라도 클럽하우스가 아닌 부산으로 돌아오는 도중에 산청군 생초면 어느 어탕국수가 일품이란 곳에서 기대보다는 부족하다는 평을 하면서 빙어튀김 곁들인 점심을 때우고 아무런 문제없이 예정대로 부산에 도착하여 '필드음악과 함께하는 골프원정경기'를 잘 마무리 지었다.

또한 이번 대회에 참여한 우리 회원 중 한분이 10여 년 전에도 기량과 운이 겹쳐 진해체력단련장에서 홀인원을 해서 동호회 잔치를 한 적이 있는데 평생에 한번 하기도 어렵다는데 그분이 10년 만에 이번 축제에서 또다시 이글을 하여 부산에 귀가해서는 아파트 옆쪽의 동촌오리집에서 즐거운 '이글축하 파티'로 이번 원정경기의 추억을 하나 더 보태게 되었다. 며칠 후에는 아파트 골프연습장에서 '이글축하 떡잔치'도 있다고 하니 이래저래 수확의 전초전이 밝게 빛날 것 같습니다. 앞으로도 안락 S.K 골프동호회의 화합과 발전을 기원하며 이번 가을에 개최하게 되는 '안락S.K 골프동호회장배' 대회에도 많이 참가하시어 그 진가를 발휘해 주시길 바라며 또한 내년 '제2회 전주 써미트C.C의 음악과 함께하는 골프대회'에도 우리 동호회원님들이 많이 참석하여 건강과 즐거움을 한껏 누리시길 바라며 수고해 주시고 참여해 주신 분 모두에게 박수를 보냅니다.

골프대회에 다녀와서 처서를 하루 앞두고
(문학도시, 2017.10)

제5회 세계 한글 작가대회에 참석하고

경주에서 11월 12부터 15일에 걸쳐 (사)국제PEN한국본부 주최의 세계한글작가대회가 개최되었다. 이번이 제5회 대회인데 처음부터 빠지지 않고 참석해온 조시인의 권고로 이번에 처음 참가하게 되었는데 보람도 있었고 흐뭇하기도 하여 소회를 피력해 보고자 한다.

우선 대회장인 경주 화백컨벤션센터와 힐튼호텔의 아늑함과 정돈됨이 마음에 들었으며 첫째 날은 김홍신 작가님의 사회로 개회식(손해일 대회장)과 여는 공연으로 경주시립예술단의 축하공연과 주낙영 경주시장님의 환영사로 우리 한글의 우수성과 경주 고유의 신라문화도 살리는 의미에서 적절한 느낌을 받았다. 그 외에도 문체부장관을 비롯한 많은 분들의 축사와 환영만찬으로 공식적인 첫날을 보냈다. 그 후 로비에서는 개별적으로 무한 리필되는 포도주를 각자 나누면서(개별적으로 가져온 그 지방특산물인 사과, 밀감, 땅콩 등을 안주삼아)11시까지 친교의 시간을 가졌다.

다음날은 특별강연(주제1)으로 독일 본 대학의 명예교수이신 알브레히트 후베 박사의 '날개를 편 한글 I'에서 훈민정음에 나타난 음양

오행설과 정보기술과의 관계에서 음양오행설에 관심을 가지고 접근하고 있다고 생각한 연사로서 성리학과 인체에 균형과 조화를 이루는 발성학과 음성학과의 관련 특히 세종대왕의 업적에 관한 탁월한 연구와 세종대왕은 온 누리가 담아있는 문자를 창제했다고 판단된다. 인공지능을 음양오행설만으로 해결가능하다는 차세대 컴퓨터의 아버지란 결론에 한글은 과학적이고 세계적인 우수한 문자라고 막연히 생각하고 있는 필자도 고개를 들지 못할 정도의 부끄러움을 가져다주는 듯한 우수한 연구발표라 판단되었다.

연이은 특강으로 '한글문학에서 세계문학으로'의 영국귀화인으로 서강대 명예교수이신 브러더 앤서니(안선재)박사의 한국시나 소설의 영역초기에 대한 활동과 역사에 대한 고찰이었는데 한국의 고전문학의 특수사정과 일제침탈기의 일본어 대신 모국어인 한국어를 말하면 벌을 받아야만 하는 역사와 소련과 미국의 지배를 받는 남북한의 분열과 분단현실과 한국전쟁의 발발과 그 후의 상황이었다.

남한에 남았던 작가들은 그 후 군사독재자들을 만족시키는 작품을 써야만 했고 사회적이거나 정치적인 문제들을 다루고자 하는 작가들은 심하게 징벌을 받았다. 전후 한국문학의 중심주제는 "역경을 딛고 승리하기" 이였으며 그 문학은 어느 정도 인간의 존엄성이 손상되지 않고 악몽 같은 사건들을 넘어 살아남는 것이 가능하다는 것을 목적으로 한 것 같다. 눈물과 피, 한숨과 신음, 땀과 죽음은 자주 등장하는 창조물이다. 유머는 별로 보이지 않는다는 특징을 가졌다고 판단하였다.

한국인은 다른 모든 사람들과 같지 않고 한국인의 악몽의 역사는 그들에게 부담으로 부과되었고 그 언어는 그들에게서 빼앗아 갔고 아직도 이런 문제들로 고투를 벌이고 있다. 시가 한국인들에게 의미하는 것을 찾기 위해 아직도 고통스러운 기억들과 숨겨진 침묵들에 접근하는 수단으로 간주된다고 하였다.

세 번째 연사로 문학평론가이신 임 헌영 소장(민족문제연구소)의 '평화의 파수꾼으로서의 한글문학'과 네 번째로 전 중국연변대 총장이신 김 영민 강사의 '한국 망명 지사들의 동아시아 인식과 주체성'에 대한 특강으로 첫째 날 특강이 마무리되었다.

중식 후 주제발표 1로 "어떻게 손잡고 함께 벽을 넘을까?"에서 제1분과는 "지역, 국가 간 협력방안1" 과 제2분과 "지역, 국가 간 교류와 협력방안II"로 주제발표와 토론을 끝으로 둘째 날을 마무리 하였다.

셋째 날도 빡빡한 일정으로 주제발표 2로 "어떻게 장르와 공간을 확장할까?"의 분과 3의 "한글 문학장르의 새 지평과 연대", 분과 4의 "한글문학 세계화의 범주와 확장"을 마치고 오후에는 문학강연으로 [한글의 역사성과 그 의미]에 대하여 4가지 명제의 강연으로 잘 마무리 되었다.

그 후로 힐튼호텔 앞 공원도로변에 세계작가대회 기념조형물 건립식을 가진 후 공식적인 폐회식과 한글문화축제 공연을 가진 후 포도주 넘치는 환송만찬을 끝으로 일정을 마무리하였다.

대회 중 저녁에는 로비에서 계속 포도주 곁들인 개별 친교의 모임이 계속되었는데 처음 참석한 필자로서는 생소한 얼굴들이였으나 처음 1회부터 빼놓지 않고 참석한 사교성 있는 조 시인의 도움으로 많은 유명한 작가들과 인사를 나누며 친교의 시간을 함께한 일들이 이번의 커다란 성과라고 판단된다.

특히 고향 초등학교의 한해 선배이자 친구인 문 해군참모총장(전)을 생각할 때마다 선입감으로 떠오르는 해군장교는 모두 사교춤도 잘치고 국제신사라는 개념에 젖어 있었기에 친근하게 다가온 여운의 인상을 남기신 전 제독과 윤 장군, 대구출신으로 문협 한국문화선양 위원장으로 대구특산물을 친교의 시간을 위하여 많이 가져오신 손 시인, 시카코에서 우정 오신 림 관헌님, 그 외에도 인사를 나눈 여러 저명 작가님들과 나의 마음을 빼앗아 간 '만횡청류'의 홍 시조시인, 특히 이번에 예총회장으로 선임되신 이 근배 원로시인님과 짧지만 친교를 가지게 되어 큰 영광이 아닐 수 없었다. 모두들 건승하시고 건필하시길 바라면서 다음에도 만나 뵐 수 있기를 고대합니다. 이번 뜻 깊은 제 5 회 세계한글 작가대회를 새삼 반추해보면서 한국문학의 세계화를 기원합니다.

기해년 11월 하순에

(한다사 12, 2019)

초임지 웅동중학교의 추억과 어느 일가

본인은 43년간(유학3년,중등학교 10년, 대학재직 30년)교육계에 종사한 사람으로 회갑기념문집으로 "천송정 세운 뜻은" 수필집을 2007년 상재한 바 있다.

이 책 96페이지에 '초임지 웅동의 추억'으로 1969년 대학을 졸업하자말자 웅동중학교에 초빙되어 근무한 추억이 기록되어 있다.

웅동중학교는 1908년 아일랜드인 선교사를 중심으로 웅동지역의 선각자들이 힘을 모아 계광 학원이 설립(고등공민과정 중심)되어 운영되다가 1919년 그 지역의 독립만세를 주도한 역사 깊은 학원이다. 일제의 탄압으로 제대로 운영되지 못하고 30년대는 폐교상태에 이르렀다.

해방 후(1946) 그 정신을 이어받아 그 지역 유지들의 뜻으로 고등공민학교로 개설되어 1952년 지방민들께서 합심하여 면립성격의 사학 '웅동중학교'로 출발하였다. 당시 그 지역의 호족세력인 박씨 일가(조국의 어머니인 박정순씨의 조부, 부친)의 참여도가 활발하여 사학출발 후 박씨 가문에서 이사장을 맡아 왔었지만 면민 모두가 주인의식을 가지고 있었다고 이곳 출신 선배 동료 교사로부터 들어 알고 있었다.

본인이 부임한 이후에도 학교 재정은 열악한 편이고 군부대 건설 지원사업의 협조 등으로 교사 증축 등 운영에 도움을 받아왔지만 인건비 지불 등 문제점은 제기된바 없었다.

그 후 본인이 공립학교로 전출한 후 1980년대 조국의 부모들이 슬그머니 차례로 학원이사장으로 학교운영에 적극적으로 개입하면서 조국과 그 부인도 이사를 거치면서 마치 학원은 조씨가의 세력으로 운영되어진 듯하다.

본인의 초임지라 많은 추억이 깃들기도 하였지만 가을단풍과 어울리는 왜정시대 건설되었다는 진해시 수원용 소사리 멋진 수원지와 민간인 출입이 제한되었던 구천동 자연계곡은 지금도 신비함이 가득찬 풍경이며 이순신대첩의 역사를 안고 있는 안골포해전, 용원에서 뱃길로 낭만어린 가덕도 낚시길, 지금의 용원골프장 그 지역인 두동리(간척개간중 물 때 맞추어 밤에 횃불로 고기 잡든 추억지) 가정방문에 얽힌 추억들이 지금도 선명하게 떠오른다.

그 당시 교사 소재지는 마천리 개천가 부근이었는데 진해시의 확장개발로 아파트 단지로 변하여 두동지구인 지금의 위치로 이전하면서 큰 지가차이로 운영형편이 훨씬 나아졌을 터인데 조국부친과 조국동생과의 학교재건축과 이전에 대한 건설경비와 은행대출과 관련된 제반 법률적 소송문제들을 보면서 이해도 안가는 측면들이 너무 많다.

노무현 대통령이 당선된 후 취임 전에 이 학교에 들러 대강당 건축을 약속한 후 강당준공식에 초대받아 그 후 학교의 요청으로(동의대 자연과학대학장 보임시) Willian S. Clark 삿보르 농업학교 창설자의 명언을 따온 "소년들이여 야망을 가져라"라는 제하의 특별 강연으로 근무시의 추억과 꿈을 가지고 노력하니 중학교사에서 대학교수로 학장으로 꿈을 키운 이야기와 가족이 모두 합심하여 뜻을 같이 하면 난치병(아내의 위암)도 치료된다는 이야기들을(지금은 결국 재발하여 승천하고 말았지만) 하여 박수를 많이 받은 생각도 난다.

이를 계기로 웅동중학교 홈페이지를 이용한 제자들과 소통도 한동한 이루어지기도 하였지만 지금은 두절된 상태다.

이 면립 성격의 전통 깊은 학교가 그간 세금 문제 등 비리의혹을 언론에서 접하면서 학원 모리배나 다름없다고 여겨지는 조씨 일가 사람들의 농간으로 명예가 실추되고 전통이 무너지고 이곳 출신의 학생들이 제대로 평가되지 못한다면 얼마나 서글프며 낙심할까도 걱정되기도 한다.

지금 많이 제기되는 조국의 인사청문회와 관련되어 내로남불의 허탈감이 앞서지만 나의 첫 부임지인 내가 아는 웅동중학에 대하여 의견을 올리는 것이 도리라고 판단되어 기억을 더듬어 대강을 진술하였다. 부디 여러 가지 과거에 제기된 웅동중학교의 운영 비리도 이번에 밝혀져 교육계가 조금이라도 투명해지길 지길 바란다.

기해년 처서를 앞두고
(chosun.com. 토론마당, 2019.8.23)

진주고등학교와 나와의 인연

학창시절을 지내본 사람은 그때가 풍요롭거나 힘든 시기였나를 불문하고 청운의 꿈에 불타고 젊음의 이상을 펼치고 희망에 활개를 펴던 고교시절이 가장 그립다고들 한다. 고교를 졸업한지도 육십갑자가 되돌아오니 그 누군들 그립고 추억에 젖어보지 않겠느냐만 나에겐 선대부터 얽힌 과거사도 있었으니… 진주고등학교가 설립된 지 곧 일백주년이 된다고 벌써부터 백주년기념사업회가 활동을 시작하고 있는데 그보다 2년 먼저 설립된 고향의 북천초등학교는 취학아동이 없어 학교존폐도 기로에 서있고 백주년 기념사업을 할 기미도 보이지 않는다.

내가 선대 친인척과 진주고와의 인연관계를 어름프시 알게 된 것도 고교 1학년 어느 때 인가 싶다.

내가 다녔던 모교인 진주중과 진주고는 그 당시 대개의 학교가 그러하듯이 그달 분 공납금을 다음달 10일까지 납부하지 못할 경우 등교정지라는 처분을 받게 되어 있었다. 공식적으로는 출결이 정지되어 결석으로 간주되고 간혹 시험기간 중에는 시험지에 등교정지라는 도장을 서무과에서 찍곤 했었다.

중학교 때도 그런 일이 있었던 것으로 기억되지만 고1 어느 기말고

사 어느 시기에 등교정지를 당할 처지가 된 적이 있었다. 학교구내매점에서 연락이 와서 찾아갔더니만 매점 주인아주머니께서 어떻게 알게 되었다면서 자기가 서무과에 보증을 해서 일단 문제는 해결되었다며 매점에서 팔고 있는 도너스도 주시면서 가끔 들리라고 하시며 복잡한 친인척 관계를 말씀하셨는데 그 후 계면쩍고 부끄럽기도 하여 일부러 멀리한 것 같았다.

나중에 알고 보니 진주중 때도 덕산고모님과 같이 집안어른들과 같이 뵌 적이 있는 바느질 솜씨가 아주 뛰어나다고 들었던 적이 있는 박씨 아주머니 이었다.

그 아주머니는 진주고 설립기성회 회장이셨던 박재호 공의 따님(선친과 고종사촌)으로 만석꾼 박씨 집안이 농지개혁으로 완전 파산하자 진주고 설립과 집안의 인연으로 진주고내 구내매점 운영권을 제공받은 것으로 알고 있다.

일제강점기 진주고와 진주여고 설립 시 진주지구를 중심으로 경남의 많은 선각자들에 의하여 일신재단이 창설되어 먼저 일신여고(진주여고)가 설립되고 우여곡절 끝에 일 년 후 일제의 농간으로 진주고보가 설립될 때 설립기성회 회장으로 거금을 쾌척하여 활약하신 박재호 공이 본인의 증조할아버지 사위되시는 분으로 할아버지 손위매부로 남매간이었다.

태안박씨 박재호 공은 집안에 서계 박태무 선생 등 많은 학자출신이 있는 명문거족으로 그 당시 진주지역의 만석꾼 대지주로 세거지지는 상까래 마을(진주시 내동면 삼계리)로 지금은 진양호 댐에 수몰되었다. 그의 아들은 박규석 공이며 한때 그들 농지는 서부경남 곳곳에 있었으며 서쪽으로는 나의 고향인 북천을 넘어 하동 횡천까지 걸쳐있었다고 들었다. 자유당 정권의 농지개혁법과 한국전쟁의 발발로 지가증권의 폭락과 적산공장이나 귀속재산불하 등에 재빠르게 대처하지 못하여 결국 완전 파산하고 말았다.

할아버지 회갑연 때는 외삼촌 회갑연을 멋지게 축하한다고 진주에서 국악소리꾼과 진주명물 칼춤과 무희, 기생들을 동원하여 고향에서 한바탕 구경 판을 벌인 적이 있었다고 하였다.

나의 증조부 되시는 弘字秉字 할아버지는 호는 퇴암으로 천석꾼 성균진사이었으며 가계를 승계한 할아버지께서는 고향마을에 조상이신 조선조 공신인 죽당 최 탁 선생(소현세자 익위사 익찬)을 배향한 인천서원이 대원군의 서원철폐로 훼철된 후 경인사(경현당)로 복원되는데 힘을 쏟으셨다. 선친께서는 일제강점기 교직에 종사한 관계로 해방이 되자 30세가 되는 해에 초등학교 교장으로 승진발령을 받게 되었다. 그 후 선친께서 북천고등공민학교를 설립하였으나 625동란 이후 폐교되고 말았다. 교육에 꿈을 가지신 선친께서는 자유당 정권 말기에 그 꿈을 펼치고자 교육자치제에 의한 교직원이력이 있어야 출마자격이 인정되는 등 선거법상으로 이상적인 교육위원이 선출하는 교육감에 3번 연거푸 도전하였으나 애석하게도 한표 차이로 실패하는 등 그 꿈을 펼치지는 못하였다. 그 후 북천중학(설립추진 위원장 최용도)은 면민이 뜻을 모아 개설하여 공립으로 개교되었다가 지금은 취학아동 부족으로 폐교 상태에 이르고 있다.

박재호 공께서는 신학문을 하도록 고교설립에 뜻을 두었고 할아버지께서는 유학자로 서원개설에 꿈을 가지신 듯 하셨지만 후학을 위한 교육의 필요성은 서로 상통하신 것 같았다.

진주고는 일제강점기 설립된(1925) 명문으로 설립은 사학의 민족학교개설을 원하였으나 일제의 장난으로 출발은 여의치 못하여 공립으로 개교되었다. 일제강점기에도 꾸준하게 발전되어 온 진주고는 58학년도 대학입시에서 28회 강인호와 김형도 선배님께서 서울대 입시수석을 다투면서 강인호 선배는 인문계인 상대에 지원하여 서울대 전체 수석을 차지하였고 김형도 선배는 이과의 공대에서 수석에 필적하는 우수한 성적으로 입학의 영광을 차지하였다. 대도시는 고교평준화가 시작되었지만 진주 등 중소도시는 평준하가 시작되기 직전의 1981학년도에는 서울대에 171명 등 수도권 대학에 300여명을 합격시켜 명실 공히 학생비율로서는 전국 최상위를 차지하는 등 그 위상을 한껏 높이기도 하였다. 또한 우리나라 공인된 사회적 지위에서 활동한 출신고교별 인사로 한때는 전국 4위를 차지하기도 하였다.

진주고와 나와의 관계는 선친을 비롯한 3대가 교직에 종사하였지만 나와 바로 손아래 동생이 진주고에서 수학한 인연뿐이다. 1985년 개교 60주년 행사 당시 35회 기별동창회장을 수임한 것 외엔 그 흔한 지역별 회장도 수행한 적이 없으며 학교발전에 크게 기여한 점도 없고 축구부 후원금 등 소소한 것 외엔 발전기금도 제대로 낸 적이 없다.

그래도 오다가다 이야기가 나면 진주고 출신이라면 인정해주는 에피소더 하나를 소개하면서 이야길 마무리하고자 한다.

본인은 대학을 수도권대학이 아니고 지방 경상대출신이다. 대학을 졸업하고 곧바로 초빙된 곳이 지금 그 말썽 많은 진해 웅동중학교

<그 당시 이사장은 조국의 외조부로 계광학원은 1908년 아일랜드인 선교사를 중심으로 창립하여 한때(1919)는 독립운동의 그 지역 중심지로 일제의 탄압으로 1930년대는 거의 폐교되다 시피 하였다. 해방 후(1946) 고등공민학교로 그 후(1952) 면민 모두가 참여한 면립 성격의 사학개교 시에 지역호족인 박씨 가에서 이사장 수임>이었다.

그 곳에서 농업과 영어를 강의하다가 영어교사 자격검정고시에 합격하여 2년 후 공립학교로 진출하게 되었다.

경남교위 교직에 근무할 때도 대학보다는 진주고출신으로 보람을 느낀 일들이 많은 것 같다. 특히 고교재학 시 조금 배운 제2외국어 독일어(김영수 강사, 후일 부산대학교 인문사회대학장 역임)로 후일 대학원 진학의 관심으로 계속 공부를 하다 보니 독일어도 기초는 겨우 이해할 수 있었다. 교사가 부족한 학교 형편에 따라 특히 제2외국어를 맡을 교사가 부족하였고 재직 시는 영어뿐만 아니라 독일어를 억지로 맡는 경우가 많았다. 지금도 간혹 옥종고등학교 등 그 시절 제자를 만나면 우리 독일어 선생님이라고들 하는데 나에게 독어를 배워 그 후 독일어를 전공한 사람이 하나도 없는 것으로 보아 엉터리 독어 선생이 아니었나 하고 미안할 때가 많다.

본인이 중등교직에서 10년차 근무로 교직에 익숙해질 무렵 하고 싶은 학문연구에 정진하겠다는 생각으로 교사직을 사직하고 대학원 박사과정(원예학)에 입학하여 몰두하게 되었다. 이왕 시작한 학문 더 큰 장래를 위하여 해외에 나가 있는 동안 부모님을 더 잘 모시겠다며 당시 진주여중에 근무하는 아내의 권유로 시도한 일본유학에서 돌아와 대학에 진출할 때뿐만 아니고 후일 자연과학대학장으로 추천 임명될 때에도 뒤에 들은 이야기 이지만 이사장님을 비롯한 인사위원회에서 명문 진주고에서 제대로 교육을 받았을 것으로 더 적합하다고 인정되었다니 이래저래 진주고와는 인연이라 아니할 수 없는 운명인가 보다. 마침 35회 동기들의 졸업 60주년이 진주고 개교 백주년이 됨으로 그 때 동기친구들 축배의 잔을 함께 높이들 것을 기대하면서 우리의 부르짖음처럼 '진고의 푸른 꿈, 세계로 미래로!'를 크게 외치며 탄탄한 모교의 영원한 발전을 기원해 본다.

신축원단에, 추억에 잠기며

(진고인 31, 2021.4.24.)

제7부

겨울이 오면 봄은 멀지 않으리

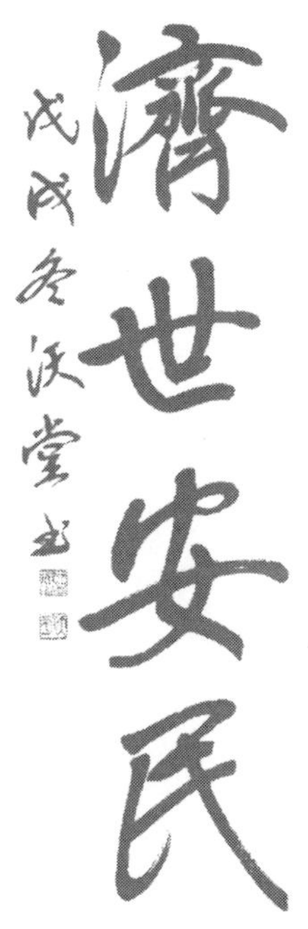

세상을 구제하고 백성을 편안하게 하다.

겨울이 오면 봄은 멀지 않으리

영국의 서정시인 Shelley는 '서풍에 부치는 노래'에서 <If winter comes, can spring be far behind>라는 자유를 억누르는 폭력은 겨울로 사람이 자유롭게 행복을 추구하면서 살 수 있는 모습을 봄으로 빗대어 노래하였다.

겨울이 와야 봄이 온다는 필연의 이법 못지않게 누구도 막거나 억제할 수 없는 사람의 봄날, 인류가 자유를 마음 껏 누리는 날이 자유로운 국가에선 멀지 아니하고 다가온다는 희망을 노래한 것이다.

우리나라에서도 4월 혁명이나 유신정치, 5공화국에서 한때 보아온 역사적 사실이며 대조적으로 같은 민족이 살고 있는 북한에서는 보는 봐와 같이 이 지구상에서 가장 끔직하고 잔혹한 겨울을 보내고 있는데도 맹목적으로 찬양하는 사람들도 있다.

올바른 생각을 가진 사람이라면 북한에도 화창한 봄바람이 불기를 희망할 것이다.

북한 사람들의 현 실정을 외면한 채 과도하게 평화와 협력을 외치는 것은 위선이고 거짓이다.

지금 국민각자의 생각은 다소간 다를 수도 있지만 침묵을 지키고 있는 상당수를 포함한 대부분의 국민은 우리가 자유민주주의를 꽃피워 나가고 우리 후손들의 번영과 행복을 위하여 어떻게 봄날을 맞이할 준비를 해야 한다는 사실에서는 서로 방법은 다르더라도 목포로 하는 도달점은 함께 한다고 사료된다.

지금 시행하려는 정책들이 효과가 나서 난국이 타개되고 경제가 살아나서 국민생활이 향상된다면 그 이상 바랄게 없을 것이다. 그런데 어떤 것이 우선일지 좀 더 신중하고 편향되지 않은 전문가들의 의견을 종합하여 실시되어져야 할 것이다. 우선 먹기는 곶감이 달다는 식의 포플리즘으로 뒤에 따라올 엄청난 부작용은 생각지 않은 복지 정책, 탈원전 정책, 일자리 창조를 핑계한 엄청난 예산 퍼붓기, 모순투성이의 국가유공자 지정, 각 지자체의 망상 같은 정책, 적폐청산이란 미명하에 조선시대의 사화를 연상께 하는 내로남불의 정책, 대선공약이랍시고 대입정원의 급감으로 상당수 대학들이 대학문을 닫아야 할 실정에서 5000억이 들어도 효과가 기대도 안 되는 한전공대 설립, 큰 정책에는 예상효과를 꾀하는 예비타당성 조사가 필수적인데 예타 없이 갈라 먹기 식 아니면 대선공약이행이란 미명하에 실시하려는 정책 등, 대통령의 한마디 한마디에는 사실은 물론이고 신중함이 있어야 한다.

수소차 세계점유율의 일본을 앞지른다는 허구성 발언, 태양광 패널의 국책연구소까지 인정하지 않는 납 불함유 발언, 후쿠시마 원전 사고의 과대 실상으로 일본의 항의 초래, 물 들어올 때 노 저어라는 발언, 민노총과의 관계문제, 청와대 보좌진들의 안하무인격 돌출행동, 얼토당토 않는 학생인권만 과다하게 보이고 교사인권을 무시하는 인권천국, 신이 아니기에 개별적 실수를 용인할 수 있다고 하더라도 신뢰를 바탕으로 해야 하는 사법부 존재이유를 상실하게 하는 사법부의 판결, 다른 나라와 학제 차이를 고려하지 않은 선거연령을 18세로 낮추어 고3으로 인지발달능력이 최고도에 이르고 학습능력이 최고일 때 최적의 환경을 제공하여 학업에 정진하여 글로벌 시대에 경쟁력을 제고해야할 때 우리나라처럼 부끄럽고도 부끄러운 기성정치풍토를 고교교실에 까지 끌어들여 혼탁할 소지를 제공하려는 선거연령 문제 등 걱정되는 일이 한두 가지가 아니다.

이런 문제들로 다수의 국민들을 불안하게 하고 국가발전이 뒷걸음치는 것이 아닌가 하고 걱정하게 하거나, 이념대립의 극대화를 초래하는 일은 국가당국이 앞장서서 방지해야지 먼 산 바라보듯 부추기는 행동을 의심 받아서는 아니 될 것이다.

기업은 통제보단 기업가에게 맡겨 풍토가 다른 미국이나 유럽은 차치하고라도 우리와 비슷한 아시아 국가인 손정의(일본), 리카싱(홍콩)의 조직 안팎의 긴밀한 소통과 노사간 일체감을 같이 형성하도록 하여야 한다. 재벌이라고 의혹시만 할 것이 아니라 경제발전의 원동력이 될 수도 있다고 생각하여 현대그룹의 정주영 회장의 할 수 있다는 신념처럼 신입사원의 연수회에 청년사원들과 같이 부대끼며 씨름도하고 소통도하며 유대의식을 갖도록 하는 것이 긍정적 이미지 형성으로 기업의 동기화와 비전을 형성하여 노사 간 갈등을 없애고 다 함께 발전을 이룩할 수 있다고 사료된다.

자유, 평화, 통일도 바람직한 일이지만 먼저 자유민주주의적 국가안보를 위해서 더불어 같이 잘 살아야 한다는 정책이 우선되어 독불

장군이 성공하긴 어렵듯이 자유우방과의 관계개선과 방위협력도 잘 어우러져 확실한 국가안전의 바탕위에 평화통일도 이루어져야 한다.

우리 모두는 겨울이 왔으니 봄이 곧 저절로 다가오겠지 하는 수동적 태도보다는 예기치 아니한 꽃샘추위도 방비할 화창한 봄날을 맞이하기 위해서 서로 이해하고 소통하여 고집을 버리고 잘못된 것은 과감히 개선해 나가야만 화합을 이루어서 더욱 잘사는 행복한 자유민주주의가 활짝 꽃피워 나가리라 판단된다.

기해년 설날을 맞으면서

(시와 수필 통권 56호, 2019 봄)

국회의원 등 선거에 의한 지도자들

지금 이게 나라냐! 하는 말들이 너무 쉽게 회자되고 있다.

최고 정책결정자는 물론이지만 국회의원은 민의를 반영하고 그 지역구의 특수사정도 감안하면서 전반적인 사회와 국가발전을 위한 공정한 국정을 염두에 두고 특히 입법 활동에 최우선해야 한다고 판단된다.

모든 일에는 책임과 권한이 따르며 결과를 평가할 때 반드시 원인도 함께 고려해야만 한다.

여당인 민주당은 제일 야당인 자한당이 민생법안이나 추경을 팽개치고 국회를 파행시키고 있다고 비난하고 있지만 그 원인을 규명해서 이런 일이 되풀이되지 않도록 언제나 여당이 더 많은 책임을 져야 한다고 일반 국민은 생각하고 있다는 것을 염두에 두어야 할 것이다.

매년 예산을 편성할 때 너무 쉽게 이기주의와 당리당략에 우선을 둘 것이 아니고 자기 지역구 챙기기 보다는 국민과 국가적 관점에서 여야당 없이 공조하여 편성해야 되며 추경을 한다는 것은 본예산편성에 문제가 있었다는 것을 스스로 인정하는 꼴이 되는 것이다. 되풀이 되는 예상 가능한 재난은 예비비로 편성해야 되고 아주 드문 예상 못한 지진 등 큰 재해일 때는 추경을 국민들이 인정한다고 하더라도 추경을 너무 쉽게 생각하는 관행에 국회의원들의 사고도 재정립되어져야 한다고 사료된다.

선거법 개정에서 주민의 민의도 제대로 반영되지 않고 특위위원장 자신도 잘 모르겠다는 연동형비례대표제나 권력의 남용과 편향될 소지가 많은 공수처신설법 같은 법안들을 제일야당의 참여도 없이 패스트트랙에 올리는 집권여당의 행태는 위선 의회주의식 자유민주주의 개념에 반하는 것이라 사료된다.

우리나라 역사상 비례대표제 실시 이후 정말로 선거로서는 당선되기 어려운 각 전문분야의 대표들이 비례대표로 국민의 대표로 선임되어져 왔는가 하는 사실들은 생각해 볼 때 정당대표들은 말할 것도 없고 국회의원들은 모두 부끄러워서 국민 앞에 서지도 못할 것이다.

대부분 국민들로 하여금 선거에 의한 대표자들이 존경을 받는 경우가 다소는 있긴 하지만 우리나라 현재 국회의원의 상당수는 위선으로 포장해서 선량한 체 하면서 믿을 수 없고, 위장전입, 탈세, 투기꾼, 논문표절 등 범법자들과 사기꾼들, 표리부동한 철새 같은 당리당략의 이기주의자들의 집합체라는 선입감을 갈게 한 자들이 누구인지 한번 생각해 보면서 공정한 선거제도 등의 개선에 힘써야 한다고 생각한다.

이런 판국에 국회의원 되기 위하여 의원정원이나 늘리려고 하고 자기들 수당 올리는 데는 여야 없이 찰떡궁합으로 공조하고 선진지 연수 간다고 국비 축내서 해외 가서는 유럽국가들 국회의원의 경비 절약, 대민봉사, 노블레주오블리주 같은 것은 눈이 멀어 보지 못하는지…

자유민주주의 국가에서는 삼권분립체제를 없앨 수 없으니 이참에 국회정원 확 줄이고 국회의원 공천 장사나 자파 영입하는 비례대표제 폐지해서 국회의원을 위한 국회가 아닌 국민을 위한 국민에 의한 국회로 체질 개선이 시급하며 이렇게 바뀌지 아니하면 국회도 국민도 모두 불행해져 대한민국의 발전뿐만 아니라 존망도 위태롭게 될지 걱정 되는 현실이다.

국회는 자기 지역구뿐만 아니라 국가의 균형발전의 더 큰 틀에서 국정활동을 하도록 상부상조하여 활동하기 바라며 지역발전의 주체는 자치단체가 중심이 되도록 활동의 주체성을 확립해 나가야 할 것이다. 그러기 위하여 국회의원 선거구는 중선거구로 개편하는 방향도 바람직 할 것 같다.

풀뿌리 민주주의를 실천한다고 처음에는 명예직의원의 지방자치제를 도입하여 시행하였지만 지금은 과도하게 광역단체, 기초단체로 양분하여 시행하고 있는 현실이다. 양원제로 참의원제도 실행해 보니 아직은 우리 현실에 맞지 않아 단원제를 실시한 것처럼 지자체도 개선되어져야 한다고 사료된다.

이상적으론 지자체 범위로 현존하는 광역과 기초자치구를 중간정도의 크기로 50~ 60개의 자치구로 나누어 지방자치제를 실천하는 것이다. 이러기 위해서 지역구를 새로 편성하는 데는 미래지향적으로 통일에 대비하여 인구와 지리적인 문제 외에 지역 간 역사, 문화, 전통, 교통 등을 고려하여 복합적인 면에서 지역자치구가 결정되어야 할 것이다. 그러기 위해서는 시간이 많이 걸리더라도 천천히 다각적인 연구로 지역구를 결정하여 시행해야 한다고 판단된다.

현실적으론 광역시, 도 등 지역을 새로 설정하는 것이 빠른 시일 내에 확정되기 어려움이 있음으로 기초단체는 자치구로 인정하지 않고 광역자치구만 자치구로 인정하고 기초단체는 광역자치단체의 종속으로 기초단체장은 광역단체장이 인사와 감독권을 행사하도록 하는 것이다.

第2공화국 시절 국회의 양원제와 더불어 지방자치단체도 읍면까지 적용하여 면장, 면의원 선거까지 시행해본 결과 행정의 비능률과 폐해가 많았음을 경험한 바 있다.

사실 지금도 기초단체는 기초의회가 기초단체장을 통제하고 협력하여 효율성이 있다고 하지만 자치구로서 비평등성과 비효율적인 면이 인정되며 기초단체 의원들의 지방토착화로 여러 가지 피해가 제기되고 있다. 출신성분을 보면 상당수가 범법자. 사기꾼, 위선자, 토호들이 설치고 세력화 하여 주민을 위한 자치제 운영보다는 지방자치의원들의 이권 챙기기, 토착세력의 발호 등 지역발전 보다는 부작용이 더 심하니 기초단체는 아직은 시기상조로 폐지하는 것이 좋지 않을까 생각된다.

지방의회 의원들까지 해외연수 간답시고 설쳐대면서 주점에 가서 여종업원 문제로 국가망신이나 불러일으키니 업무수행에 도움이 되지 않는 단체해외연수 폐지방안도 고려해볼만 하다.

지자체 단체장이라고 새로 뽑아 놓으니 원임행위의 인정은 고사하고 전임자 시책을 일부러 부정한다고 이미 정책실현의 경비가 반 이상 지출된 것도 내로남불 정책으로 폐쇄해서 낭비뿐만 아니라 흉물

잔존 등 문제가 이만 저만이 아니며 관사문제에서는 전기, 수도뿐만 아니라 소모품 경비까지 앞 다투어 공적경비 지출로 마감하고 있는 사례가 다반사 이다.

지자체 정책문제도 지방분권의 자율적 권한과 함께 만약에 그 정책이 문제점이 있어 실패로 끝나게 될 때는 임기가 끝난 퇴역 후라도 정책입안자로서 책임(도의적?)을 물어야 우선 먹기는 곶감이 달다는 베네수엘라의 전철을 밟아가려는 인기성 복지 정책 등을 제어할 수 있으리라 판단된다.

자치단체장이 자기의 활동사항과는 달리 지역인구나 천연자원 등 선천적으로 좋은 여권으로 자기 지역에서 세입 등 재원이 풍부하다고 하여 다른 지역과 형평성 제고도 없이 중앙의 통제 없이 제멋대로 행하는 자치권의 남용도 지방분권의 강화보다는 지역균형발전에 장해가 된다는 사실도 염두에 둘 필요가 있다.

이젠 총선도 반년도 못 남긴 시점에서 우리 자손과 대한민국을 살릴 수 있는 정수는 국민의 올바른 판단에 달려 있다는 사실을 먼저 곱씹으며 광화문집회와 서초동집회를 반추해 보면서 이야길 나누다 보면 이와 같은 선거제도에 많은 공감대가 형성되는 것을 느끼면서 공정과 정의실현과 올바른 개혁의 관점에서 주먹을 불끈 쥐고 국민 모두 현명한 판단을 다짐해 봅시다.

연말을 가까이 하며, 보통국민 들

(하동문단 15호, 2019)

그래도 지구는 돌아가는데, 참패를 거울삼아!

총선도 끝나고 지구인들에게 제발 정신 좀 차려 한마음 한몸으로 지구를 깨끗하게 지켜달라고 전 세계를 뒤흔들며 경고를 날린 코로나19의 상태도 각국 모두가 정신 차려 소통과 협조정신을 보이며 열성을 다하자 자연력에 감응해서인지 점차 기세가 꺾이는 모양새이다.

그런데도 아직도 제대로 정신 못 차리고 스스로 불러일으킨 참패에다가 그 와중에서도 쥐꼬리만 권력에 매달리는 우리나라 야당 세력들을 보다 못해 과연 앞으로의 미래도 그들에게 더 이상 기대할 수가 있을까 하고 회의만 깊어 갈 뿐이다.

사실 이번 선거는 여당 쪽에서 잘해서 이겼다는 것보다 야당 쪽에서 통합이라는 국민의 여망에 실질적인 통합을 이끌어내지 못하고 눈가림만 하는 통합에 미래의 비전도 없는 자만에 찬 개인적 이기주의와 국민의 공감을 이끌어내려는 노력도 부족하고 특히나 여당의 집권 3년간 실패한 소득주도 성장의 경제정책, 중국과 미국과의 잘못 관계되어지는 외교정책, 남북합의에 의한 남한만의 해제상태의 국방정책과 탈원전 등 잘못된 정책에 대하여 해결책 하나 제시하지 못하고 야당의 핵심정책이나 선거에서 슬로건이나 이슈 하나 없는 어설픈 지도부의 자가당착에 빠지고 운수 사납게도 때맞춘 코로나로 덮어씌워진 결과로 전의를 펼 기회조차도 제대로 마련되지 못해 다잡은 토끼를 놓치는 결과를 초래한 것 같다.

60년대 우리들 젊은 세대들의 꿈의 상징이었던 베네수엘라가 포퓰리즘에 젖어 그렇게 망하고도 모두 빈민이 되어도 스스로 고기 잡을 생각은커녕 국가가 나누어 주는 공짜 배당금에만 매달리다보니 빈민의 천민국가로 전략함을 보면서 우리도 그런 전철을 밟는 것은 아닌지 걱정이 태산이다.

많은 선각자들이 그래도 늦었다고 생각할 때가 바로 세움을 시작할 때라는 논쟁들도 의의 있음을 우리는 이미 많이 경험하여 알고 있으며 이때마저 놓치지 말아야 하겠다.

이번 총선에서 자유민주주의를 빼버리고 한쪽으로만 치우쳐 달리는 진보와 좌파 세력에 균형을 취하면서 견제할 힘을 주어야 하겠다고 40% 이상의 자유 민주세력이 광화문에서 태극기 흔들며 그렇게 힘을 쏟아 붓는데도 그 열기를 고스란히 받아들여 승화시키지 못하고 챙겨주는 밥도 제대로 받아먹지 못한 것 같다. 또한 자만심과 자만심과 이기주의에만 빠져 보수정당을 망치고자 원하는 자들이 내로남불로 당의 후보자 공천을 사천으로 만들고 통합이란 미명하에 정말로 통합해야할 세력은 빠지고 정당의 이념이나 정체성도 없이 아무런 미래 설계나 정책도 갖지 못한 잡탕혼합정당으로 얼치기 판치다가 실패하자 아무런 책임의식 없이 수습도 팽개치고 도망치듯 사라지는 지도부를 보면서 통탄을 금할 길 없었다.

참패한 후라도 원인을 분석하고 그나마 국민의 지지를 받은 살아남은 자들이라도 정신을 차려 소통과 통합으로 당을 이끌어 가고 국민이 쥐어준 힘을 바탕으로 올바르게 신장해 나가야지 그런 생각도 가지지 못한다면 미래와 통합이 보이지 않는 집단은 해체를 하고 뚜렷한 사람끼리 새로 모이는 것이 그나마 국민을 위하여 현명한 처사라고 판단되기도 한다.

과거 우리나라가 정치적으로 암담한 시절 꺼져가는 불씨를 살릴 수도 있었고 진흙탕 속에서도 연꽃이나 장미가 활짝 피기를 기대한 사례들을 볼 수 있었다. 이로서 또다시 국가가 중단 없는 발전이 이루어진 것처럼 이번에도 구국정신이 되살아남을 볼 수 있었음으로 그나마 한 가닥 희망의 끈을 놓지 않고 민주세력이 왕성해가기를 바라는 것은 자유민주주의 기반으로 시장경제를 원하는 보수주의자들만의 지나친 기대일까?

자유와 보수를 대변하리라고 기대되던 몇몇 다선의원들이 기대와는 달리 낙선하는 경우도 있었지만 지도부로 자처하는 위장 세력들의 자만심과 이기주의로 참패하기는 했지만 작으나마 민주주의와 소통의 씨앗들이 완전히 보수 민주세력을 떠나지는 아니한 실례들을 볼 수 있어 그나마 다행이라 판단된다.

이번에 부산에서 특이한 판세로 미래통합당으로 처음으로 정계에 진출한 김미애 당선인의 조선일보와의 "흙수저 김미애 당선인의 통찰에 통합당의 길이 있다"인터뷰 사설에서 "열심히 살아서 내가 잘 사는 것으로 어려운 사람을 돕는다"는 것과 "가난하게 태어난 사람이 부자가 되려고 노력하는 것은 박수 받을 일이지 비난받을 일이 아니다"라고 공감을 불러일으킬 말을 했다. 봉사 자세로 국민과의 소통을 통한 공감능력을 확립해 나가는 불씨가 되살아남아 자유, 책임, 헌신이 피어나는 올바른 정치풍토가 이루어지길 바란다. 다선을 이룩하더라도 자만하지 말고 초심을 지켜 바른 지도자의 길을 지켜가길 기대한다. 지금 다선의 경험으로 기득권을 누리며 자리다툼에만 급급하며 책임을 다하지 못하고 초심을 잃고 위선적 처신으로 일괄하고 있는 자만심에 가득 찬 기성정치인이 판치는 세상이 아닌 정치경험은 미약하나마 헌신적으로 초심을 잃지 않고 책임과 공감을 다하는 정치풍토가 확립되어져 국민 모두에게 희망을 주는 그런 정치활동이 굳건히 이루어지는 사회가 확립되길 기대해본다.

병가지상사兵家常事라고 미운자식 떡 하나 더 준다는 심정으로 회초리 들고 지켜보면서 또 잘못을 저질을 때는 애처로운 매 아낌없이 내려칠 각오를 다져 봅시다. 모두들 건강하시길 기원합니다.

경자년 오월에 접어들면서

(시와 수필 통권 61호, 2020 여름)

급격히 추락하는 국가현상을 지켜보면서!

경자년 새해가 거의 한 달이 지나가게 바쁘게 돌아가고 있다. 국가 발전을 위하여 이승만 건국 대통령의 "뭉치면 살고 헤어지면 무너진다"를 명심하며 선진국에 진입하기 위하여 모두 화합해야할 중차대한 시기에 서초동과 광화문 집회의 소용돌이를 보면서 국민화합에 앞장서야 할 대통령께서 "여론이 분분한 것은 분열이 아니다"라는 오히려 분열을 부추기는 회견에는 국가지도자로서 제대로 된 상식이 갖추어 있는 것인지 억장이 무너질 뿐이다.

나라를 걱정하고 양심을 지켜나가려고 하다 보니 어쩔 수없이 일어날 수도 있는 불행한 사태를 초래한 실례들을 보면서 국민의 마음에 깊은 상처를 입힌 것은 미안하지도 않는지 "조국에게 마음의 고초를 끼쳐 미안하고 이제 그를 놓아주자" 거나, 노무현 대통령의 뜻을 받들어 운운 하는 그런 말을 듣고 있노라면 소수계의 대변자가 아니신 대한민국의 대통령으로서 취임사에서 하신 "본인을 지지하지 아니하였던 국민을 위하여서도 국론화합과 평등하고 공정하며 정의롭게 임무를 수행 하겠다"는 그 말을 의심하지 아니 할 수 없다.

어떤 일이나 양과 음의 양면은 존재하는 것임으로 민주주의는 다수결 원칙이 우선이고 혹시나 99마리의 양보다는 잃은 한 마리의 양의 생명을 존중하는 성경의 의미를 되살려 절대 다수의 정의도 중요하지만 때론 정에 이끌러 가능한 한 어린 소수를 보호하려는 시도도 무한히 노력되어 왔고 필요하다고 인정되기도 한다.

지난날 서슬 파랗던 군사정권시대에도 긴급조치 발동 등 독재정권 운운할 때도 정치나 시위 등 정치권과 언론통제는 있었지만 국민의 민생에 대한 긴급조처는 억압의 차원에서 이루어 진 것은 없었던 것으로 사료된다.

우리들 학창시절 불의를 보고도 모른척하는 그런 젊은이들만 가득 찬 나라는 국가의 앞날이 염려된다고 교육을 받으면서 서로 손을 맞잡고 정의에 불타는 심정으로 다짐하던 그 시절이 그리워진다. 지금 대다수의 젊은 학생들은 이념에 편향된 전교조식 역사교육에 의하여 잘못 교육되어진 경우가 너무나 허다하다고 사료된다. 부추기는 것은 아니지만 젊음과 정의의 기상이 쇠퇴되고 이상과 꿈을 잃어가는 것 같아 국가의 미래를 책임지우기에 실망하기도 하면서 419를 겪은 선배 교육자로서 부끄러운 심정이다.

배움에 전념해야 할 고교 학생들에게 부끄러운 기성정치판을 다른 나라와 교육제도가 다른 우리나라 고교교실에 까지 투표권 확대라는 미명으로 득표계산으로 시도하는 선거법개정도 인헌고 사태에서와 같이 중등교육에서 자유 민주주의 교육이 아닌 편향된 이념교육으로 올바른 교육권을 침해할 더 큰 부작용이 우려된다.

그 옛날 왕조시대에도 우리 조상들의 도덕적 규범이 되어왔던 '오비이락烏飛梨落'이나 "참외밭에서는 신발 끈을 다잡아 매지 아니 한다"

는 경구의 사실에 비추어 지도자의 행동강령은 법률보다는 도덕적 규범에 더 초점이 맞추어 질 필요도 있다고 판단되기도 한다.

자유민주국가의 지향점은 국민의 인권존중과 경제발전의 중요성이다. 비대한 검경 수사권이나 기소권은 조정될 필요성이 제기될 수도 있으며 검찰개혁에만 집중하다가 국민인권에 개악이 되지나 아니할까 우려되기도 한다. 이번 울산시장 선거부정사건, 유재수 감찰무마사건, 조국의 내로남불 사건 등에서 일제강점기의 권력의 하수인이 된 경찰권 행사를 재현하는 수사종결권 등이 실현된다면 권력비리 수사는 사실상 불가능 할 수도 있다. 또한 토호나 범죄 조직등과 결탁해 이들의 비리를 덮어줄 가능성이 제기되고 있는 '버닝썬 사건' 같은 일이 곳곳에서 벌어질 수도 있을 것이다. 공수처법 설치로 고위공직자 관련 사건을 정권의 유.불리에 따라 취사선택할 수 있는 구조로 되어 있어 그건 더 큰 문제를 야기 시킬 수도 있을 것이다.

특히 오비이락이라고 현 정권의 3대 비리사건을 수사 중인 검찰을 무력화하기 위해 때맞추어 검경수사권을 조정하고 검찰조직을 개편하여 검찰조직을 와해하고 수사권을 경찰에 넘겨준 직제에서 검찰의 형사조직과 경제수사팀을 약화시키는 개편은 현 '라임 사태'나 조국의 '비위와 경제사범', '부정선거조사'를 포기하라는 것과 다를 바 없다. 검찰직제 개편은 국민을 위한 것이어야지 정권의 위기탈출이나 정권을 유지하기 위한 꼼수여서는 언젠가는 혹독한 비평을 받게 될 것이다.

과거 정권에서 경제사범으로 '조희팔사건', '교수공제회사건', '저축은행사건', '유병언사건' 등 경제사범에 대한 국민의 피해와 경제질서 파괴에 대한 부작용을 간과한 그 적폐청산과는 정반대의 전철을 더욱더 조장할 것이 불을 보듯 뻔하게 예상된다.

모든 공권력과 인사권은 국민의 눈높이에 맞추어 국가발전과 국리민복을 위하여 실행되어져야 한다. 인사권이 고유권한이란 미명아래 법률과 관행을 무시하고 청문회의 상식을 벗어나 시행된다거나 독재강화나 패거리의 당리당론, 사리사욕 등을 위한 패거리정치 강화를 위하여 사용된다면 그 결말은 사필귀정이란 명언처럼 국가와 국민의 불행을 초래하게 될 것이다.

국리민복을 위하여 지금 유행하는 '무전유죄 유전무죄' 나 '유권무죄 무권유죄' 의미를 새겨보면서 똑같은 사항을 두고 피해자와 가해자의 해석과 변명이 다를 수도 있듯이 검찰과 변호인의 주장이 다를 수도 있다. 그러나 여야를 막론한 정치계뿐만 아니라 모든 분야에서 공인을 자처하는 국가지도자들이 일구이언은 한다는 것은 언제라도 사태에 따라 국민을 배신할 수 있다고 의심 받기에 충분하다.

이제까지 필자는 지도자의 정의에 관하여 논의를 하였지만 그 모든 근본책임은 '주권은 국민으로부터 나온다'는 헌법정신에 입각하여 올바른 국민의 판단이 더욱더 중요하다고 다시 한 번 강조한다. 또한 남을 탓하기 보다는 "하늘은 스스로 돕는 자를 돕는다"를 가슴에 새겨 이기주의를 떠나 모든 책임은 내 스스로가 진다는 각오 아래 이번에 맞이하는 총선에서는 자유민주주의 국가존폐의 기로와 미래가 달려 있음으로 그 어느 때보다 결연히 임해주시길 간절히 호소합니다. 하느님과 조상님의 보살핌으로 길이 보전합시다!

입춘지절에, 대길을 바라면서

(시와 수필 통권 60호, 2020 봄)

노도는 배를 전복시키기도 한다

- 거짓투성이 남 탓만 하고 있다

지금 전 세계가 코로나19 바이러스로 몸살을 앓고 있다. 중국과 한국이 심한데 어쩌다 대처실패로 한국이 중국을 앞질러갈 형편이라 집권자들도 우한폐렴이 아니고 대구코로나라고 앞 다투어 아양을 떨고 있는 실정이다. 예부터 "호미로 막을 것을 가래로 막는다"는 이 말은 상황판단과 타이밍의 중요함을 역설한 경구라고 판단된다.

지금 이 정부 청와대나 여당이 하고 있는 짓거리를 보고 있노라면 화가 치밀어 화병이 가까이 다가옴을 느끼게 된다. 질병본부와 현 정권의 질병에 대처하는 주장과 국가적 의료정책이 혼선을 빚고 메르스 바이러스 사태 때에는 입에 거품을 물고 비난하더니만 내로남불의 변명정책을 보고서는 기가 찰뿐이다.

남 탓의 명수들이 경제를 망쳐놓았으니 코로나바이러스라도 확대전파시켜 경제 불황을 코로나바이러스에 뒤집어씌울 생각이 아니었다면 이럴 수가 있나하고 분개하지 아니 할 수 없으며 김수환 추기경님의 "내 탓이로소이다"가 생각난다.

발생초기부터 북한까지도 입국에 통제를 가할 때 대한의사협회가 방제를 위하여 주장한 중국 우한발 입국금지 조처에 대하여 중국 시진평의 방한에 매달려 중국눈치보기와 중국과는 '운명공동체'라는 얼토당토 않는 헛소리와 우리나라는 우한바이러스 사태에 과학적으로 잘 대처하고 있다는 자화자찬의 방정맞을 입놀림에 파안대소나 하고 있다가 이렇게 망쳐 놓은 것이라고 판단된다.

아무리 이념에 따라 의견과 정책방향이 다를 수가 있다 하여도 국민의 생명을 담보로 한 지독한 전염병 대처에 대하여 여론조사에서도 이렇게 자유와 사회주의 이념과 방법에 따라 그 결과가 다른가 하고 경악할 뿐이다.

평균치(대표치)만 하더라도 통계는 방법에 따라 여러 가지 방법이 있다. 우리가 흔히 사용하는 간편 여론조사에서 평균치 계산은 모집단 선택에서 엄청 달라질 수 있음으로 임의의 공정한 모집단선발의 중요성이 제기된다. 또한 정확한 통계로서 인정되려면 지역과 대상들을 여러 번 반복을 실시하여 각 항목에 대하여 유의성 검정으로 고도의 유의성이 인정될 때 인용할 수 있다고 판단된다. 지금 리얼미터 등 통계여론 조사는 얼마든지 조작과 커다란 편차가 발생할 수 있는 방법이기 때문에 거의 믿을 수가 없다.

이제 우리는 경제뿐만 아니라 전반적인 면에서 세계적 선진국대열에서 후진국으로 추락하는 상태에 직면해 있으며 의료적인 면에서도 우리나라를 중국 보다 못한 나라로 치부하여 거꾸로 중국까지도 한국인의 입국을 막는 사례들이 속출하고 있는 형편으로 개망신을 당하고 있는 형편이다.

이런 사태에 책임을 져야할 당국자들도 만연된 내로남불과 남 탓하기에 바쁘고 초등단계에서 당국을 믿고 염려하지 말라던 최고 책임자인 대통령께서도 이 사태를 아직 제대로 인식하지 못하여 짜파구리나 드시면서 파안대소 하면서 말장난을 부리거나 대구바이러스 운운 하면서 중국이 아닌 대구에 대하여 봉쇄조처 검토 등 말도 안 되는 행동을 보이면서 말 바꾸기를 시도하는 것으로 판단된다.

인간은 신이 아닌 이상 실수도 할 수 있고 정책판단도 오류가 있을 수도 있고 견해를 달리 할 수도 있다. 소수 특정이 아닌 다수의 행복을 위하여 늦었더라도 고집을 꺾고 잘못을 인정하고 전문가들의 의견을 종합하여 수정해 나가면서 더 이상의 실수를 범하지 아니하면 지지를 받을 수도 있다.

정부나 집권자들이 국리민복을 위하여 존재하는 것이지 국민들이 그들의 행세나 폼을 잡으라고 그들의 구성원으로 밑에 존재하는 것은 결코 아니다.

이번 코로나바이러스사태 국가대응책을 보면서 지금의 선진 민주국가에서 영화에서나 보았던 과거 조선왕조시대 역병을 대처하는 수준을 보는 것 같아 참담하다 못해 울화가 치밀어 오른다.

국민은 일반적으로 운행과 항해를 도우는 평화로운 바다와 같은 심성이지만 일단 그릇된다고 판단되면 성난 파도로 분출하여 배를 뒤집어버리는 속성이 강하다는 것을 세태에 경고하는 것으로 마무리를 지우고자 한다.

아무쪼록 진주고 100년의 개교기념 사업 준비를 선포한 개교 95

주년을 맞이하여 위세를 부리는 코로나바이러스가 그 때까지는 완전 한풀 꺾기여 모교 운동장에서 예년처럼 선후배 함께 하여 성난 파도 같은 에너지가 통합된 힘으로 화합으로 뭉쳐 오히려 모교 발전의 원동력이 되는 4월의 더 큰 함성이 터져 나올 수 있는 또 하나의 계기가 마련되기를 바라마지 않는다.

또한 북천초등학교(초기 4년제 간이학교)와 진주고등학교 모두 졸업 35기인 필자로서는 진주고보다 2년 먼저 개교한 역사 깊은 시골의 모교 북천초등학교가 입학학생을 부지하지 못하여 교육당국의 정책 기준에 의거하여 아직은 겨우 문을 열고 있으나 앞으로 곧 폐교될 위기의 문제점에 직면하여 100주년 기념행사조차 준비하지 못하는 처지가 된 것을 안타깝게 여기며 행운의 '35' 숫자를 새겨보며 마지막 빨강명찰의 정열로 '진주고등학교의 세계로 미래로'를 외치며 연년세세 이어져 발전하기를 바라며 지금 치밀어 오르는 마음을 가라앉히도록 진정해본다.

경자년 삼일절을 맞으며, 개교95주년을 기다리면서
(진고인 28호, 2019)

선거에 관심을 잃고 있지만, 그래도…

총선이 코앞에 있다. 제대로 된 국민이라면 국가의 장래도 생각해 보고 자손들의 미래도 생각해 보면서 자기가 선택해야 할 후보자의 면면을 검토해보아야 할 때이다. 무소속 출마자도 있지만 각 정당의 정책이 무엇인지?(사실 정당 公約은 사실 空約이니깐 별 필요도 없지만) 그래도 한번쯤은 훑어보며 생각하게 된다. 그런데 이번 선거는 영 그게 아니다.

모든 일들이 코로나바이러스 사태에 쳐 박혀 묻혀버렸으며 여 · 야간 쟁점도 없다. 공천도 별 기준이 없이 사천 논쟁을 불러일으키는데도 국민들 대다수는 이대로 잘 못 굴러가는 현 정권에 제동을 걸고 바로잡아야할 세력이라도 필요하다고 생각하고 있다.

그런데 지켜보니 옛 자유당 시절 "못 살겠다 갈아보자" 하고 외치니 맞받아 "갈아봤자 별 수 없다"로 대응해서 별 수 없었다가 다음번 심한 부정선거(3.15)로 모든 것이 끝장난 과거사가 있다.

지금 무기력한 야당(제일야당 외 세계적인 많은 난립정당)도 헌법 및 법률질서파괴, 경제정책 파탄, 외교국방문제 실패, 교육분야 불신풍토, 사회언론분야 실종 등을 확실히 거명하여 선거분위기를 띄우지 못하고 고작 국민위로금 운운하는 포플리즘에 함께 빠져 국민 이익보다는 먼저 자기 개인을 위해 표 얻을 생각만하고 있으니 보이는 것이 돌이킬 수 없는 그리스나 베네스엘라의 전철을 밟고 가는 것 같다.

야당 대표자라는 사람도 대통령께서 "베트남이 사회주의 통일을 해가는 것을 보니 마음이 뿌듯하다는니" "김원봉을 존경 한다"해도 별다른 반론도 못하는 것을 보고 '그 나물에 그 밥이라'거나 시쳇말로 '그놈이 그놈이란' 말이 어울린다 싶어 할 말을 잃고 있다.

이번 코로나 사태에서 당국이 자화자찬하고 있지만 깊이 생각해 보면… 이 사태를 첫째, 국민의 수월성으로, 각자 개인위생 철저와 상대방 고려하기, 둘째. 의료인과 의료보조인의 봉사와 희생적인 활동, 셋째. 민간의료기업의 연구우수성과 국민봉사성 및 또한 박정희 정권시대부터 확립되어 오기 시작한 세계에서도 부러워하는 국민의료보험정책이 맛 물려 돌아가는 바람에 국가당국의 중국발 입국금지 등 초등대처 실패에도 불구하고(대만과 비교하여) 그나마 이 코로나 사태를 이렇게라도 성공적으로 지탱해 나가고 있다는 사실을 상기해 본다.

이번 총선에서도 과거 이순신장군의 구국신념과 유관순, 윤봉길의사의 애국정신, 강재규(이인호)소령의 살신성인 그 외의 많은 역사적 애국지사님들의 나라 사랑하는 정신으로 정치인을 믿지 말고 연동형 비례대표 등 개판선거법이지만 국민 각자가 본문을 다함으로서 위선 무너져가는 나라를 바로 세워 놓고 봅시다. 모두들 코로나 사태를 현명하게 대처하여 건강하도록 합시다.

총선을 며칠 앞두고 가슴 태우는 국민

(chosun.com. 토론마당 에세이, 2020.4.9)

술에 취해 미쳐버리고 싶은 세상

손상되어 못쓰게 되면 고쳐 쓸 수밖에 없다. 마지막 치아시술이라 판단되는 5번째 임플란트 시술이다. 앞니 상하를 마지막 시술이라 생각하면서 윗니를 시술하고 보름 후 실밥을 빼면서 아랫니 4개를 임플란트와 브릿지 시술을 하게 되었다. 그래도 치주골 이식하면서 바로 임플란트를 입식해서 전보다는 빨리 진행되고 있다. 시작해서 한 달 내에 끝낼 수 있으니 금주기간도 전보다 짧고 치료가 잘 진행되어 8.1.5 행사에 한두 잔 음주도 허락받고 하여 빠른 세월이 흘러가길 기다려지기도 한다.

공정보도는 기대하기도 어렵고 해서 보던 신문도 절연이고 방송뉴스도 짜증나고 해서 친구들과 술이라도 한잔 나누고 싶지만 여러 가지 제약 때문에 가능한 절주하고 있었지만 임프란트 시술 중에는 완전 금주니 때론 울화가 치밀어 오른다.

국정질의에서 모 장관에게 박0순 전시장 자살과 관련하여 성추행이냐고 질문해도 상식과 어긋나게 대답하고, 부끄러운 짓으로 자살한 사람을 세금 축내 과대한 장례식을 치러준 것도 마음에 안 드는데 공소권 없다는 박 시장 고발한 사건(담당자)을 사자명예손상혐의로 고발한다는 시민단체가 설치고, 윤○향 횡령사건이나 울산시장 부정선거, 유○수사건, 415부정선거, 조○사건, 오○돈사건, 김○수 재판 등은 물에 떠내려갔는지 조사 재판은 제대로 진행될 기미가 보이지 않는다. 경기도 이 지사 재판은 상식에 어긋나는 판결도 하고, 신일본제철 압류는 국제법상 국가주권면제원칙에 위배되는데도 진행한다고 서둘고… 침도 퇴기지 않고 마른 입이 되도록 검찰개혁이라고 부르짖으며 과거 검찰권이 너무 강했다는 핑계로 국민을 현혹시켜 인권을 보호한다는 미명으로 검찰개악도 서슴지 않고,.. 악용될 것이 불을 보듯 뻔히 보이는 공수처 설치 진행 등 누가 대통령에게 국가와 국민의 이익에 반하는 행동을 할 권한을 주었는지? 도무지 이해가 가지 않는다.

대통령에게 국무위원이나 기관장 임명권은 고유권한이라 하더라도 그 권한이 국가와 국민의 이익에 합당해야지 반하는 것은 아니다.

자기 기분에 맞다하여 사기꾼이나 인격파탄 자나 국민의 지탄을 받는 자를 임명하라는 것은 결코 아니다. 채택되지 않는 자를 거리낌없이 마음대로 임명할 바에야 인사청문회가 왜 있는지 이해가 가지 않는다.

부동산 법도 국민의 기대와는 달리 20여 번을 개정해도 효과도 없이 천정부지로 솟구치는 오히려 다주택 보유자인 청와대 실무진만 은근히 쾌재를 부르고 있다.

본인은 두 가족으로 줄어 20년 전에 입주한 아파를 판매하고 이사할 예정으로 3년 전에 당첨된 은행대출을 끼고 있는 작은 아파트로 이사 가려고 했으나 타이밍 문제로 뜻대로 되지 아니하여 3년 내에 구주택을 팔아야 양도세가 면제된다고 하여 얼마 전 서둘러 팔고 분양한 새집은 세를 주었는데 이사할 형편이 안 되어 정이 든 같은 단지 내 작은 집으로 전세 이사 간 형편으로 분통만 터진다.

얼마 전 부동산 주택문제로 윤희숙 의원의 5분 발언이 파장을 일으킨 것처럼 본인도 임대인과 임차인을 겸하고 있는데 국가의 1가구 2주택은 취득 3년내 처분해야 양도세 혜택 등 법률을 잘 지키는 일반 서민만 손해보고 정책담당자라는 자들의 자가당착의 정책에서 요리조리 빠져 나가는 것을 볼 때 울화통이 터져나는 심정이다.

지구상 분단된 국가에서 우리 해안선을 마음대로 넘나드는 적국의 배 단속도 제대로 안되고 휴전선을 통하여 마음만 먹으면 자유롭게 오고가는 그것도 제대로 막지 못하는 주제에 북한에 전단을 보낸다고 처벌한다는 법이 말이나 되며 통일행정을 담당하는 통일부가 존재하는데도 북한의 정보를 수집해야할 국가정보원을 통일부 보조하는 외청 취급하는 정책에 국민이 동의할 수 없는데도 세계적인 단속에도 북한에 퍼줄 생각만 하도록 변형시키려는 정책에는 동의할 수 없다.

과거와 완전히 다른 정책을 아무도 경험하지 못한 개혁이란 이름 아래 시행할 것이 아니라 과거 무상급식 문제로 서울시에서 시민투표에 회부하였던 것처럼 대북정책이나 현 정권에서 웃음거리 된 주한미군 등 외교정책은 앞으로 국민투표라도 부쳐서 시행해야한다고 사료된다.

"우선 먹긴 곶감이 달다"는 말처럼 일자리 창조한다고 선진국 대비 5배나 많은 빌빌대는 공무원 채용, 부작용이 많은 일거에 임시직 정규직 전환, 세월호나 518 사태 보상한다고 재미 좀 보았다고 4.3 제주 사태나 심지어 동학란까지 보상 운운하는 마음 내키는 대로 하고 싶다는 말 들으며 앞으로 임진왜란 피해자들 보상 문제도 운운하게 생겼으니? 그것보다 전쟁이라 하지만 625동란 참전용사나 피해자 가족 보상이 먼저라고 생각되는데… 이 정부 하는 일 보면 국가부흥을 위해 희생한 순국열사나 애국지사 그 뿐만 아니라 국가발전을 위해 월남파병도 감당하고 중동건설과 독일파견, 자기 것 내 놓으면서 새마을 운동에 적극 참여했던 노령세대의 공은 물거품이고 그나마 단시일에 세계에서 우뚝 선 대한민국을 베네수엘라의 전철을 밟도록 작살내려고 설치는 것 같은 행동에 분노가 치밀어 올라 미쳐버릴 같다.

그렇다고 마음을 놓아선 안 되고 정신을 차려 끌고나가 제대로 되는 세상이 되도록 우리 함께 노력해야겠다고 다짐만 해 본다.

8월 광복절을 앞두고

(시와 수필 통권 62호, 2020 여름)

야단법석 난리 보다는 제대로 차분하게

코로나 바이러스로 나라 아니 세계가 난리다. 우리나라는 정책실패로 인한 경제파탄도 설상가상이긴 하지만 얼씨구나 하고 코로나 탓에 열중하더니만 전파도 국가대응책 부재가 아니고 신천지교회 탓만하는 남 탓 노릇에 전념하는 것 같다.

문제 많고 얽혀있는 모 지자체 단체장은 포플리즘의 극치로 국민 모두에게 인당 100만원의 위로금을 주어야 한다니깐 다른 문제투성이 단체장도 얼씨구절씨구 좋다 하고 화답중이다.

자기 개인자산 조금이라도 방역재단에 기부하면서 그렇게 한다면 진정성이라도 조금은 인정되겠는데… 잘못에 대하여 입막음이나 선거를 앞두고 있다고 지극한 포플리즘으로 우선 먹기 곶감이 달다는 식의 처방은 국민을 바보로 취급하는 것이며 그 재원은 결국 국민세금이라 이젠 역효과를 일으킬 정도로 국민은 발전성장해 있다는 사실을 알아야 할 것이다.

국가와 민족의 장래를 염려하는 옥중서신의 박전대통령 마음이 피부에 절실히 와 닿는다. 난세에 영웅이 출현한다고 잔다르크가 아닌

유관순 열사나 이순신 장군 아니 조금은 문제가 있더라도 이승만, 박정희 전 대통령 같으신 구국의 지도자가 출현하시길 고대하는 마음이다.

현 정부도 코로나에 대처한다고 청와대는 거금을 들여 직원용이라며 공짜마스크를 사들이고 방역을 여러 번 하였다고 풍문이 들리며 가짜뉴스인지 대통령이 사용하고 있는 마스크는 일본산(penco)도 있다고(설마?) 풍문이 자자하다.

일반 국민은 일주일에 2개 어쩌다가 알짬 같은 제 돈 주고 사는 마스크도 제대로 살수 없고 70 고령에 줄 서 있다가 바로 앞자리에서 매절되었을 때의 심정을 한번이라도 생각해 봤는지?

국가가 고령자 대접한답시고 공짜로 5개씩 주는 마스크를 눈물겹도록 고맙게 받기는 했지만 우리 고령자도 공짜가 좋다고 확 기울러지는 것은 아니다. 공짜에 길들여지다가는 자립성이나 자기 판단도 흐려지고 결국에는 개인이나 국가 모두 불행한 파탄으로 국가부도가 초래되는 현상을 세계도처에서 보고 있는 중이다.

일전에도 지적한 것처럼 상식적으로 국가예산편성에서 흔한 추경편성은 본예산 편성 시 문제가 있었다는 것을 내포한다고 하였다. 되풀이 예상되는 재해는 예비비로 편성해야하며 전혀 예기치 않은 재난발생 시는 민생문제로 긴급한 추경편성이 요청되기도 한다.

지금 각 부처 담당자나 그 외에 말께나 하는 사람들은 자랑이나 하듯이 코로나 관계와 별 관련도 없는 정치가까지도 노란 자켓(세월호 혐오의 노란 리본 색)을 입고 보란 듯이 설쳐대고 있다.

한때 동계올림픽 때 관계인도 아니면서 올림픽 패딩을 얻어 입고 금지구역까지 들어가 설쳐대던 정치인의 변명이 지금도 고소를 자아내기도 한다.

각자 입고 설쳐대는 노랑 제복들의 실용성과 가격에 대해서 또한 지급범위에 대해서 전혀 언급이 없으니 알 수가 없다. 각자 자기 돈을 내어 맞추었는지 아니면 남의 불행은 나의 행복이라 곱사리 끼여 국민이 내는 세금으로 공짜로 얻어 입고 일 하는 체 설쳐대는지 알 수는 없다.

왕조시대의 우리 선조들 까지도 공직자의 자세는 때를 가려 오비이락과 일치하지 않으려 했으며 참외밭에선 신발 끈을 다잡아 매는 일을 삼갔는데… 왜 하필 이때 공수처 준비단장이 어느 은행에 사외이사로 취임하는지도 이해가 될 수 없으며, 또한 국가예산으로 준비한다면 무슨 전시효과로 의료용 코로나 방호복도 모자라는데 추경타령하면서 운동경기도 아닌데 노란 옷으로 통일하고 설쳐대는지 통 이해가 안 간다.

국가 정책도 마찬가지다. 국회의원이라고 면책특권이 있다고 하지만 거짓말하거나 허풍떠는 것이 용서되는 것이 아니다.

애초 국민을 무시하고 별 볼일 없는 국민은 이러나저러나 몰라도 된다는 연동형비례선거법개정을 패스트트랙에 올리면서 그토록 잘 주고받던 사이가 이익이 엇갈리고 아차 법 개정에 잘못했다 싶으니 사과도 없이 그토록 비난하던 상대 정당 행위에 입에 거품을 물고 변명과 욕설로 국회의 품위를 개판으로 만드는 데는 기가 찰뿐이며 이 참에 정말 비례대표의 필요성에 회의가 들고 국회정원도 확 줄이고 중·대선거구제로 개편할 필요성이 확실해 보인다.

과거 IMF 사태 때 국가위기극복을 위하여 국민들은 애들의 돌 반지까지 기꺼이 내놓아 해결의 실마리를 제공했는데 후일 알고 보니 당국자들은 외환은행 등 값나가는 것은 뒷구멍으로 자기 이익 챙기면서 거래한 사실을 알고 난 국민들의 허탈감은 과연 어떠했겠느냐고…?

지금의 민주국가에센 선거로 권력을 위임하니 모든 국민은 자손의 미래와 국가 운명이 걸려있는 이번 총선의 중요성을 새겨보면서 다시는 저번 울산시장 선거 같은 선거와 419혁명을 불러온 315부정선거가 애초에 발을 붙이지 못하도록 국민각자가 자기앞길을 심판하듯 우리 자손들을 위하여 부끄럽지 않게 바르게 심판하도록 다시 한 번 '제대로 차분하게' 굳게 다짐합시다.

경칩을 지나고 울분으로 화병에 지친 국민 드림

(chosun.com.토론마당 에세이, 2020.3.10)

의사들의 정당한 항변

작금 심각한 코로나사태로 국가 전체가 아니 세계가 몸살을 앓고 있다. 우한발 입국금지 등 초기대응에 다소 문제점이 있긴 하였지만 세계적으로 우수하다고 인정받는 우리 의료진들의 솔선수범과 봉사와 희생으로 게다가 어느 나라에도 빠지지 않는 오랫동안 차근차근히 잘 확립된 의료보험체계로 초기방역에 세계적이고 모범적으로 성공적이었다.

조금만 잘되면 자기 공 앞세우기 좋아하는 이 정권은 자화자찬 하면서 대통령께서도 전문가인 의료진의 제언에는 귀 기울지 아니하고 코로나 방역에 자신감을 표출하면서 무사안일 한 방책으로 서둘러 대처한 것 같다.

초기 대구경북지역의 희생적인 의료진 활동을 무시하고 오히려 그들을 고난의 길로 내몰곤 하였다.

또한 8월초 한 때에는 경제 살리기를 한답시고 코로나 방제에 자신감을 보이면서 휴가도 가고 지역행사에 참여하길 유도하면서 활인쿠폰도 발행하여 권장하기도 하였다.

어떤 일도 원인과 특별한 이유가 다소 있더라도 특히 전염병 확산 방지의 책임은 그 누구보다 전적으로 국가 방역당국의 책임이다.

자기들의 과신에 잠깐 방심하는 사이에 코로나가 창궐하자 그 수법 그대로 남 탓에 열중하여 교회집회와 광화문 집회 탓에 열중하고 심지어는 앞 정권을 탓하고 있다. 마스크착용을 권장하는 것은 좋은 일이지만 착용하지 않으면 과태료나 구상권 청구를 하겠다고 압박하면서 그렇다면 마스크를 착용했는데도 감염된다면 전적으로 방역당국이 책임질 일이다.

코로나 와중에도 추태로 자살한 박원순 분향소는 부끄러운 줄도 모르고 왜 광화문광장에 설치했으며 이 와중에 상식을 벗어난 일들은 바로 잡아 보려는 행동은 없는 것 같다. 대통령이라면 국민여론도 참작하고 쓴 소리도 들으면서 '시무7조'도 읽으면서 국리민복을 위하여 대처해야지 어쩐 영문인지 남 탓만 하고 있다.

"의사가 의료현장을 떠나는 것은 군인이 전장을 떠나는 행위"라는 말은 단순히는 맞는 말 같기도 하다. 그런데 먼저 원인을 생각해 보자. 왜 하필이면 이때 말도 안 되는 조민(조국딸)같은 입학생을 대거 확보하려는 공공의대 설립이며 입학사정권을 자치단체나 시민단체에 준다거나 하는 등 도무지 이해가 가지 않는 악법인 4대 의료정책을 제시하는지 알다가도 모를 일이다.

필리핀, 루마니아, 쿠바 같은 나라에서 이런 공공의료정책이 의료의 질만 떨어뜨리고 양산된 의사들이 택시운전사보다 못한 대접을 받는 현실을 모르는지? 목숨을 바쳐 싸워서 충성해야 할 옳은 주군이 아니라고 판단될 때는 백성을 위하여 오히려 상대에게 항복하고 반기를 드는 것이 애민사상이란 사실은 삼국지등 많은 역사에서 증명하고도 남는다.

내로남불로 왜 청와대 실무자들은 부동산 투기하면서, 20여 차례나 바꾼 졸속적인 부동산법으로 국민을 전셋집도 못 차지하게 길거리로 몰아내는 행동을 하니 못살겠다는 외침의 광화문집회의 원천을 제공한 사실은 아무런 변명도 용서도 받지 못할 일이다.

국가를 이 지경으로 만든 잘못된 대선공약 이행을 핑계로 한 미증유의 국가경제 패망의 원인을 코로나 발생에만 탓하거나 또한 코로나 창궐의 원인을 정부방역의 책임이 아니고 교회집회나 광화문집회 탓으로 돌리는 행태는 비난받아 마탕하다고 사료된다. 이런 사고방식으로는 코로나 방역을 해결하기는 불가능하다고 판단된다.

세계적으로 인정 많고 역사적으로도 국난에 대처하여 국가정책에 잘 협조하며 일전의 세계금융위기(IMF)속에서 국난극복을 위하여 자녀들의 돌반지까지 아끼지 않고 바칠 때 남 탓하면서 알짜배기 기업(외환은행) 등을 처리하면서 남몰래 자기 이익 챙긴 그런 당국자가 되질 않기를 국민들은 엄중히 경고하고 있다. 또한 국민 모두는 여하간 합리적이고 빠른 코로나 문제해결을 바라고 있다. 제발 우선 먹긴 곶감이 좋다지만 아무도 경험하지 못한 파국으로 가는 정책을 실험하지 않길 바란다. 국민 모두 각자 건강들 합시다!

8월을 보내며. 보통국민들 합장.

(chosun.com 토론마당 에세이, 2020.8.28)

지방선거후 탄식으로

찻물을 부어 차를 우린다. 차향을 음미하는데 생각은 엉뚱한 방향으로 가고 만다.

이번 지방선거는 전국에 걸친 국회의원 재보선이 12석인데다 민심 파악의 바로메타가 될 수 있을 것으로 어거지로 밀어붙인 대선 뒤에 오는 첫선거로 정당에 대한 평가도 기대할 수 있는 선거였다.

여론조사를 믿을 수 없다며 말도 많았고 각 정당의 국회의원수도 정상적인 선거로서 된 것도 아니고 국회의원들 끼리 이합집산으로 만들어진 정당에다가 이번 공천도 상식보다 이념과 파벌 색에 치우친 것 같았다.

게다가 여야의 쟁점에 덜 영향을 미치도록 선거가 끝난 후에 이루어져야 할 미.북 협상도 트럼프대통령의 취소했다 실행했다하는 변덕에다 북한에 힘을 많이 실어주는 판세로 끝나 평화를 우려 팔아먹는 자들에게 크게 힘이 된 것 같다.

나는 중등학교 십여 년 대학에 삼십년, 40여년 교직에 종사하면서 학생들에게 학업성적도 중요하지만 인성교육에도 가중치를 두고 교육해 왔다고 자부해왔었다.

영국속담에 <Honesty is the best policy>라는 인간의 삶에서 기본적 윤리가 있음을 말해주고 있다. 세상이 바뀌고 시대에 따라 정책은 변한다고 해도 진실은 변하지 않는 것도 있다. 어느 당의 대표라는 사람이 이번 선거에서 사람을 뽑을 때 도덕성을 무시하고 그 사람의 정책 능력만을 보고 뽑아달라고 읍소하고 있었다. 개인적인 사회활동에도 도덕성이 필요한데 하물며 지도자로서 공인이 되려는 사람이 비도덕적으로 인륜을 저버리고 위선으로 활동하는 자라면 절대로 지도자로 선택되어져서는 아니 될 것이다.

옳은 지도자가 되려는 사람은 참외밭에 가서는 신 끈을 다잡아 매지도 말자는 오해받는 것조차 용서하지 못하는 훌륭한 조상들의 슬기를 마음속에서나마 한번 다져보기를 바란다.

말은 청산유수 격으로 멋들어지게 하고 실행 못할 공약空約이나 남발하고 거짓에다 또 거짓을 보태서 하는 위선적인 지도자를 선출한다면 그 사기성은 결국 그 주민이나 그들의 자녀들인 후대에 책임이 돌아올 것이다.

이번 선거에서도 도덕성 문제로 스스로 사퇴해주기를 올바른 많은 국민들이 바라고 있는데도 가식으로라도 우선 당선만 되고 보자는 파렴치한 몇몇 현상을 보면서 앞으로 교육현장에서 자라나는 청소년을 어떻게 교육시킬지 걱정이 앞선다.

가짜가 더 설치는 이 복잡 다사다난한 현실에서는 학생들에게 도덕성, 정직성, 인륜을 팽개치고 사리사욕을 우선하고, 사기를 쳐도 좋으니 돈만 벌면 되고, 부정행위를 해도 고시에만 합격하면 되고, 성희

롱을 해도 잡아떼면 되고, 마음을 나쁘게 먹고 행동해도 증거를 남기지 않고 잘 빠져나가면 되고, 나쁜 짓을 해도 이웃친구에게 뒤집어씌우면 되고, 자기에게 유리하도록 여론을 조작해도 좋으며, 기분이 상하면 욕설을 마구 해도 된다고 교육해야 가짜지만 수퍼 교육자가 될 한심한 사이비 개판이 판을 치는 세상이 될까 두렵다.

왜 우리나라는 선거공영제라 하여 선거비용의 일부나 전부를 국고에서 지원해주는지 도저히 이해가 가지 않는다. 물론 선거에는 돈이 드니 금권선거가 되지 않도록 계도하면서 공정하고도 엄격하게 실시하여 부정선거는 이 땅에 발을 붙이지 못하도록 해야 할 것이다.

과거에는 막걸리, 밀가루, 고무신 선거다 해서 금권이 난무한 적도 있었고 선거후 패가망신도 다반사였다지만 지금 현실은 정확히 그런 사정을 막을 수 있는 방도를 충분히 강구할 수 있다고 판단된다.

전번에도 선거에 출마해서 보조금만 먹고 튀는 경우도 있었고 부정선거로 판결났는데도 지원받은 돈은 회수도 못하고 억지 쓰는 자를 처벌도 못하는 경우를 보면서 정말 이것은 아니다 싶었다.

이참에 부언하고 싶은 것은 풀뿌리 민주주의 지방자치제도 필요하지만 어중이떠중이, 지방 토호, 부랑자, 전과자들이 많이 몰려 설쳐대는 필요악이 더 판치는 특히 기초단체는 폐지하는 것이 옳으며 폐지하지 못하면 이참에 이 좁은 나라에서는 이중이 아닌 기초와 광역을 합하여 선거구를 중간 정도로 재편성하는 지자체를 구성하든지 또한 단체장이 아닌 자치의원에게는 정당추천제도 폐지해야 하는 것이 지역주의를 벗어나 지방특색을 살려 활동하도록 하는데 좋지 않을까 싶다.

초심처럼 지자체 의원은 명예직으로 회의수당만 지급한다든지 정보가 넘쳐나는 현실에서 그 말 많은 외국연수도 인터넷을 통하여 수련하고 꼭 필요한 부서의 필요한 사항에 대하여만 실시하되 고양이에게 생선 맡기는 식이 아닌 그 관리를 엄격하게 하는 연수에만 집중하는 방안을 강구해야 할 것이다.

좋은 제도라도 보완할 점도 있을 수 있고 인기 좋은 정당이라도 자만심에 빠져 국민을 무시할 정도의 지나치게 기우는 선택은 뭔가 문제가 있어 보인다. 또한 여야를 떠나서 죽기살기식의 당리당략이 아닌 국민에게 유익한 정책에는 여야협치로 국민을 우선하는 그런 정치를 바라는 것은 쓰레기통에서 연꽃피기를 바라는 꼴일까?

주민의 선택을 받지 못한 이유를 분석하고 잘못된 것이 있으면 반성하고 개선해 나가야지 주민보다 자파의 이익이나 파벌주의나 당권에만 욕심내는 투쟁일변도 정치인은 도태되어져야 한다. 정치인 마음대로 국민의 심판도 받지 않고 이합집산 하는 엉터리 행위에는 국가적 지원은 물론 해서는 안 된다. 계보도 다르고 정책도 다른 군소정당들이 국민이 바라지 않는 억지로 원내교섭단체 형성 같은 눈 가리고 아옹 하는 사리사욕을 위한 사기적인 정당운영도 법적으로 금해야 할 것이다.

가짜 지도자가 판친다고 한탄만 하지 말고 유권자인 국민 각자는 자유롭고 민주적인 국가발전과 나만이 아닌 국민 대다수가 더불어 잘 살 수 있는 방법과 신념을 가지고 일시적 유혹이나 인기적인 바람에 휩쓸러 서가 아니고 여야를 막론하고 진정으로 국가와 국민의 미래와 행복을 위한 올바른 선택을 하여야 함은 무엇보다 중요하다.

역사적으로 비춰볼 때 사리사욕을 떠나 개인적인 희생을 감수하면서 국민과 나라의 발전을 위하여 헌신해온 애국적인 지도자, 세계적 혜안을 가진 그런 지도자가 국민의 추앙을 받으면서 물러나 여생을 평화롭게 보내는 그런 나라가 되기를 간절히 기원해 보는 것이 꿈만 같은 일일까? 차 한 잔이 그대로 식었다.

지방자치제 개선을 바라며

(부산수필문예 32호, 2018 가을)

춘래불사춘의 4월 총선

좋은 시기 봄이 왔는데도 왕소군의 심정으로 춘래불사춘春來不似春이다. 오는 총선이 한 달도 남지 아니하였다. 그런데도 여야는 물론 각 꼬마정당은 후보자를 결정하지 못하고 공천파동에 그렇잖아도 선거를 보이콧하고 싶은 일반 국민 마음에 더 큰 불을 불러일으키고 있다.

헌법과 선거법에도 없는 비례대표제에다 게다가 국민의 뜻이 전혀 반영 될 수도 없는 어린이들 과자 나누어 먹기보다 더 애매한 엿장수 마음대로 식의 연동형비례대표제에다가 서로 불의라고 비난하다가도 조금이라도 이익이 될 상 싶으면 하이에나처럼 염치도 없이 달려드는 작금의 정치행태들에 이젠 식상하다 못해 구역질이 난다.

차라리 공산당은 억압과 강요를 하는 독재정치가 나쁘지 한입에 두말하는 이랬다저랬다 하지는 아니함으로 현 우리나라 정당정치는 정강정책이 없는 정당으로 공산당 보다 더 신의가 떨어지는 개판 정당정치가 아닐까 판단된다.

국민 대하길 자기들 발아래 정당 구성요소로만 생각하려는 작금의 행태에서 과거 왕정시대에도 마음을 얻기 위하여 백성을 두려워하였는데 지금은 국민을 사람 취급하는 것이 아니고 개, 돼지 취급하는 것은 아닌가하고 기가 찰뿐이다.

대통령이 국무위원을 임명할 때 청문회보고서 채택은 아예 실종되었고… '의혹만으로 임명을 하지 않는 선례를 남기는 것은 부적절하다'거나 이런 얼토당토 않는 말들을 하면서 도덕성을 무시하고 그 많이 강행한 국무위원 임명이 이번 위중한 코로나 사태에게 남 탓이나 하며 걸리적거리기나 하고… 어느 한부서 제대로 된 제몫을 하는 부처 하나 없으니!…

어쩌다가 알짬 같은 내돈주고 사는 그 흔한 마스크 2장도 자유 시장경제하에서 제대로 살 수가 없으며 '한 번도 경험하지 못한 배급체제 경험한다고' 긴 줄 섰다가 바로 앞에서 매절되어 허탕 치는 심정을 그 어디에다 살바오리까(하소연)!?

좋은 직장 청와대 일꾼들은 주인 잘 만난 탓에 걱정 없이 제돈 안 들고도 직원용이라고 국가세금 주고 산 마스크 흥청망청 쓰고 남의 불행은 곧 나의 행복이라 멋진 노란 자켓까지 얻어 입고 운 좋으면 마스크 충분이 얻어 집에 가서 애들에게 나누어 주고 폼 재면 우리 부모 최고라고 또 대접 받겠죠(나는 왜 개구리 한 마리 없는지)?!

정당이란 이념이나 정강과 정책이 같거나 같은 목적을 가진 정치 지망생들이 개별적으로 활동하기 어려우니 단체로 효율적으로 정당을 만들어서 활동하라고 또한 공익과 국가발전을 위하여 일하라고 국가에서 국민세금을 정치자금으로 제공하여 활동하도록 하는 것인데, '염불보다 메밥에 마음 쏠린다고' 여러 앞선 사례에서 '정치자금 먹튀 현상'을 보면서 가슴이 터지는 현상을 어떻게 진정할 수 있을지…

정치는 뭐하라고 있는 것이여! 국민의 정당한 권리신장과 질적인 생활향상에 기여하라는 것인데 여야 없이 제 밥숫가락 챙기기에 바쁘고 자기 국회의원 되는 데에만 염치불구하고 눈알이 시뻘겋게 설쳐대는 폼이란… 국회의원 없어도 국가는 돌아가기라도 하니 차라리 국회의원 아예 모두 없애버리는 것이 국민 생활 편하겠다 싶다. 입만 열면 국민 편에서 국민의 의사를 최대로 섬긴다는 그 얄팍한 정치가들 이번 미스트 트롯 그 큰 경연대회에서 보듯이 권모술수 멀리하고 진심으로 서로 격려하며 양보하면서 품위를 지키는 나이 어린 지망생들의 본 좀 보고 제대로 품위 좀 가집시다.

또한 조그마한 권한이라도 주면 붉은 완장차고 설치는 그 폼 하며… 제발 여야 공천관리위원회 특히 야당 쪽 위원회 여러분! 국민을 무시하지 말고 국민의 눈높이에 맞추어 국가장래를 생각해서라도 욕얻어먹을 사천이란 소리 안 듣고 공천파동 없이 제대로 된 공천이란 소리 들을 수 있게 정말 어려운 곳은 국민의 뜻을 물어 그 곳만이라도 경선을 하여 제대로 된 공천을 합시다.

정당을 제대로 운영할 자신 없으면 모든 정당 폐지하고(예산 대폭 절약) 모든 정치활동 무소속으로 무정당 하에서 그때그때 대처해 나가도 다소 시끄럽고 매끄럽지 못하기는 하겠지만 지금 같은 개판 정당정치보다는 정당운영비 안 들고 훨씬 낳으리라 판단된다.

'국민 있고 정당 있지 정당만 있고 국민은 없다' 는 말이 나오지 않도록 각 정당은 국민의 소리에 귀 기울이고 국민을 무서워하고 섬겨야만 사랑 받는다 하는 말을 깊이 새기길 바란다.

여태껏 이러나저러나 우리국민이 정신 차려 잘 심판하자고 국민각성부터 부탁하였는데 이젠 이해하고 인내력에도 한계에 부딪히는 마음으로 이런 정치풍토라면 황소처럼 뚜벅뚜벅하게 황소의 민란이라도 일으켜 이 개판 정치풍토를 뒤집어엎어 바로잡아야 대한민국이 영원하리라 사료된다!

만우절을 목전에 두고 춘래불사춘의 마음으로
(chosun.com 토론마당 에세이, 2020.3.17)

제8부

세월을 흘러가고
세시풍속은 흐려지고

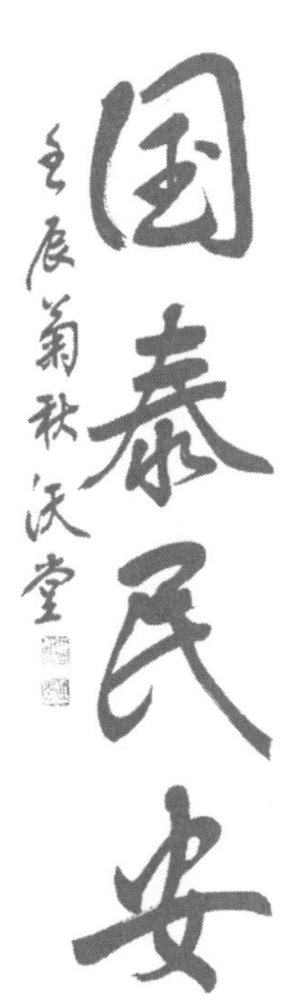

나라가 태평하고 백성들의 생활이 평안하다.

경자년을 보내며 통곡하는 심정으로

정말 지긋지긋한 경자년 무자월 초이틀이 되었다. 한 달 정도 보내면 신축 새해를 맞이하게 된다. 매번 허탕을 치면서도 기대감의 새해를 맞이하지만 세태양상은 기가 막혀 국가경제는 쪼그라들고 청정지구 스로우 시티 고향 하동마저도 코로나19는 기세 좋게 확산되어 나가고 이곳저곳에서 못살겠다는 신음소리다.

여야정계는 민생보다 자기들 당리당략이나 이념에 썩어빠져 파국을 내고 있다. 정치란 국리민복을 챙기기에 앞장서야 하는데도 실종된 지 오래고 선거란 옳은 국민대변자를 뽑아야 하는데도 이 판국에서는 요원하고 낯 두꺼운 위선자나 적당한 거짓말쟁이나 토착사기꾼이 아니면 당선되기 어려운 세상으로 점점 변해가고 있다.

특히 대통령중심제에서는 다수당만 되면 말도 안 되는 권력을 독점하다 못해 점차 과거 히틀러를 지향해가는 전체주의식 행보를 보이니 어느 나라나 부정선거 시비는 더해 갈 것만 같고 대통령은 국민다수를 위하여서는 없는 것만 못할 것 같은 생각이 드는 세태가 되어가는 것 같기도 하다.

대한민국 칠십 년사에 이렇게 망가지고 위선적 허세가 판치고 당리당략에 따라 주도된 먹고 보자는 공짜정국이 없어 보인다.

인사는 대통령 고유권한이란 미명아래 국민의 눈높이를 전혀 무시하고 인사청문회를 비웃으며 위선으로 무장하고 막가파씩 밀어붙이기를 강행하거나 한다. 또한 정치는 제 편 내 편으로 갈라치기하거나 상대를 억압하거나 미친년 널뛰기식 정책으로 베네수엘라행 파국열차에 가속도를 더하거나 여차하면 도피할 준비나 하고 있는 것 같은 형국이다.

능력이 없으면 그대로 유지하다가 다음번으로 바통을 넘겨줄 생각이나 하지 한답시고 하는 일이 망하자는 파국내기이니 장차 후한이 두렵지 않고 역사가 무섭지 아니한가?

갈수록 법치주의는 깨지고 국민은 살아보겠다고 코로나 방역에 제할 몫을 다 하는데 잘못되면 남 탓에다가 교회집회나 광화문집회 탓이나 하고 있으니 미치고 팔딱 뛰겠다.

허리띠 졸라매고 근면 자조 협동으로 합심해도 이 풍파를 헤쳐 나가기도 힘들 듯 한데… 세월호 뱃머리에 가서 애들아 고맙다! 고 마음을 표하고 재미 좀 봤으면 이젠 코로나야 고맙다 재미 좀 더 볼꺼야! 하고 '임금님 귀는 당나귀 귀야' 하고 외치듯 크게 외치면서 살아갈 작정인지 울화가 치민다.

걱정에 잠 못 드는 떠올리기도 싫은 경자년이 모든 액운과 함께 사라지고 신축의 해는 너무 욕심을 부리지 아니할 지니 제대로 중간이라도 되길 빌어본다.

경자 년말을 맞으며

(하동군민신문, 2020.12.14)

경제사범 솜방망이 처벌 문제 있다

최근 옵티머스, 라임 투자사기 문제로 세상이 시끄럽고 특히 국감에서도 공방투성이였다.

우리나라 역사상 많은 경제사범들이 있었고 그 피해는 뼈 저리는 고통을 감내하는 일반서민투자자들이며 그기에 연루된 직접적 사범들은 솜방망이 처벌을 받아 몇 년 교도소에 있다가 감형되어 나오는 것이 보통이며 그 후 은닉재산이나 뒷배를 봐준 간접연루자들의 보살핌으로 활개치고 거리를 활보하거나 해외로 나가 떵떵거리며 잘 살고 있는 형편들도 많다.

어음사기나 다단계판매, 펀드투자, 저축은행횡령사건 등 경제사범은 많으며 특이한 유병언 사건 등, 그 피해당사자는 극고의 세월을 보내지만 사회적 파장은 곧 수그러들어 되풀이되고 있는 것 같다,

이번에 옵티머스, 라임 사건 등은 아직 완전한 실체가 밝혀지지 아니하여 그 규모나 피해를 확실하게 예상하기는 어렵지만 수혜를 받은(자문단 등) 사회유력인사들이 많이 거명되는 것과 언론제보는 무시하면서 사기범으로 조사받는 피의자의 제보는 집권여당에 유리한 것은 공익제보라고 하는 등 상식적인 판단을 벗어나는 것으로 사회,

경제에 많은 문제점을 일으킬 것이 아닐까 판단된다.

국가적인 큰 경제사범들은 본인이 아는 것으로 조희팔사건, 전국교수공제회사건, 해피쇼닉 등등이 있다.

다른 사건들도 피해도 크고 심각성이 많았으리라 판단되지만 본인이 잘 알고 있는 피해당사자로서 전국교수공제회에 대하여 그 개요를 말하고자 한다.

교수의 복리증진, 후생, 퇴직 후의 생활안정 등을 기치로 교수공제회가 1998년 설립(교원공제회를 모방한 유사수신단체)되어 2000년부터 수신행위를 하면서 저명교수, 총장 등 저명인사들을 이사진으로 교수는 연구 등 학술행위에 열중하고 생활안정을 위하여서는 당국의 눈치를 보지 않는 전문적인 투자로 이익을 극대화한다고 (교원공제회나 은행정기예금보다 다소 높은 이율)가입을 권유하여 4000여명이(교수와 그 가족) 가입하여 7000여 억의 수신에 관계자는 600여 억을 횡령하였다고 하였으나 1500억의 행방은 묘연하여 결국 3000여 억은 손실처분? 되고 2012년 파산선고 되어 전국에 있는 교수공제회관 처분과 예치금으로 파산관재인을 통하여 피해액의 과반정도만 보상한 사건이다.

10년이 거의 다되어 가는 지금까지도 확실하게 완전한 처리가 끝난 것도 아니고 파산관재 처리 중이라는데 그 당시는 바보처럼 당했다는 수치심과 교수들의 체면 때문에 저축은행사건처럼 집단으로 점령 시위하지도 못하였다(효과 없는 피해자 대책회의만 수십 회).

퇴직연금으로 매월 154,000~462,000 연금형태의 적립과 생활안정자금으로 선이자를 공제한 일시수탁금(연이율7%이상)으로 3억 이상 수탁자도 3~4백 명, 10억 이상도 수십 명으로 그 피해는 사실상 대단하여 파탄난 가정도 있고 득병한 피해자도 있었지만 당해본 사람만이 그 아픔과 사정을 제대로 느꼈으리라 사료된다.

본인도 그 당시 위암발병으로 30년의 교직에서 명예퇴직 하여 투병중이든 아내가 퇴직금을 생활자금으로 수차에 걸쳐 예탁한 3억 원 중 현재 과반정도 파산관재 처리되었다.

그 당시 피해자들이 분통터지는 것은 왜 대부업종으로 인허가 받은 업체가 교원공제회와 비슷한 수신행위를 하는데도 해당당국은 모른 체 했으며 사건이 터지기 2~3년 전 교수회관 신축, 건설운영과 거래 등에 문제가 생겨 검찰의 조사를 받으면서도 검찰에서 무혐의 처리했다는 사실이다. 그렇지 아니했다면 피해가 대폭 축소되었을 것이라고 판단됨은 불문가지다.

또 하나는 울타리가 되어준 저명인사들이 이사라는 명칭으로 일년에 한두 차례 회의에 참석하고 5000여 만원의 수당을 받으면서(현자문료) 정작 문제가 되니 그 분들은 거수기 역할로 운영에 책임이 없어 법적문제가 없었고 이사장과 실제 횡령한 상임이사와 직원이었던 그 가족이 책임졌으나 모두다 솜방망이 처벌인데다가 그것도 기회가 있으니 감형되거나 가석방되었다는 문제다.

그 당시 그들을 봐준 무슨 대학인맥이나 또 무슨 인맥들이 거론되기도 하였으나 확실성도 모르고 검찰도 무혐의 처리한 것으로 알고 있었는데… 국회의 국감에서 교수출신의 국회의원인 피해자가 검찰에 잠깐 질의한 적도 있었는데 그 당시 뜬소문은 몇몇 피해자에겐 파산관재인 등이 다소 피해보상을 했다는 헛소문도 돌기도 했는데 지금 생각하면 의심이 들기도 한다.

그 당시는 파산관재인으로부터 확실한 많은 피해보상이 따르기를 희망은 했지만 어느 듯 세월이 십년 가까이 흘러가니 내 것이 아니라고 거의 아픔을 치료하고 지내고 있는데… 이번 사회를 떠들썩하게 한 유사수신 행위인 옵티머스나 라임의 투자 사태에 정계나 경제계, 관계부처, 청와대행정관 등 로비를 받아 뒷배를 봐준 권력형 비리로 의심되는 간접관련자의 실상이 반드시 밝혀지고 특히 일찌감치 실토한 홍 부총리, 진 장관 등 자칭 피해인?도 있지만 실제로는 그기에 생계를 매달은 극심한 서민피해자들도 상당수 있을 터이니 걱정도 앞선다.

정부당국은 피해 국민의 가슴에 쓰라린 못을 박는 본인과 같은 한 맺힌 가슴을 다시 쓰다듬어 보는 일들이 없도록 경제사범과 그 관계자들은 공정과 정의로 엄중히 가중처벌 하여 이와 같은 경제파탄을 일으키는 유사수신 범죄행위가 재발되지 않기를 바라마지 않는다.

2020년 만추에

(시와 수필 통권 63호, 2020 겨울)

구국의 지도자를 기다리면서

시대가 진전됨에 따라 함께 발전하는 것이 역사다. 어제보다는 오늘, 오늘보다는 내일이 발전하고 개선되는 것이 주역에 따라 차이가 있다고 하더라도 그 시대를 담당한 지도자들의 책임이다. 역사를 돌이켜 보면 크고 작은 각자의 책임과 의무를 다함은 물론이고 사회와 타인을 위한 봉사와 희생정신이 국가를 올바르게 지탱해 왔다고 할 수 있다.

우리와 같은 시대 가슴에 뭉클한 사연을 주고 동지애를 느끼며 국군의 사기진작과 국민에게 믿음과 존경을 받아온 잠시 회자되다가 이제는 잊혀져가는 연평해전의 용사, 강재구와 이인호 소령의 산화, 과거 일제 침탈기에 국민정신을 일깨워주신 안중근, 유관순, 안창호 선생 이런 분들을 하나하나 열거 하려면 끝이 없을 것 같지만 이런 애국정신이 나라가 지속되고 발전하는 등불이 되지 아니하였나 싶다.

지금 우리나라는 인권 없는 일제식민지를 벗어나 헐벗고 굶주림 속에서도 위대한 지도자를 만나 헤어지면 죽고 뭉치면 산다는 정신으로 서로 뭉쳐 그 어려움 속에서 자유민주주의의 싹을 튀어 성장 발전하였다. 또한 반만년의 굶주림에서 벗어나 보려는 소망이 뭉쳐 자조, 근면, 협동의 새마을 운동으로 승화되어 이젠 자급자족할 바탕을 이룩하였던 착하고 근면한 자주 민주적 민족이 살아가고 있는 나라다.

이젠 그 바탕위에 힘을 모아 선진국으로 진입해야 하는데도 좌우이념의 갈등과 제대로 된 국가지도자를 만나지 못하고 또한 끓기 전에 너무 일찍 터뜨려버린 신호와 한쪽으로 치우친 지도자의 위선으로 국민들은 요동치고 서로 믿고 사랑해야 하는 마음이 불신의 골만 깊어가고 국가발전은 뒷걸음 치고 있는 것은 사실이다. 1960년대 세계적으로 우리가 부러워하던 베네수엘라의 전철을 밟고 있는 것 같아 마음이 편치 않고 제대로 밤잠을 이룰 수도 없다.

풍전등화에서 나라를 구한 성웅으로서 역사적으로도 전대미문의 신화를 창조하신 만백성이 존경하고 추모하는 이순신장군 같으신 구국영웅이 다시 출현하길 염원해 마지않는다. 역사가 영웅을 낳는지 영웅이 역사를 창조하는지 시대를 제대로 이끌어 갈 지도자는 우리 모두가 요구하고 만들어야 할 책무를 역사가 피할 수없는 엄숙한 명제로 이끌어야만 하는가!

마침 이번에 국제 펜 한국본부에서 세계한글작가대회기념 제3회 문학기행을 아산 현충사를 중심으로 실행하기로 하였다. 성웅 이순신의 사적욕심 없는 구국정신과 백성 사랑하는 마음도 한번 되새겨 보고 23전 23승이라는 세계 해전사海戰史에 빛나는 무인으로서 뿐만 아니라 왜적에게 죽음을 당하고 능멸을 받고 있는 백성을 구제하는 우국충정의 「한산도가」에서 그의 삶과 문무의 진정성이 애국애족의 욕심 없는 희생정신으로 성장해 갔음을 밝혀서 새겨 보고자 함이다.

님께서 목숨을 걸고 남해바다를 지키면서 능욕과 굴종에도 불구하고 백의종군하면서 까지도 연전연승을 하자 일부 조정대신들은 그를 모략으로 폄훼하여 선조 임금으로부터 받을 칭송을 시기하여(임금까지도) 구국의 성웅 충무공을 해할 생각들을 하고 있었다. 그러나 그는 가능하면 전공을 부하들이나 동료들에게 돌려드렸고 공을 탐하지도 아니 하였다.

전쟁이 끝나면 책임을 묻겠다는 선조의 비열한 마음을 알아채기라도 하였을까? 우리가 영화 <성웅 이순신>에서 보고 느낀 것처럼 실제로 노량해전에서 피할 수 있었을지도 알 수 없었던 장렬한 전사를 택하게 되며 조선수군통제사 중에서도 가장 뛰어난 장수들의 불멸의 죽음으로 임진왜란의 『난중일기』에서 그의 전략행적을 알 수 있듯이 승리로 영원히 남게 하였다고 판단된다.

님의 『난중일기』에서 인간의 진솔함과 조상님께 효도해야 하는 마음과 몸가짐, 동료와 벗과의 전쟁터에서의 참된 우정, 전쟁터에서 죽음을 각오하고 싸우는 것이 고통당하며 통곡하는 백성을 조금이라도 위하는 애국충정의 행위로 생각하고 자신의 권력과 명예보다는 백성을 더 사랑하였던 그의 심성을 잘 나타낸 것으로 사료된다.

일본의 올바른 지식인들조차도 러일 전쟁의 영웅 도고와 이순신 장군을 비교하면 그의 발가락 한 개에 불과하다고 하였고 넬슨과 같은 거국적인 지원과 그 만큼의 풍부한 무기와 함선을 주었다면 우리 일본은 하루아침에 점령을 당하고 말았을 것이라고들 하고 있다.

앞으론 국민의 여망이 담긴 이순신 장군과 또한 세종대왕 동상 앞 광화문광장은 천막으로 상주하는 성토장이 되는 일이 없기를 바라며 중앙에 넓은 광장을 만든다는 이런저런 핑계로 동상을 다른 장소로 옮기려는 서울시의 시도는 올바른 국민정신을 망치려는 반민주 국가적 행위라고 판단되기도 한다.

순국선열님들이시여! 나라가 총체적 난국에 처해 있으니 이 나라를 구할 성웅 이순신 같으신 구국지도자 탄생의 바람은 나 하나만이 아님을 굽이 살펴 주시옵소서!

오늘날 이 나라를 이끌고 가는 자칭 중심축의 지도자들이시여! 후일 역사적 평가는 반드시 제대로 평가될 것이오니 국가가 부르는 시대적 소명으로 생각하시어 사리사욕을 떠나 충무공 이순신 성웅의 정신을 바로 새겨 나라를 지켜 나가도록 합시다.

기해년 여름을 맞이하며

(詩와 수필 통권 57호, 2019 여름)

단풍든 가랑잎 굴러감을 바라보면서

내 생애 두 번째 맞이하는 다시 더 떠올리고 싶지도 않은 경자 이년(해)! 청정지구 고향 하동까지도 설상가상으로 코로나가 확산되어 나가고 이곳저곳에서는 못 살겠다는 신음소리가 울러 퍼지고…

팬데믹 코로나가 설치는 다사다난의 경자년도 흘러가 달포쯤 지나면 또 그렇고 그런 신축의 확 갈아엎어주길 바라는 새해가 벌써부터 기다려지기도 한다.

부정선거 시비를 일으키고도 법정기한은 끝나가는 데도 아직도 선거재판은 제대로 시작도 못한 우리나라 415 총선이며, 대통령 선거제도에서 간선제로 인한 문제점도 제기되기도 하지만 민주국가의 대명사란 미국까지도 승복을 못하겠다는 부정선거 시비를 불러일으키고 있다.

먼 산을 바라보니 만산홍엽의 단풍 빛에 물 드린 가슴시린 떠나간 사랑의 그림자가 어렴풋이 살아나는 것 같기도 한다.

가을이 되면 사색도 깊어지고… 발병률이 상승하는 추세인 요즈음 승천한 아내처럼 재발한 암을 다스리지 못하고 애달파하는 지인인 남편 곁을 떠나가는 골프 동호회원이었던 어느 암순이를 엊그제 문상하면서 재발한 암은 정말 다스리기 어려운 거라며 가슴 치던 꼭 십 년이 흘러가버린 승천한 아내 생각도 떠오른다. 그 당시 상처하고 혼미했던 때라 지금은 승천한 그분께서 나이 들어 혼자 지내면 외로울 터니 말동무 친구라도 나에게 소개해 주시겠다는 배려도 별 생각 없이 흘러듣고만 생각을 하면… 지금 짝 잃은 외기러기가 된 김00형에게 빨리 마음을 털고 일상에 복귀하도록 마음을 써주어야 되겠다고 생각된다.

고향 생가별장에 가서 별로 달려 있지 못하지만 관상용으로 장식만 하는 것은 수확의 자연섭리에 맞지 않다며 반접이나 될까 말까한 대봉감도 따고 집 주위에 널브려져 있는 야생약초라도 채취하여 약술이라도 좀 담을까 하여 고향 행을 감행하여 조상님들 산소도 둘러보고 하루 이틀 쉬었다 올까 했는데 갑자기 날씨도 추워져 결단성 부족으로 또 미루고 만다.

마음 맞는 친구들과 단풍놀이라도 가서 떨어지는 낙엽 보면서 "시몬, 너는 좋으냐? 낙엽 밟는 소리가."를 읊조리며 마음을 추스르고 오면 다소간 원기회복도 이루어질 것 같기도 한데…

생각하니 정다운 분들 하나둘씩 떠나가지요, 우리 후손 손자들은 앞으로 어떻게 살아가야할지? '우선 먹기 곶감이 좋다'고 자손 앞길 생각 없이 그들에게 빚만 잔뜩 지우는 과대한 추경예산에 뒷생각 없는 퍼주기 예산집행에 할 말을 잃고 있다. 미친0 널뛰기 하듯 앞뒤 말도 다르고, 아니면 말고 식의 법집행에 서서히 파괴되는 우리 서민경제에 설상가상으로 몽탕 다 뒤집어씌우는 경제파탄 범 코로나19와함께 베네수엘라 행 국가경제 파국열차는 점점 가속도로 달려가고 있는 것을 보면 속이 타서 새까만 숯검정으로 변해버리는 것 같다.

공인이며 정치지도자를 자처하는 선거직 위선공직자가 활개 치는 것을 보면서 철학도 없고 신념과 양심도 없는 자들이 어쩌다가 감언이설로 당선이 되었는지는 몰라도 오래 가면 본성이 탄로가 나서 본인은 물론이지만 국가사회와 국민에게도 해를 끼쳐 역사적으로도 나쁘게 평가 될 것이 '뻔' 한데 왜 이러는지 모르겠다. 사실 제대로 평가도 못하고 이런 자를 선택해 뽑은 우리국민 선거인도 더 문제이지만….

해방되고 국민이 어둑할 때(자유당시절) 막걸리투표, 고무신투표나 밀가루투표가 판을 칠 때도 이승만 대통령은 걱정만을 하셨지만, 또한 정적을 무너트려 정권을 오래 유지하여 자기들 이익에 집착한 그 추종자들 탓도 있었겠지만, 지금 같은 정보화 세상에는 지구 반대편 실상들도 속속들이 파악해 평가하는 세상에 우리 국민의 많은 유권자들이 왜 이런 판단과 이념에 물든 정치행태를 보이고 있는지 이해 할 수가 없다.

설사 과거정부에서 연좌제로 옥죄어 억압당했다 하더라도 이젠 이념에 의한 연좌제도 완전 폐지되었다. 우리가 살아오면서 경험해본 남북한을 비교해 보아도 공산주의보다는 시장경제의 자유민주주의가 우리의 행복추구에 합당하다는 것을 잘 알면서도 얼핏 들으면 혼돈하여 "공평하고 공정하며 정의롭다"는 잘못된 지도자들의 한 맺힌 이념에 어쩌다 이끌려 진정한 행복을 스스로 포기하는 것 같아 안타까울 뿐이다. 정말 '행복은 멀리 있는 것이 아니고 가까이 있으니' 어떻게 하여 이룩한 나라인데 우리 스스로가 올바른 선택을 하여 제대로 우리를 위한 지도자를 뽑고 거짓 없이 남을 배려하면서 더불어 잘 살 수 있는 행복한 자유민주주의 사회를 스스로 합심하여 이루어 나가야 하겠다.

단풍져 떨어져 나간 자리에서 다음해 새싹이 다시 돋아나와 새롭게 가지를 덮어 무성해나가듯 우리 모두 새롭게 "싹 다 갈아엎어" 새롭게 만들어 나갑시다. 모두들 희망을 버리지 말고 건강들 합시다.

입동을 지나고, 단풍지는 잎만 바라보며 생각에 젖어
(하동문화 39호, 2020)

민주주의 사망 장례식(상여 대얼리기)

과거 신문사 수장을 지냈던 친구가 보내준 동영상에 대설을 지나 동지를 바로 앞둔 이 혹한 날씨에 과천 법무부 청사 앞에서 우리 전통식으로 상여를 울러 메고'민주주의 사망'이라는 대얼리는 장례식이 한창이다.

이 추운 날씨에 남성뿐만 아니라 하얀 소복을 하거나 검은 상복을 입고 코로나 때문에 거리를 두고 따르는 민주주의를 열망하는 얼마간의 여인들을 보면서 코로나 핑계로 개인의 안위만을 생각하는 나 자신의 무력함에 부끄러움이 앞선다. 이 추위에 그렇게 코로나 핑계로 집합을 금지하는데도 일연의 사태에 항거하여 민주주의 사망을 외치며 법치가 무너짐을 항의하는 애국시민들을 동영상에서 보면서 눈물이 왈칵 쏟아지는 감정을 주체하기도 어려웠다.

60년대 그 당시는 80대로 호상이었지만 지금은 보기조차 어려운 할아버지(83세 졸)의 전통적인 유림장의 장례식과 3년 탈상을 한 장례식이 기억난다. 이승만 자유당 정권의 큰 업적인 농지개혁으로 성균진사이셨던 증조할아버지 천석꾼 최진사댁 큰아들로 살아오시면서 시대급변에 따른 세태의 급격한 변천양상에 따른 마지막 유학자로서 게다가 교육자로서 여러 번 교육감 선거에 낙선한 아들에 대한 애잔한 마음으로 대지주로서의 파탄 난 집안을 걱정하시어 영욕을 함께하신 할아버지께서 당신의 죽음을 며칠 전부터 예견이라도 하신 듯이 한 행위도 기억된다. 어려운 가세에 칠일장을 지내면서 상여와 방장수도 직접 만들고 여기저기에서 들어온 만장과 만사도 정리하고 출상 전날 밤 '대얼리는 풍습'?이 생각난다. 사전에 상여꾼들이 모여 떠나가시는 고인의 생전업적과 극락왕생을 요령소리에 맞추어 빌고 앞으로의 가문의 무사함을 기원하면서 상여에는 주로 상주보다는 백관을 차례로 태우고 사자와의 관계를 앞세워 장래를 축원하는 풍습이었는데 그 당시 잔치 집엔 떼거지도 많이 몰려드는 세태에 대학생이었던 백관으로서 느낀 생각도 아스름히 떠오른다.

과천 법무부 청사 앞에서 행하는 상여 대얼리는 행사는 우리나라 지금의 민주주의와 법치주의의 사망을 애통해 하면서 앞으로 다가올 세상은 더없는 발전적인 민주주의가 오길 바라는 국민의 염원이 담긴 기원을 묘사하는 전통장례식을 이용한 행사라 사료된다.

코로나 핑계만 대고 불의를 보면서도 모른 척 해야만 하는 이 신세가 애처롭고 역발산기개세는 아니더라도 우리들의 학창시절 정의에 불타는 젊은이가 불의를 보고도 모른 체 하면 그 나라의 장래가 요원하다는 은사님들의 한결같은 가르침은 지금 극단적 이기주의에 빠진 젊은 세대에겐 통하지 않는 세태가 되어가는 것 같다.

또한 윗물이 맑아야 아랫물이 맑다는데 지금의 기성세대들이 보이는 자가당착식의 내로남불과 419혁명시절과는 달리 일전의 서울대

교수들과 정교모 교수들의 시국선언도 통 먹혀들어가지 않는 세상으로 변해가고 있음을 퇴직교직자로서 한탄하며… 한 가정에 자녀들이 하나뿐이라는 세태는 좋든 싫든 아무개 법무장관처럼 지나치더라도 자기아들 챙기기에만 급급한 세상으로 변해버린 인정과 정의도 때론 준법정신까지도 사라지는 극단의 이기주의 세상임을 보여주는 것이라 판단된다.

많은 경제사범들의 솜방망이 식 처벌로 부작용이 많은 것처럼 옵티머스. 라임 사건에서 보여주듯이 경제사범도 직접적 피해가 아니더라도 우리 선량한 국민도 경제적 파국으로 다가올 피해자일 수 있다. 우선 먹기 곶감이 좋다는 식으로 나중에 오는 피해는 생각해 볼 여지도 없으며 사건관계자도 중심관계자가 극단의 선택을 하면 기소중지라는 사자에 대한 명예대우를 악용하여 간접적으로 관계된 자들이 활개치는 세상을 없애기 위해서라도 경제사범은 확실하게 끝까지 모든 관계를 밝혀 사자는 어쩔 수 없이 면죄처분 하더라도 그 외 관계자는 엄중 처벌해야만 한다고 사료된다.

앞으로 살기 좋은 자유민주주의 사회를 건설해 나가기 위해서는 우선 먹기 곶감이 좋다는 식이 아니라 우리 후손들의 미래를 위하여 깊은 생각을 가지고 국민을 갈라치기 파벌로 조장하거나 법무부 앞과 대검찰청 앞의 경쟁식 화환놀이의 부추김에 현혹되지 아니하고 올바른 판단으로 법치주의 사망을 애통해하는 상여 대얼리는 풍습의 의미를 깊이 생각해 봐야겠다.

하늘에 계신 애국영령들이시여! 가여운 후손들을 생각하시여 국민모두가 제정신이 번쩍 들고 나라가 평안하도록 돌보아 주시옵기를 상여 대얼리는 마음으로 기원합니다.

가슴속 맺힌 한을 어떻게 풀어볼까
알알이 맺힌 한은 사랑으로 풀어야지
목숨보다 더한 사랑은 나라사랑 얼씨구

그 옛날 조상들은 충효위해 목숨 바쳐
현 세대 사랑들은 자기 위한 이기주의
정치권 과욕사랑은 너나없이 공멸로

어이어이 가슴속엔 한탄하는 민주주의
코로나 핑계 대며 어쩔 수도 없다지만
어차피 칠순 지나니 과욕만은 사라져

동지를 앞두고, 나라의 평안을 바라는 국민 합장.

(하동군민신문, 2020.12.24)

상식이 통하는 대일정책

- 위안부 문제를 중심으로 -

우리나라 현 외교정책이 실패란 평가가 나돈다. 전문성이 부족한 외교부장관은 뒤로 숨고 보이지 않는 청와대 안보정책실 주관의 외교정책이란 혹평을 받고 있다. 본인은 외교에 대하여 문외한이다. 일반상식에 준하여 일본유학 3년(2+1)의 토대를 바탕으로 느낀 감정과 과거부터 형성된 국민들의 기저에 깔린 반일감정 등 일상적인 느낌의 일부를 피력해 볼까 한다.

지금 한미관계도 문제지만 지척에 두고 있는 이웃인 러시아, 중국과 일본과의 외교관계를 정립하지 않고서는 우리나라의 평화와 발전을 기대하기는 어렵다고 판단된다. 특히 한일관계는 역사적인 특별한 관계로 일제식민지 시대 등 미워할 수밖에 없는 처지라고들 하나 그렇다고 글로벌 시대 양국의 발전을 위하여 관계개선 없이 마냥 미워하면서 지낼 수는 없는 일이다.

중국과의 관계는 말할 것도 없지만 일본과의 관계도 삼국시대부터 멀고먼 이웃 나라 라기 보다는 다툼도 있었지만 왕래가 많았던 인근국가(특히 백제)라고 하여도 무방할 것 같다.

지금 한일관계는 반일 종족주의(이영훈 외 공저)에 빠져 있다고 하여도 과언이 아니다. 고대에는 중국의 문화를 가져다 발전시켜 일본으로 전파함으로서 우월감을 갖기도 하였다. 근대에는 발달한 서양문물의 수입처로서 조선시대 쇄국정책으로 일본을 제대로 활용하지 못하였다.

임진왜란과 더불어 일본에 병합(1910)되어 식민지로서의 군 징용문제, 보국대, 정신대, 위안부 문제 등 뼈아픈 추억과 고통 등은 반일주의 형성에 한 몫 하였다고 판단된다.

해방 후 근근이 출범한 이승만 정부의 '자유론'과 '독립정신'에 토대한 자유민주주의 시장경제원칙의 대한민국은 미국원조에 기댄 경제와 공산세력의 침략을 받아 나라를 복구하는 어려운 처지에서 반일반공의 기저만을 강조하였기에 일본과의 관계개선은 생각해볼 여지도 없었던 것 같다

박정희 정부시절 이웃국가 일본과 서로 협력해 나가야만 우리나라 발전도 이룩할 수 있다고 확신하여 기저에 깔린 국민정서인 반일감정을 다독여 나가면서 국민과 학생들의 한일회담 반대 등의 국민운동을 핑계 삼아 다소 우리나라에 유리하게 한일협정(1965)을 성사시켜 일본국의 협조로 국가발전의 원동력으로 국가산업경제의 발달을 이룩하였다고 사료된다.

한일 간에는 앙금도 있고 다소 문제가 있기도 하였지만 양국의 노력으로 공조관계가 그런대로 유지되어 상호 이익증대로 문제점들이 잘 풀러가고 있었다.

한일협정 성사 후 청구권자금관리법(1966)이 제정되어 청구권보

상법(1974)에 의하여 개별국민에 대한 청구권 보상금 수령이 미흡하나마 이루어졌다(1975-1977).

그 후에도 전시동원 관련 부상자나 행불자와 같은 피해자가 보상을 받지 못한 데 대해서 계속 비판이 제기 되었다. 이에 노무현 집권기에 강제동원피해진상규명법이 제정되어 정부위원회(위원장 이해찬, 위원 문재인 등…)가 출범하여 피해보상에 앞서 진상조사활동을 시작하여 피해조사가 이루어진 후 사망, 행불자 인당 2000만원 국가보상금 지급작업을 시작하였다.

본인은 농학전공으로 국가 간 협정과 국제법 적용에 대하여 언급하기가 어렵지만 특히 문제가 되고 있는 위안부 문제에 대하여 일반적인 통용의 상식선에서 판단해 보고자 한다.

군위안부 문제는 유혹, 감언이설, 협박, 강압 등의 문제가 있었다고 다소 인정되기도 한다. 민간주선업자의 문제라고 주장하는 일본당국의 주장에 전적으로 동의하기도 어렵지만 과거 조선시대에도 노비나 관비제도 또는 민간 기생제도도 인정되었고 일본군위안부 문제를 해방 후 민간위안부, 한국군위안부, 미군위안부 문제와 관련하여 부정만으로 해결하기 어려운 상식적 판단과 그 당시 우리나라 사정에서 정신대 등 징용문제가 강제적이라는 판정만을 고집하기는 어려움도 있다.

한일청구권협정에(1965)의하여 위안부 등 모든 청구권은 매듭지어져 개인 및 국가의 일본 청구권에 대한 과거사가 청산되었음은 일반적인 국제법상 해석이다.

일본군위안부 문제가 발생한 것은 김학순 씨의 위안부 경력고백

(1991)과 뒤따른 많은 동참고백 후 정신대문제대책협의회(정대협)가 결성된 후였다. 여자정신근로대(정신대)는 군 위안부와는 달리 잘못 호칭된 별개의 것으로 전시기에 여성의 노동력을 산업현장에 동원한 제도로 집안할머니 한분도 정신대로 일본 방직공장에 동원되어 고된 노동에 다소 시달렸지만 임금 등을 받았으며 그 때의 재봉 솜씨가 해방 후 생활에 도움이 되었다고 말씀하신다.

김영삼 정부에서도 '위안부 피해자에 대한 생활안정지원법(1993)'으로 정부차원의 생활안정금 500만원과 매월 생활지원금 15만원, 영구임대주택 우선입주권을 제공하였다.

일본정부 역시 '여성을 위한 아시아 평화국민기금'인 도의적 차원의 인당 200만 엔 위로금과 의료비를 지급하기 시작하였으나(1997) 정대협을 비롯한 반대가 거세지자 사업을 중단하고(1998) 결국 한국내 위로금 지급을 종결(2002) 하였다.

김대중 정부(1998)에서도 위안부 신고자에 (186명)에 대하여 1인당 3800만원 지급사례가 있었다.

박근혜 정부(2015)에서 정대협의 문제제기로 일본군의 관여 하에 다수 여성의 명예와 존엄에 깊은 상처를 입힌 문제로 책임을 통감하고 양국정부 간 최종적으로 청산한다는 합의와 일본 측의 출연으로 위안부 피해와 고통과 상처에 대한 사죄와 반성으로 '화해치유재단(2016)'을 설립하여 위안부할머니와 유족 인당 1억 원의 위로금 지급 시행으로 거의 해결의 실마리를 찾아가던 중 문재인 촛불정권의 출범으로 합의파괴(2018)로 한일청구권협정(1965)과 위안부문제합의안(2015)을 파기하는 국제법상 원칙을 파괴하게 된 것 같다 일본정부는 "국가는 타국 법원에서 동의 없이 소송의 피고가 되지 않는다"는 국제법상 주권면제원칙으로 한국사법부의 강제징집에 대한 배상판결을 거부하면서 위안부 강압동원에 정부와 일본군당국이 수송과 모집에 관여하였지만 모집업자를 통한 민간주도로 군 당국의 강제모집은 아니라고 주장하고 있으면서도 무라야마 도미이 총리의 공식적인 사죄(1995)와 고노 담화에서도 깊은 반성과 사과를 하였다.

해방 전 식민지 조사사례에서 하층에서 딸이나 처를 대상으로 하는 인신매매가 성행하여 극빈가정에서는 전차금을 받고 매매하는 사례가 호주제 인정과 함께 용인되는 현실이었다.

일본군 위안부는 성노예라고들 정대협에서 주장하고 있는데 자의적 선택과 위안소부대의 엄격한 군기운영수칙도 인정되어 높은 성노동과 고수익에 대한 고위험이 따르는 강압적인 운영도 인정되지만 필자는 이것은 다소 과장된 주장이라고 판단하고 있다.

일본군 위안부들의 일본, 태국, 중국, 필리핀, 동남아 등지에 군부대의 관여로 동원되었던 상당수가 비록 통제 가능한 군부대에 거주하는 경우가 많았지만 계약기간이 만료되거나, 채무가 청산되거나, 위안부로서 목표금액을 모은 후에는 자의적으로 이탈이 가능했으며 군부대 거주 중에도 외출이 가능하고 일본은행을 통하여 한국에 있는 가족에게 송금이 가능했던 사실들을 많은 예로서 볼 수 있었다.

6.25전쟁기의 한국군위안부는 일본군위안부를 그대로 복제한 것으로 성적위안을 제공하는 700여명 정도의 특수위안대를 설립하여 위안부 1인당 성교의 노동강도는 6.6회 정도로 미군위안부는 평균1.7회였습니다. 또한 전국의 거의 모든 지역에 설치된 민간사창가에서

는 지역에 따라 편차가 심했으나 평균 4,6회, 시대에 따라 5.5회로 노동의 강도는 격렬한 상태였다. 일본군위안부는 군관의 엄격한 업주의 중간착취통제로 보호받은데 비하여 우리의 민간위안부에 대한 정부의 관리와 감독은 무척이나 허술하였다. 악덕포주의 위안부에 대한 노예적 지배는 일선경찰과 뇌물로 결탁한 상황에서 공공연히 폭력이 자행되었으며 이탈방지로 집단 감금 시 화재로 인하여 많은 사창가 여인이 재난을 당하는 사건도 비일비재하였다.

군위안부에 대한 정대협이나 좌파연합성격의 단체들의 활동은 아픈 상처를 건드려 한일관계파탄에 목적을 둔 것 같기도 하다.

강제징집이나 군위안부 문제 등으로 한일관계가 어려움에 봉착하자 문재인 정권에서는 'KBS 시사직격' 등을 통하여 박근혜 정부에서 해온 일을 외교적 실패로 규정하여 '화해치유재단'을 폐지하여 한일관계를 '긁어 부스럼'으로 무너뜨리고 있다. 많은 단체들과 국제법연구소 등은 한일청구권 협정으로 일본에 대한 개별적 청구권은 물론이고 모든 청구권이 소실되었다는데 뜻을 같이하고 청구권협정의 받은 돈으로 경제성장을 이루었으니 미진한 피해자에게는 우리 정부가 배상하여야 한다는데 공감하고 있다.

글로벌 사회에서는 이웃 국가나 사회적 민간교류가 더욱 절실히 요구되고 그래야만 삶의 질을 높이며 평화가 공존한다는데 합의하고 있다. 특히 한일관계는 단편적인 면에서 과거의 피해의식에 집착하지 말고 일본과 미국이 그러하듯이 우리 정부와 국민도 스스로 나라를 지키지 못한 통한을 거울삼아 국가 발전의 원동력이 되어왔던 "근면, 자조, 협동의 새마을 정신을 되살려 다시 한 번 국민 모두가 소통과 화해와 협동으로 나라의 발전을 이루어 나가야 하겠다.

필자는 재일 유학중 만나게 된 많은 사람들(학생, 학자, 로타리언)과 우리나라에서 만나 뵙게 된 일본인들을 기억해보며 또한 승천한 아내가 본인의 체류 중에 방문하게 되어 직접 만나본 일본인들은 한결 같이 친절하고 작은 약속이라도 틀림없이 지키고 국제로타리클럽 모임으로 만나게 된 일본인을 신뢰하고 존경할 수 있다는 말들을 떠올려 수긍해 본다. 이웃국가 간 유대강화로 국민들 사이에서도 신뢰를 바탕으로 한일 관계개선이 이루어져 평화와 발전이 공존하기를 희망해 본다. 또한 우리나라가 선진국으로 발전하여 강력한 힘을 유지할 때 자국민을 안전하게 보호하고 평화가 유지된다는 사실을 인식하여 국가와 국민이 모두 상부상조의 정신을 이어가기를 기대해 본다.

기해년도 저물어가면서

(시와 수필 통권 59호, 2019 겨울)

세월은 흘러가고 세시풍속은 흐려지고

경자년도 2달이 훌쩍 사라져가고 승천한 아내가 떠나간 지 꼭 십년이 흘러간다.

새해농사의 출발을 알리는 정월보름도 지나가고 김 형석교수님이 인정하시는 노년기도 실감할 수 있는 시기가 된 듯하다.

우리 조상님들의 신체단련과 관련된 세시풍속과 연말과 정초의 세시놀이로 우리들 어릴 때부터 생활에서 익숙하게 접합해온 흥미 있는 여러 가지 놀이들을 생각해 보면서 어쩔 수 없이 노쇠해져만 가는 신체에 대하여 다시 한 번 경구적인 반추를 해본다.

세시놀이풍속으로 아무리 강조하여도 지나치다고 할 수 없는 특히 다리운동을 위한 제기차기와 팔과 어깨운동을 위한 팽이 돌리기, 하체운동과 케겔운동의 모체라고 생각되는 정신집중을 위한 활쏘기(대나무와 삼끈으로 제작), 집중과 정확도를 끌어올리는 마루던지기와 구슬(굴밤)치기, 추위를 이기고 활력을 키우는 스케이팅이나 썰매타기, 근육반동의 전신운동인 남자의 씨름과 여자들 중심의 널뛰기와 그네타기, 자연과 어울리는 연날리기, 골프의 출발점이라고도 생각되어지는 자치기, 여러 이웃친구들과 단체로 어울리는 말 타기와 도

둑놈잡기, 대보름달집짓기와 이웃동네간의 줄다리기와 고싸움 등 좀 전문적으로는 택견과 투호, 격구, 기마 등 조상님들의 놀이를 병용한 신체를 단련함의 현명함에는 고개가 절로 숙여진다. 가족 간 설 명절에 모여 하던 윷놀이 등도 빼놓을 수 없는 세시풍습이다.

대보름 명절은 그해 농사의 시작이다. 설날 이후 준비하면서 하던 휴식을 끝내고 생업에 몰두하는 출발점이 되는 것이다. 그날은 오곡밥도 짓고 각종 묶은 나물과 푸짐한 밥상을 차려먹으며 지신밟기와 줄다리기, 달집짓기, 쥐불놀이 등 세시놀이와 여름철 닥칠 더위에 대한 생각도 해보면서(더위팔기) 건강을 생각하며 부럼을 깨고 귀밝이 술을 마시면서 풍요로운 농사설계를 할 수 있었던 것이 아니었나 생각해 본다.

며칠 전 안과병원을 개원하고 있는 집안조카에게 뭔가 눈이 좀 침침하게 흐려지는 것 같기도 하고 몇 달 전 병원에 입원하고 계셨던 형님의 안부도 물어볼 겸 방문하였던 바 초기녹내장이란 판정으로 계속 치료에 열중해야한다는 진단을 받고 보니 나이가 들어감에 따라 고혈압과 어울려 확실하게 황우장사라도 어쩔 수 없이 노쇠해가는 신체형편과 상태를 실감하게 되었다.

여식의 시댁에서는 집안 어른들께서 참 잘 어울려 명절제사도 모시고 하더니만 앞으론 사찰에서 모시기로 정했다는데 잘하는 일인 것 같기는 한데 나는 쉽게 결정하지 못하고 망설이고 있다. 조상을 섬기고 모시는 제사풍습은 좋은 풍습이기도 하지만 농경중심사회가 아니고 세계적인 글로벌 활동을 요하는 현실에서는 많은 문제점도 노출 되는 것이 사실이다.

정월 보름이 되기 전에 연초 조상님 산소성묘를 마쳐온 지방명문으로 인정받으면서 예절서와 문집 등을 남겨온 우리 집 풍습을 지켜야 한다는 생각으로 때론 어쩔 수 없이 혼자서라도 다녀보는 형편의 먼 곳의 성묘는 앞으로 어떻게 해야 할지 아직은 생각에만 젖어있다.

얼마 전 내가 장손인 6대조 이하의 집안사람들 친목계라도 만들어 활성화되어 젊은 후손들이 서로 어울리며 뿌리를 찾아가도록 하는 활동이 시도되었으니 왕성해져 소통과 화합이 이루어지길 바라마지 않는다. 우선 욕심을 비우고 할아버지 아버지께서 큰 관심을 가져시었던 풍수지리와 숭조상문의 해결책을 제시하고 항상 떠날 수 있는 준비를 해야겠다고 다짐을 해본다.

지금 나라 안팎이 혼란스럽고 제대로 되어가는 것이 없어 특히 국가의 문화적 존망이 흔들리는 것 같아 한시도 마음이 편하지 않고 좋은 고유의 세시풍속도 흐려져 가는 것 같아 때론 마음을 진정하는데 상당한 시간이 필요할 정도로 울화가 치밀어 오를 때도 있다.

다행히 고향 하동에서는 대렴공의 뜻을 받들어 우리나라 차나무 시배지로서 차 문화 향상에 심혈을 기울러 왔는데 '2022 하동세계 차 엑스포' 특별추진단을 구성하여 세계적인 행사로 자연의 향기, 건강한 미래, 차 문화를 주제로 한 국제적인 행사로 발 돋음 하려고 노력하고 있어 구름 속에서도 한 가닥 햇빛을 기대해 보는 것 같다. 순국선열과 조상님이시여! 저희들이 국가의 기본이 될 춘추전국시대부터의 예禮, 의義, 염廉, 치恥의 가르침마저도 잊어오고 '내로남불'과 패거리정치 만을 일삼는 위선적인 정권을 잘못 선택한 오류를 깊이 새겨 다시 새마을 운동처럼 예의와 염치를 바로잡는 올바른 운동을 펼쳐

나가도록 하겠으니 저희들 잘못을 용서해 주시고 어여삐 여기시어 부디 평안을 찾을 수 있도록 보살펴 주시옵소서!

경자 년 정월 대보름을 지나고

(하동군민신문, 2020.2.18)

쓸쓸하고 가슴 답답한 크리스마스지만

올해의 사자성어로 我是他非(내로남불)가 선정되었다는데 코로나 사태로 콕 처박혀 지내다 보니 어영부영 성탄절이 되었고 며칠 남은 경자년이 지나가면 칠십 중반의 나이로 세월의 덧없음을 실감하게 된다.

우리들 청소년시절 풍요롭지는 아니하였더라도 꿈과 희망에 불타며 저마다 나름대로의 꿈을 이루기 위하여 노력하던 그때가 그립기만 하다.

산타할아버지의 선물을 받기위해서라도 부모님 말씀도 잘 듣는 착한 어린이였어야 했으며 청소년기에는 모처럼 해제되는 크리스마스 이브의 야간통행금지 해제를 즐기며 그 날 만이라도 교회에 가기도 하며 기독교인이 된 듯 행동하던 때가 그립기도하다.

자유당말기와 민주당정권으로 바뀌고 나서도 세상살이 너나없이 어렵고 부족하던 시절 그 때도 왜 부조리와 비위공직자가 없었겠느냐만 그래도 정의도 살아 있었고 애교로 웃어줄 여유라도 있었던 시대였는가 보다. 그 당시도 선거 때가 되면 공정치 못한 선거도 있었겠지만 상대를 모함하기보다는 자기를 더 내세우며 능력을 과시하거나 고작해야 주로 고무신선거, 밀가루선거, 막걸리선거 등 금력이 활개치는 그런 부정이었고 심하면 쌍가락지투표나 끼리끼리 공개투표, 자유당 315 부정선거에는 관권도 개입하고 얼마간의 대리투표도 있었다고 생각된다.

자유당 시절 자작농민을 위한 농지법개혁(1949~53)으로 대지주에서 파탄 난 가계에 그나마 교육자치제하에서 교육자이셨던 선친께서 몇 번 교육감 선거에 실패하고 어려운 가계를 이끌어 나가시던 부모님 생각이 떠오른다.

그 당시 근면, 자조, 협동의 새마을 정신으로 하면 된다 아니하면 아니 된다는 생각으로 좀 더 열심히 하지 못한 그 때를 지금 반성하기도 하지만 "개천에서 용 난다고" 노력하면 보답이 이뤄지던 그 시절이 회상된다.

중학시절 어려서 419를 맞이하고도 별다른 민주의식도 가지지 못하였음과 지금 생각하면 별 반대할 일도 아니었는데 우리나라의 입장을 유리하도록 고교시절 대일굴욕외교 반대를 외쳤던 그 때가 생각나기도 한다.

대학생시절 군사독재반대가 한창 유행할 때 지방대 학생회 간부로서 시위에 앞장섰던 일과 경찰과 대치하면서도 소크라테스의 악법도 법이니 되도록 지키면서 데모하자고 돌팔매질을 반대하여 서로 간 희생을 줄었던 일들도 기억난다.

자유당 시절 최모 내무부 장관인가 하는 웃기는 권력 아부자도 있었고 부정덩어리 이모 부통령 당선자 등 지탄대상자도 있었다. 또한 박정희 3공화국은 반공을 핑계로 정치탄압도 있었지만 자유민주주의를 이루어 내려면 반일반공 사상을 가져야 한다고 다수의 청소년 학생들까지도 신념에 차있었다고 생각되어진다.

지금 생각하면 건국대통령 이승만 박사의 민주국가 건설에 대한 이상적 이념과 박정희 대통령의 민주국가 건설의 초석을 위한 국가경제건설, 조국근대화, 부국강병으로 헐벗고 굶주림에서 벗어나자고 강력히 밀어부친 시책에 한때는 지금과는 달리 장기집권에 대한 반대도 했던 일들이 떠오른다. 특히 박정희 대통령에 대한 선친과의 토론에서 그 당시는 장기 독재적이라 부정적인 생각들로 맞섰던 일들도 떠올리게 되고, 망명 이수근 연사(그 후 2중 간첩 판명)도 강연한 67년도 중앙정보부에 받은 일주일간의 전국 대학생회장 시국연수회는 지금도 가끔 떠오르는 지나간 일들이다.

졸업 후 중학교사로 출발하여 고등학교 등 중등에서 10년, 일본유학으로 3년, 그 후 대학에서 30년의 교직생활을 하고 일 년만 더 가면 은퇴 10년차에 들게 된다.

지금 우리가 그토록 힘써 투쟁도 하면서 이룩한 세계가 경탄하는 발전적 자유 민주국가는 점점 후안무치한 아시타비의 포퓰리즘의 독선적 정권으로 변모해 가는 것 같고 국민을 꼼작 못하게 옥조이는 코로나 사태는 오히려 정권유지를 위한 남 탓하는 강압수단으로 이용되는 것 같아 울화가 치밀어 오른다.

그래도 윤 총장의 가처분신청이 인용되어 복귀한다는 깜빡 소식에 힘 빠진 크리스마스에 구세군을 맞이하는 희소식으로 국가의 장래를 다소 기대해 보도록 합시다.

메리 크리스마스는 간데 온데 없고 후유증도 심하고 페스트 이후

최악이라는 팬데믹 코로나가 어떻게든 방지되도록 우선 합심하여 국민적 모든 노력을 경주해 올해를 마무리 해야겠다고 다짐해 본다.

쓸쓸하고 가슴 답답한 경자년 크리스마스

(釜山文學 제12호, 2021.2)

자기 말에 책임지는 정치인

5년 전 한미 FTA 체결당시 시끄러웠던 정국과 사회분위기가 생각난다. 그때 자칭 소위 야당지도자라는 정0영, 손0규, 유0민 등 한미FTA 체결이 얼마나 나라를 팔아먹는 매국적 행동이며 광우병이 발생하여 사회가 쑥밭이 될 거라며 괴담을 퍼트리며 반대를 위한 반대를 해왔고 경제가 파탄 날 것이라고 얼마나 사회를 혼란하게 하였던가?

그 여파로 몇몇 정치인들은 한 때는 일선에서 물러나거나 은퇴를 하는 양 칩거하기도 했다. 물론 인간은 신이 아닌 이상 잘못 판단할 수도 있고 생각도 다를 수 있으므로 잘못을 시인하여 반성하면 용서할 수도 있다. 잘못을 저질렀으면 사과하고 용서를 비는 것이 지도자의 덕목이고 일반적인 상식이다.

그러나 지금의 대세를 보라! 한미 FTA가 한국의 발전적 도상에 이익을 가져왔으며 과거 그들이 주장하며 반대하는 사실이 얼마나 황당무계하고 잘못된 사실이라고 판명되지 아니하였나?

물론 농업적 문제에서 어느 특정분야에는 다소의 손해를 초래한 분야도 있겠지만 크게 보면 우리나라 농축산 분야에서도 긍정적 평가로 이어지고 있다.

소위 정치지도자라는 그들은 아무런 잘못의 시인과 사과도 없이 슬그머니 활동을 재개한다고 국민을 속이고 현 사태를 비방하면서 활동하고 있다. 또다시 그런 일이 반복되지 않을 수 없으리라고는 생각되지도 않으며 그들의 활동은 때에 따라 자기 이익을 위한 것이지 국민을 위한 것이 아니라는 것이 밝혀진 이상 소신 없이 말을 바꾸는 그들을 믿고 따를 수 도 없을 것 같다.

그런데도 그들은 기회주의적 활동을 재개하면서 용서를 구한적도 없이 똥 묻은 개가 겨 묻은 개 나무란다고 최근의 박 대통령 국정농단을 비방하며 열을 올리고 있다.

이번 헌재 재판에서도 최서원(순실)이 개입한 국정농단은 책임이 있고 세월호 등은 탄핵에서 도의적 책임 외는 인정하지 아니하였는데 탄핵소추 후의 조사에 불성실하게 임하였다거나 국정농단이나 뇌물죄 등은 좀 더 시간을 두고 조사하여 결론을 내야하는 것이 아니었든가 판단된다.

잘못된 광우병 파동처럼 미르재단 등 공익차원의 재단설립은 사익을 추구한 것인가는 앞으로 더욱 밝혀져야 할 문제임으로 매도당하는 사람으로서는 승복하기 어려워 진실이 밝혀지길 기대할 수도 있다. 물론 박 대통령에게도 소통부재 등 문제점이 인정되기도 하지만 그것은 지도자에게 바라는 양식의 덕목이지 처벌받아야 할 문제는 아니라고 판단된다.

현재의 법 테두리 안에서 헌재의 판결결과에 승복해야 하겠지만 그런데도 아직 국민투표로서 물어본 것도 아니면서 역사적으로 과반수이상 득표한 여성대통령에게 차마 해서는 안 되는 누드모델, 단두대, 공차기 그림 등을 동원한 예의에 벗어난 잔악한 행동으로 하는 탄핵운동 등은 생각은 있으나 나서기를 싫어하는 침묵하고 있는 많은 국민을 무시하는 처사라고 판단되어지기도 한다.

앞으로 우리 찬성이나 반대 등 방법은 다를 수 있지만 모두다 목적은 대한민국을 위하는 길이라는 인식아래 자기주장만이 옳다는 독단적인 생각을 유보하며 서로 날 세워 비판하기보다는 공과도 한번 차분히 생각해 보면서 화합으로 발전해 나가야 세계 속의 한국으로 발전해 나갈 수 있을 것이라고 사료된다.

그 옛날 이승만 대통령께서 "뭉치면 살고 헤치면 무너진다"고 하였으니 지금은 우리 형편이 다소 풍요롭다고 하나 조금만 방심하고 오판하다간 후손을 위하여 애쓰신 애국지사님들이나 조상님 선배님들의 노력도 물거품 되어 선진국대열에 진입하지 못하고 자멸하지 않을까 매우 걱정되기도 한다.

세대나 지역 간 갈등을 떠나 냉정을 되찾아 이념은 묻어두고 정말 올바른 민주국가 발전을 위하여 자기 말에 책임지는 지도자를 중심으로 국민 모두 화합하면 국가의 장래도 탄탄대로이겠지요? 국민 모두 화합하도록 노력 합시다.

2017년 3월 헌재판결을 보고

(chosun.com 토론마당 에세이, 2017.3.14)

퇴직연금의 배신! 누가 책임져야 하는가?

"퇴직연금의 배신" 조선일보 4.8일자 큰 활자로 된 뉴스초점의 기사제목이다.

얼마 전에 국민혈세가 각종연금의 보상충당으로 낭비된다는 기사가 도배된 적이 있었다. 일자리 늘린다고 급작스런 공무원 증원 시에도 작은 정부를 지향해야할 당국이 세금낭비와 그기에 따른 연금문제의 부작용에 대하여 지적하여도 강행하였다.

흔히 정권당국에 거슬리면 사전에 갑질 의혹 등 그 가족의 문제까지 지적해서 대서특필하여 문제시 했으며 이때는 사생활 보호차원의 문제도 제기되지 아니 하였다.

만약 대통령의 가족이나 정권 당국자의 경우는 공인임에도 불구하고 사생활 보호문제 등이 거론되며 특히 이번에 독립유공자나 국가유공자의 공개의 경우에도 자기 입맛에 맞추어 국민의 알권리를 무시한 채 사생활보호가 더 큰 문제로 등장하였다.

대통령 가족의 해외이민 등 그 같은 특정 문제는 법적인 문제 이전에 도덕적인 문제로서 국민의 알 권리에 충실하고 오해를 받지 않기 위해서라도 사전에 해명하는 것이 옳은 자세라고 본다.

조선일보에(2019.4.8)의하면 국민연금은 물론이고 퇴직연금도 호주 등 다른 국가는 최근 5년 연평균 7.5%의 투자수익을 올리고 있다. 또한 OECD도 평균 3,8%의 수익을 올릴 때 우리나라의 경우 지난 5년 평균 1,88%에서 1,08%까지 떨어지면서 현재는 0,8%를 유지한다는데 쥐꼬리 퇴직연금 수익률에 대한 직장인들의 불만에 당국의 아무런 해명이나 책임지는 사람도 없다. 연금공단 이사장은 차치하고라도 공단의 투자본부장 인선도 정권의 입맛에 맞추다 보니 운영이 총체적 문제라고 지적되고 있다.

공적연금의 투자는 어떻게든 투자이익의 극대화를 위하여 전문적인 분석 하에 투자관리 되고 주주권행사는 국민주권임으로 관례상 행사되지 않는 것이 일반적이었다.

이번 대한항공의 사례에서도 그렇다. 정권의 입맛에 맞지 않는다고 사전에 그 가족들의 갑질 문제를 사생활보호와는 달리 사치와 탈세 등 지나치게 과대하게 노출되었는데 경영에 과한 주주권행사도 평소와는 달리 무리하게 동원하여 시행된 것 같다.

노00의원은 정치자금 비리문제로 자살하였는데도 국가에서 장례비를 지원하여 유족과 소속당과의 부의금 문제로 다툼까지 있었는데, 조00회장의 대한항공의 경영에선 국익으로 따지면 IMF 등 그 어려운 경제사항에서도 잘 대처하여 국제적으로도 큰 기업으로 성장시켰으며 평창동계 올림픽 등 국익에 기여한 문제 등은(IOC위원) 고려하지 않고 흑백논리의 이념에만 한쪽으로 치우쳐 사후처리 문제가 정권의 입맛에만 맞추고 있는 것 같다고 느끼는 것은 나만의 지나친 생각일까?

연금문제도 부담액보다 많이 받아가서 기금이 모자라 국가혈세 보조가 과한 것은 사실일 수도 있지만 지나친 무상복지, 고교무상교육, 무상급식 등도 포퓰리즘 보다는 선별적인 방법으로 더욱 효율을 올릴 수 있는 방법을 강구해 볼 필요도 있다.

과거 박정희정권 시에는 연기금을 잘 활용하여 산업개발자금으로 전용하기도 하였지만 투자수익이 10%를 상회하는 경우도 많았음은 주지하는 사실이다.

사실 과거는 정년퇴직 후 10년 이상 혜택을 받는 경우가 그다지 많지 아니 하였으나 지금은 평균수명의 연장으로 장기간 수혜자도 늘어가는 실정이지만 연기금의 불실투자도 기금 고갈에 큰 몫을 하는 것임을 간과해서는 아니 된다. 과거에는 퇴직 시 관계당국도 퇴직일시금 보다는 연금으로 권장하는 추세였었고, 특히 교직 등 장기복무직책은 33년의 퇴직불입금 제한기간이 끝나 연금액이 확정되어도 수년간 별다른 혜택 없이 퇴직 시까지 기다려야 하는 실정이었다.

연기금의 부실한 관리와 투자의 책임을 당국은 면할 수는 없으리라 판단된다. 아울러 투자연금의 경영주체에 대한 주주권 행사는 제한적이어야 한다고 사료된다. 어느 국민이라도 행복추구권과 자기가 부담한 연금의 몫이 크게 되기를 바라는 것은 인지상정이다. 연금법상 마땅히 장기가입의 수혜자로서 보호되어야 할 연금문제는 도외시하고 얼토당토 않는 깨진 독에 물붓기식 자금투입으로 4,3사태와 여순반란사건이나 인천상륙작전 심지어 동학란 등으로 피해 입은 자들에게 지금 와서 새로운 국가유공자법 도입을 시도하려면 6.25동란이나 일제식민지 피해자에게도 소급해서 보상법을 시행하여야 한다.

또한 지자체 형편이 된다고 우선 먹기는 곶감이 달다고 오히려 청년들 자활능력을 빼앗는 구직 장려금, 환경개선이라 하여 평양 대동강 물을 맑게 한다는 서울시 연구정책 등은 문제가 지나쳐 국가경제를 혼란하게 할 수 있다고 심히 우려되어 오히려 자유민주주의 국민에 대한 배신행위가 될 수도 있다는 것을 한번 쯤 생각해 봐야 된다고 판단된다.

4월 혁명의 달에

(chosun.com 토론마당, 2019.4.16)

제9부

기억에 간직해야 할 글

생겨나지도 않고 멸하지도 않는 절대의 진리
(공에도 유에도 치우치지 않는 것)

흰나리

부산에서 출생하여 서울서 대학을 나온 나는 지리산 밑에 있는 시천면 덕산중학교에 첫 발령을 받아 하동 북천면에 고향을 둔 지금의 남편(동의대 교수)을 만났다.

결혼 후 나는 옥종중학교를 거쳐 북천중학교에서 4년간 근무하면서 나의 시골생활은 시작되었다.

남편이 유난히 술을 좋아하는데다 봉건적인 가부장적 사상을 지니고 자라온 환경 또한 다르다 보니 나의 결혼생활은 그렇게 순탄하지는 않았다. 아니 순탄하지 않았다는 표현보다는 투쟁의 연속이었다는 표현이 더 접합할 것 같다.

양쪽 모두 젊은 혈기에 양보하면 큰 일이 나 일어나는 양 으르렁거리며 서로에게 너무나 많은 상처를 주고받았다.

그래서 남편과 사이가 별로 좋지 않을 때는 서부경남 쪽으로는 고개조차 돌리고 싶지 않을 때도 있었다.

잦은 의견충돌과 다툼의 가정환경 속에서도 아이들은 반듯하게 자라주어 딸은 중학교 미술교사, 아들은 서울대병원에서 의사로 근무하게 되면서 경제적으로 안정도 얻고 마음도 홀가분해져 이젠 나 자신에게 투자해보자는 심정으로 가야금을 배우고 일본어 공부에 열중하며 하루를 나름대로 열심히 살았다.

남편이 중·고등학교교사와 일본유학을 거쳐 동의대에 자리 잡으면서 나도 부산으로 전근되어 교직생활을 하던 중 2002년 8월 위암선고를 받고 수술 후 여섯 차례의 항암치료와 남편의 극진한 간호와 주변의 가슴 따뜻한 분들의 위로와 사랑을 받으면서 비로소나 자신을 뒤돌아 보며 반성할 수 있는 시간을 갖게 되고 남편과의 사랑도 깊어지면서 신은 모든 복을 다 주지 않는다는 진리도 깨달았다.

지금 살고 있는 아파트가 도심 한가운데라서 소음도 심하고 공기도 탁하기에 주위 분들로부터 건강을 위하여 시골의 전원생활을 권유받고 김해지역을 돌아다니던 어느 날 왜 멋진 고향땅 나두고 낯선 외지를 헤매고 있나하는 생각을 하면서 다시 일어날 수 있다면 북천면 옥정리 남포마을에 가서 고가를 리모델링하고 폭포 옆에 정자를 짓고 입구에는 천하대장군을 세우고 남은 여생 시골에서 전원생활을 하기로 마음먹었다.

그러나 남편의 정년퇴직이 7년이나 남았기에 생각만하고 있었지 언제 실천에 옮길지는 기약할 수 없었다.

그런데 갑작스러운 시어머니의 작고로 인하여 고가를 폐가로 방치해 놓을 수 가 없어서 백 수십 여 년 전 성균진사 벼슬을 하셨던 시증조부께서 건립계획을 세워 본채는 완성하시고 사랑채는 착수도 못하시고 별세하신 후 50여 년 전에 시아버지께서 사랑채를 신축하시면서 본채를 축소 개축한 상태로 유지해온 고가를 리모델링하기로 마음먹고 금년 5월1일부터 황토로 리모델링하면서 황토찜찔방과 폭포 옆에 정자를 짓고 대밭을 밀어서 주차장과 넓은 정원을 만들었다.

사랑채를 허물고 연못을 만들려니 남편의 반대가 심했다. 이유는 50여 년 전 지관이 쟁반설로 본채가 쟁반 밖으로 미어져 나와 앉은 형상이라 운세가 깨어지는 수도 있어 자손들을 위하여 본채를 반으로 줄여 쟁반 안으로 들어가는 형상으로 개축해야한다는 풍수설로 대청마루를 없애고 대폭 축소개축하시면서 시아버님께서 교육감선거에 세 번 실패 하신 후 어려운 살림에도 불구하고 사랑채를 지으셨기에 아버님의 향기가 가득 배어있는 사랑채를 허물 수 없다고 하는 것을 내가 사정사정해서 허물고 그 대신 정자를 짓고 사랑채자리에 연못을 만들고 물레방아도 돌리니 조경 상으로는 제법 그럴듯한 별장으로 꾸며졌지만 마음 한 구석은 짠하다.

장마가 오기 전 6월24일에 각 기관장들과 주민, 친척, 친구들을 초청하여 3일간의 개축 잔치를 벌이고 매주 금요일 오후에 북천에 가서 월요일 새벽에 부산으로 내려오는 생활을 하면서 남편의 퇴직 후 완전히 귀향하려고 준비하고 있다.

아직 미완성단계인데 소문 듣고 한번 다녀가신 분들은 모두가 좋아라 하시고 특히 부산에서 활약 중이며 서황리가 고향인 배 기환 시인께서 방문하셔서 10월 토지문학제에 부산에서 문인들이 참석하실 예정인데 우리 집을 관광코스에 넣겠다고 하시기에 누구나 한번 와 보면 다시 오고 싶은 곳으로 만들고 싶은 욕심이 생겨 부산에서 조각하시는 선생님을 모셔다가 마무리 인테리어 작업을 하면서 북천의 명소로 만들려고 하고 있다.

여름철이라 나무를 심을 수도 없어서 조경도 되지 않아 아직 내 머리 속에 구상하고 있는 것들이 갖추어져 있지 않은 상태인데도 불구하고 벌써 너무나 많은 분들이 다녀가시면서 입에 침이 마르도록 칭찬하시기에 용기를 내어 폭포가까이에 있는 논(과거 시댁 논)을 매입하면서 주소를 북천면으로 옮겨 북천주민으로 생활하려고 하니 집안의 아재 아지매들이 부녀회장으로 추천을 할 터이니 부녀회를 맡아달라고 한다(뒤에 들으신 조 군수님도 적극 환영이란다).

아직 다리에 힘이 없어 걸음걸이도 반듯하지 못하고 쇠약한 몸이지만 부녀회장이 봉사 직이라면 농민들이 피땀 흘려 지은 농산물을 제 값을 받을 수 있도록 부산시내의 중학교와 연계하여 판로를 개척해줄 수는 있을 것 같고 고향을 위해 일 할 수 있는 마지막 기회가 될 것 같아서 추천하면 기꺼이 허락하여 하동군을 전국적으로 알리는데 앞장을 서 볼 생각이다.

8월 14일 제1회 북천중학 총동창회 때 남편은 재부 북천향우회장으로 초대받고 나는 제자들이 보고 싶어서 전야제에 참석하여 많은 제자들을 만나서 너무나 행복했다.

3회 졸업생들과 정자에서의 만남에서 제자들에게 고향을 내가 지켜줄 터이니 언제든지 찾아오라는 내 얘기에 제자들이 감동받아 내년 동창회에 다시 방문해주겠다는 약속은 내 기억 속에 오래오래 남아 있을 것이다.

들판이 황금색으로 물들고 감이 빨갛게 익은 햇살 좋은 가을날 남편의 사촌계(川松會:사촌형제27명)를 북천면 옥정리 남포동에 있는 본가에서 개최하면서 정자에 천송정川松亭이라는 현판을 걸고 제1회 가족 백일장을 열 예정이다(川松이라는 명칭은 北川의 川자와 시할아버지 아호 澗松, 시아버님 아호 松南에서 松자를 따서 붙인 이름임).

그리고 2년 후 남편의 회갑 년에 지금 내 딸 흰나리의 홈페이지에 올려져있는 남편과 내 글, 사위와 딸의 글과 글 밑에 달려있는 주옥같은 댓글, 가족백일장에서의 우수작을 모아 책으로 엮어 천송정에서 출판기념회를 열 계획을 가지고 있는데 생각만으로도 너무 행복하다(회갑기념집으로 가족문집 '천송정 세운 뜻은'이 출판되었음).

남포동 고가 리모델링에 많은 성원을 보내주시고 격려해주신 많은 분들에게 감사의 마음을 가지면서 이 분들에게 진 빚을 갚는 길은 하루 빨리 건강을 회복하여 고가를 잘 지켜야하는데 이번에는 또 쓸개에 돌이 많이 들어 있다니!

암도 이겨내었는데 그까짓 돌쯤이야 별 것 아니라고 생각하지만 지금 워낙 쇠약한 상태라서 의사선생님께서 더 걱정을 많이 하시지만 난 분명히 이겨내어서 천송정 현판식 및 제 1회 가족 백일장을 멋있게 치를 것이며 도시의 공해에 찌들고 지친 사람들에게 맑은 공기를 마시면서 폭포수 소리를 듣고 몸과 마음을 정화시킬 수 있는 아늑한 휴식의 공간을 제공해주면서 남은여생을 옥정리 남포마을에서 전

주최씨 종부의 자리를 지키면서 무공해채소 같은 농촌의 주민들과 함께 어울리며 살아가고 싶다.

2006년 우수를 맞으면서
故 智多 趙末順 撰

장모님의 10주기를 맞이하여

창밖으로 세찬 빗소리가 들리는 오늘은 2020년 2월 12일입니다. 최유경과 제가 결혼한 지 어느덧 20년이 된 날입니다. 20주년 결혼기념일인데 제 아내인 최유경보다는 조자말자순자 우리 장모님이 더 생각납니다. 우리가 결혼하던 그 날 울 장모님은 참 고우셨고 이쁘셨습니다. 제자들과 함께 가야금 합주를 하시던 그 멋짐과 단아함은 오롯이 장모님만이 연출하실 수 있고, 신혼 첫 날의 호텔방에 꼬냑 한 병을 들고 오셔서 한 잔 하라며 주고는 바로 나가셨지요. 그로부터 20년이 흘렀습니다.

마음의 준비가 전혀 없었다면 거짓일 테지만 그렇다고 헤어짐이 그리 쉬울 거라고는 결코 생각지 않았습니다. 처음처럼 두 번째도 털고 일어나시리라 믿었습니다. 어이하여 차가워진 몸으로 부산으로, 생이 아닌 사의 모습으로 집으로 모셔야 했을까요? 너무 슬프고 너무 가슴 아팠습니다. 그로부터 10년이 흘렀습니다.

해마다 장모님 기일이 다가오면 햇살이 따뜻해지고, 꽃이 핍니다.

세상은 화려함을 준비하지만 화려함은 그리움의 또 다른 이름인가 봅니다. 문득 문득 장모님 모습이 떠오르고, 미친 듯이 보고 싶어집니다. 제가 이럴진대 재민엄마 최유경과 윤찬아빠 최선종은 어떠할런지 알 수 있습니다. 최유경은 씩씩하지만 가끔은 엄마가 너무 보고 싶다며 눈 물 짓는, 아니 엉엉 울어버립니다. 10년의 시간이 흐르고 보니 그리움의 횟수는 더 작아지는 듯도 하지만 그리움의 강도는 더 진해지기만 합니다. 이런 특별한 날이면 장모님이 더 많이 보고 싶고, 더 세게 꼬옥 안아드리고 싶습니다.

윤찬이가 어느새 그때의 재민이만 하고, 윤찬이만 했던 재민이가 어느새 성인이 되었습니다. 할머니 품에 안겼던 재민이도, 할머니 마음에 안겼던 윤찬이도 늘 할머니를 그리워합니다. 할머니 기도와 염려 덕에 씩씩하고 건강하게 잘 자라 사회의 동량이 될 겁니다. 온화한 미소로 우리 손자들을 늘 지켜주시고 또 지켜봐 주세요.

참 따뜻한 분이십니다.
참 현명한 분이십니다.
참 너그러운 분이십니다.
참 고마운 분이십니다.
참 많이도 보고 싶은 분이십니다.

어머니 사랑합니다.

20주년 결혼기념일에 장모님을 그리워하며 사위 이원희가 쓴 글을 기일에 삼가 올립니다.

장모님 10주기를 맞으며
사위 이원희 재배

어머니로부터 물려 받은 위대한 유산

해마다 따뜻한 봄바람이 살랑거리고 꽃피는 4월이 오면 어머니 생각이 납니다. 음력 3월 6일에 태어나시고 음력 3월 9일에 위암으로 생을 마감하신 어머니께서는 벚꽃이 한참 피고 흩날리는 찬란히 피어나는 4월을 좋아하셨나 봅니다. 살아생전에 그렇게 보고 싶어 하셨던 손주 윤찬이가 올해 초등학교 3학년이 된 것으로 보아 어머니께서 돌아가신 지도 어느덧 10년이 되었나 봅니다. 옛말에 10년이면 강산이 변한다고 했으니 초등학교를 다니던 외손주 재민이가 어엿한 성인 대학생이 되었고 당시에 태어나지도 않았던 친손주 윤찬이가 초등학생이 되었습니다.

경자년은 코로나19 팬데믹이 전 세계를 덮친 한해였습니다. 2차 세계대전 때 보다 더 많이 사람들이 코로나19 바이러스 감염으로 사망하였다고 하니 전 세계 온 인류를 휩쓴 대재앙임이 틀림없습니다.

지난해는 코로나19 대유행으로 인해 모든 사람들이 건강학적으로 그리고 경제적으로 큰 어려움을 겪었습니다. 한편으로는 비대면이라는 변화와 혁신을 안겨다 주었습니다.

제 개인적으로는 2020년도 서수원 지역에 400병상의 종합병원장으로서 전덕규 이사장님과 함께 친한 동료의사들과 같이 개원하였고 운영하는 큰 기회가 주어졌습니다. 병원장으로 코로나19라는 외적인 어려움과 270명의 직원을 이끌어야 하는 내적인 어려움에 매우 힘든 한 해를 보낸 것 같습니다. 대한민국에서 척추환자를 가장 많이 보고 수술을 가장 많이 하는 척추외과 의사로의 삶도 바쁘고 버거운데 전문 경영인으로 코로나가 덮친 신생 병원을 운영해야 하고 270명의 병원 직원을 책임져야 한다는 중압감은 때때로 감당하기 힘들 정도의 압박감으로 다가오기도 합니다.

신생 종합병원을 대표하고 책임진다는 것은 지금까지 15년 동안 원장으로, 센터장으로, 진료부장으로 병원 운영을 기획하고 주도하는 것과는 차원이 다른 일이었습니다.

코로나 블루라는 말이 유행할 정도로 코로나19 팬데믹 시대에는 많은 사람들이 우울증에 시달리고 있습니다. 혹시 코로나에 걸리지 않을까하는 하는 불안감, 경제적으로 파산하지 않을까하는 두려움이 극심한 우울증이 됩니다. 저 역시 지난해는 지금까지 제 인생에서 어머니께서 돌아가신 10년 전 만큼 우울했던 시기였던 것 같습니다.

코로나19 팬데믹 상황에서 환자를 진료하고 수술을 해야 하는 의료인으로서의 숙명과 경제적인 여건이 매우 어려운 상황에서 400병상 신생 종합병원을 개원하고 운영해야하는 압박감에 불안과 두려움으로 무척이나 고생했던 것이 사실입니다. 며칠 동안 잠을 자지 못할 때도 많았고 실패에 대한 불안과 두려움 속에 힘든 시간을 보내야 했습니다. 환자를 진료하고 많은 수술을 하고 병원업무를 보는 숨 쉴 틈도 없이 바쁜 일상생활 속에 가끔씩 덮쳐 오는 실패에 대한 불안감, 더 잘해야 한다는 중압감에 매우 힘든 시간을 보냈습니다.

오랜 버릇처럼 늘 어려운 상황에서 어머니를 생각합니다. 그리고 어머니에게 도와 달라고 진심으로 기도합니다. 그리고 강한 정신력의 소유자였던 어머니는 이러한 상황에서 어떻게 대처하셨을까? 깊이 생각해 보면서 그리고 진심으로 아들이 잘되기를 기도해 주 실거라 믿어 의심치 않습니다. 150여 센치, 40여 킬로 작은 체구이지만 누구보다도 강한 정신력을 소유하셨던 어머니, 새벽 5시에 일어나서 밤 10시에 주무실 때까지 두자녀의 어머니로서, 중학교 선생님으로서 집안의 7대 장손의 종부로서 열정을 불태우면서 학교일과 집안일을 완벽하게 하셨습니다. 학교에서는 학생들과 동료 교사로부터 많은 존경을 받으셨습니다.

7년간의 말기 위암 투병 중에서도 손주 재민이 육아를 하셨고 일어와 영어공부를 끝까지 놓지 않고 중환자실에 들어가시는 마지막 순간까지도 영어단어 하나라도 더 외우시려는 노력을 하였습니다.

어렸을 때부터 엄마 닮았다는 이야기를 많이 들었고 새로운 것에 대한 열정, 강한 정신력과 투지를 가졌다는 이야기를 많이 들었습니다. 어머니께서 돌아가시고 30대 중반에 찾아온 우울증, 그리고 사십 중반의 의사로서 절정의 경력을 쌓아가던 중에 찾아온 코로나 블루로 힘든 시간을 보내고 있지만 지금까지 자신을 돌아보고 중년 이후의 앞으로의 삶에 대해 진지하게 고민하는 의미 있는 시간을 보내고 있습니다.

40대 중반이 되면서 알게 된 것은 명석한 두뇌 보다는 열정과 할 수 있다는 적극적이고 긍정적인 사고, 포기할 줄 모르는 정신력, 작은 것에도 늘 감사하고 겸손한 마음이 더 중요하고 더 좋은 결과를 만든다는 것입니다.

조상님을 비롯한 부모님이 물려주신 위대한 유산과 유전자에 대해 다시 한 번 감사드립니다. 노력에 대한 결과가 성공으로 다가오던 실패로 다가오던 그런 건 중요하지 않습니다. 열정과 최선의 노력을 다 했느냐가 중요한 것입니다. 비록 이번에는 결과가 좋지 않아 실패하더라도 열정과 최선의 노력을 다했다면 앞으로도 이를 지속한다면 다음번엔 그리고 언젠가는 반드시 좋은 결과를 얻을 수 있을 것이기 때문입니다.

62세의 길지 않은 삶을 사셨지만 누구보다도 열정적이었고 매 순간마다 최선을 다하셨던 어머니의 정신적 유산이 저에게 물려져 늘 힘든 상황을 이겨내고 극복했던 것 같습니다. 그리고 지금 이순간도 매일 최선을 다하는 열정적인 삶을 살고 눈앞에 놓인 난관을 극복하는 원동력인 것 같습니다. 어머니의 유산이 사랑하는 손주 윤찬 에게도 잘 물려 졌으면 합니다. 어머님! 감사 드립니다.

어머니 10주기를 맞으면서 깊은 생각에 젖어,
아들 최 선 종 올림

沃堂散稿 옥당산고

초판1쇄 발행 2021년 5월 25일

지 은 이 최주수
펴 낸 이 이길안
펴 낸 곳 세종출판사

주소 부산광역시 중구 흑교로 71번길 12 (보수동2가)
전화 051－463－5898, 253－2213~5
팩스 051－248－4880
전자우편 sjpl5898@daum.net
출판등록 제02-01-96

ISBN 979-11-5979-428-5 03810

값 15,000원